착맥부·동림조담 역해

捉脉賦 · 洞林照膽 譯解

착맥부·동림조담 역해

捉脉賦 · 洞林照膽 譯解

인산 양형석 · 완당 홍성서 공역

서문

 『착맥부(捉脉賦)』와 『동림조담(洞林照膽)』은 고전 풍수경전으로 조선시대 음양과 과거시험 과목이다. 본인의 문헌 검색과 장성규의 2010년 박사학위 논문을 통해서 이 두 서적이 존재함을 알게 되었다.

 무엇보다도 풍수지리를 공부하는 사람으로서 반가운 일이 아닐 수 없었다. 그간 살펴본 주요 음양과 과거시험 과목은 일률적으로 호순신의 『지리신법(地理新法)』을 제외하고는 형세적 판단논리에 주안점을 두고 있다. 『지리신법』이 이기적 요소를 포함하고 있다지만 '포태법'과 '구성법'을 결합하여 풍수지리의 길흉화복을 분석하는 것으로 극히 일부라고 할 수 있다.

 그러나 오늘날 전해지고 있는 풍수서는 『주역(周易)』과 음양오행 및 천문사상 등 많은 이기론 원리를 포함하고 있다. 혹시나 『착맥부』와 『동림조담』이 이기론 풍수서는 아닐까 하는 생각으로 이 두 서적과 『지리문정(地理門庭)』을 찾기 위해 많은 노력을 하였다. 아직도 『지리문정』은 확인할 길이 없어 많은 분의 노력으로 조속히 발굴되었으면 하는 기대가 크다.

 먼저 『착맥부』는 『새로 쓰는 풍수지리학』의 저자이신 이태호 선생님의 도움으로 중국에서 오래전에 발간되어 출판사 등은 알 수 없으나 제목이 『감여비급기서(堪輿秘笈奇書)』로 되어 있는 풍수서에 포함된 내용을 받아보게 되었다. 정말 말로 표현할 수 없는 고마움이었고, 지금도 항상 감사한 마음을 갖고 있다.

그 후 인터넷 검색을 통해서 중국 북경대학 도서관에 소장된 『형가20종(形家20種)』이라는 풍수서에 『착맥부』가 포함돼 있음을 확인하였다. 이 두 본을 확보하고 내용을 검토해보니 거의 유사한 내용이었으나 『감여비급기서』에 있는 내용 중 끝 부분 일부가 북경대학 소장본에는 생략된 것을 확인하였다.

그러던 중 올해 초 『현공풍수(玄空風水)』의 저자이신 최명우 선생님께서 직접 전화를 주셔서 『비전감여유찬인천공보(秘傳堪輿類纂人天共寶)』에 실려 있는 『착맥부』 내용을 보내주셨다. 이미 소장하고 있던 두 종류에서 세 종류로 되었으니 비교 검토하는 데 더없이 좋은 자료가 아닐 수 없었다.

이는 본인의 박사학위 논문 준비에도 귀한 자료로 이 세 종류를 확인해보니 『감여비급기서』와 『비전감여유찬 인천공보』에 실린 내용은 동일한 것으로 판단되었다. 단지 북경대학 소장본인 『형가20종』에 실린 내용은 끝 부분에서 차이가 있었다. 그러나 조선왕조실록에 전하는 『착맥부』의 인용기록을 살펴보면 『형가20종』에서 누락된 부분이 나타나고 있어서 당시에 사용된 『착맥부』는 『감여비급기서』와 『비전감여유찬 인천공보』에 실려 있는 내용이 유력함을 알게 되었다. 그리고 조선시대에 사용된 『착맥부』에는 '주(註)'를 달아놓은 것도 있었던 것으로 보이는데 이 자료도 조속히 발굴되기를 바란다.

그리고 『착맥부』의 번역에는 『비전감여유찬 인천공보』를 원본으로 하였고, 나머지 두 본과 비교해서 글자에 차이가 있는 부분은 표를 이용하여 표시하였다.

『동림조담(洞林照膽)』은 우리나라 국립중앙도서관과 원광대학교 도서관에 소장되어 있음을 확인하고 이를 복사하여 소장하였다. 국립중앙도서관 소장본은 훈련도감자본(訓鍊都監字本)으로 2卷1册: 사주쌍변(四周雙邊), 반곽(半郭) 26.0x16.2cm, 10行20字 주쌍행(註雙行), 내향이엽화문어미(內向二葉花紋魚尾): 32.5×20.0cm로 되어 있다. 원광대학교 소장본은 필사본으로 필사자 등 제반 사정을 알 길은 없으나 내용은 중앙도서관 소장본과 일치하였다. 하지만 25편을 필사자가 추가하였음을 확인하였다.

　끝으로 자료발굴에 도움을 주신 이태호 선생님, 최명우 선생님, 양봉환 선생님과 번역에서 도움을 주신 한의학 박사이자 동원당한의원 원장이신 동원 김선호 원장님, 한학자이시며 풍수지리 연구가이신 인산 양형석 선생님께서도 큰 도움을 주셨다. 우선 지면을 통해서 진심으로 감사의 말씀을 올린다. 정말 감사합니다.

　무엇보다도 작업과정에서 자신의 능력부족에서 오는 실망감과 절망감도 많았지만, 영남대학교 대학원 박사과정의 박찬용 지도교수님께서 항상 용기를 주시고 이끌어주셨기에 이만큼이라도 가능했음은 부인할 수가 없다. 다시 한번 박찬용 지도교수님께도 감사의 말씀을 올립니다.

　정말 많은 부분에서 오류가 있을 것으로 생각되지만, 많은 분께서 연구에 동참하기를 바라는 마음에서 이 책을 펴내게 됨을 이해하여 주기 바란다.

2013.11.

完堂 洪性瑞

차 례

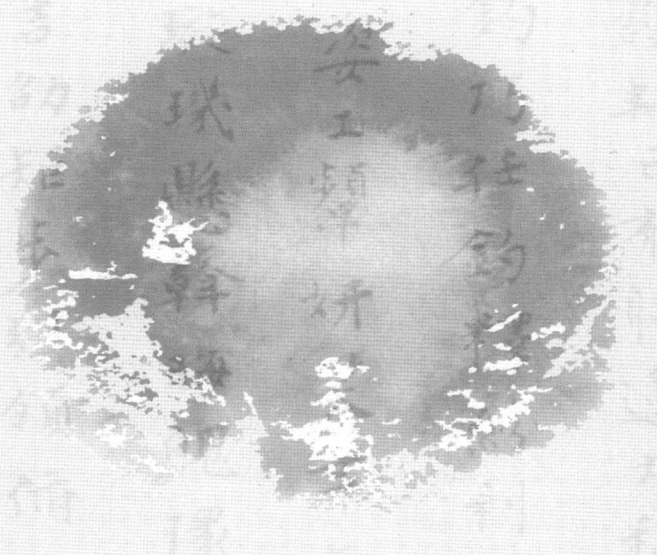

제1부

조선시대 음양과 과거시험

조선시대 과거에는 문과(文科)·무과(武科)·잡과(雜科)와 문과의 예비시험으로서 생원(生員)·진사시(進士試)가 있었다. 문·무과와 생원·진사시는 양반들이 많이 보는 시험이었고, 잡과는 중인(中人)들이 많이 보는 시험이었다. 문과와 생원·진사시는 예조(禮曹)에서 주관하였고, 무과는 병조(兵曹)에서 주관하였으며, 잡과는 예조와 해당 관청에서 주관하였다. 그리고 10년마다 한 번씩 문·무 관료들을 대상으로 보이는 중시(重試)도 예조에서 주관하였다. 그러므로 과거시험은 예조와 병조에서 주관하여 실시하였다고 할 수 있다.1) 이러한 조선시대의 과거제도 중 풍수지리와 관계된 음양과에 대해서 간단히 살펴보고자 한다.

---

1) 李成茂 저, 『韓國의 科擧制度』, 集文堂, 2000, p.113.

1. 음양과의 설치배경

1) 과거의 종류

조선시대의 과거시험은 3년에 한 번씩 시행되었다. 이를 식년시(式年試)라고 한다. 식년시는 정규적인 시험이며 그 규모가 가장 컸다. 그리고 국가의 경축이나 필요가 있을 때에 과거를 보는 별시(別試)가 있었다. 식년시는 조선시대 과거시험의 대표적인 시험으로 문과와 무과 잡과의 3종으로 크게 나눌 수가 있다. 문과 시험은 소과와 대과로 나누어진다. 소과는 대과에 응시하기 전에 보는 시험으로서, 생원시와 진사시로 나누어진다. 생원시는 경서를 외는 시험이고, 진사시는 문장을 짓는 능력을 시험하는 것이다. 대과는 관리(文官)로 임용되는 시험으로 조선시대에 최고의 시험 단계이다. 무과는 무관을 선발하는 시험이다. 무과는 문과 시험보다 중시하지는 않았지만, 조선의 관제에서 양반을 형성하는 문관과 무관 중에서 무관을 채용하는 시험이다. 잡과는 국가에서 필요한 기술 관료를 선발하는 시험으로 역과(譯科), 의과(醫科), 음양과(陰陽科), 율과(律科)가 있다.

(1) 文科

문과는 정규시험인 식년시(式年試)와 특별시험인 각종 별시(別試)로 구분되어 있었다. 식년시는 문과뿐 아니라 모든 과거시험의 공통적인 정규시험으로서 3년마다 한 번씩 시행되었다. 식년이란 子·

午·卯·酉년을 말하는데 십이지 중 3년마다 한 번씩 돌아오게 되어 있었다. 식년시는 초시(初試), 복시(覆試), 전시(殿試)의 세 차례 시험을 치르게 되어 있었다. 문과 초시는 향시(鄕試), 한성시(漢城試), 관시(館試)가 있었다. 향시는 8도에서 실시하였고, 한성시는 한성부에서, 관시는 성균관에서 시행하였다. 문과 별시에는 증광시(增廣試)·별시(別試)·알성시(謁聖試) 등 25개 시[2]가 있었다. 이들 별시는 국가의 경사가 있거나 문·무관, 성균관 유생들의 사기를 북돋아주기 위하여 시행되었다.[3]

(2) 生員·進士試

조선 국초에는 고려시대의 국자감시를 혁파하고 생원시를 시행하였다. 그러나 고려시대 귀족들의 사장 중시 풍조를 없애기 위하여 조선 국초에는 진사시는 시행하지 않고 생원시만 시행하였다. 생원시는 성균관 입학시험이었다. 조선 후기에는 생원시와 진사시가 비중이 같았으나 조선 말기에는 오히려 생원시보다 진사시가 더 중시되었다. 조선시대의 생원·진사시는 향시와 복시로 구분하는데 향시는 각 지방에서 복시는 예조에서 시행하였다. 그리고 생원·진사시에는 국왕이 친히 참석하는 전시(殿試)가 없었다. 전시는 문·무과에만 있었다. 생원·진사시의 초시에는 한성시와 향시가 있었다. 또한, 생원·진사시는 식년시와 증광시도 있었다. 생원·진사시에 합격한 사람은 성균관에 들어가 일정 기간 동안 공부한 다음 문과에 응시할

---

2) 이성무의 앞의 책, p.115. 증광시, 별시 ...... 25개시가 있다.
3) 이성무의 앞의 책, p.113~115 요약발췌.

자격이 주어졌다.4)

(3) 武科

무과는 무관을 등용하는 과거시험이다. 고려시대에는 예종(睿宗) 4
년(1109)부터 인종(仁宗) 11년(1133)까지 24년간을 제외하고는 무과
가 시행되지 않았다. 고려시대의 숭문언무(崇文偃武)정책으로 무관을
양성하거나 무관을 선발하는 무과가 설치되지 않았던 것이다. 무과
가 본격 시행되기 시작한 것은 조선시대에 와서이다. 조선시대에는
문무 양반의 관료체제를 형성함에 따라 무과가 활발하게 시행되었
다. 무과에도 문과와 마찬가지로 3년마다 한 번씩 시행되는 정기시
험인 식년시와 부정기시험인 별시가 있었다. 식년 무과에는 식년 문
과처럼 초시·복시·전시의 3단계 시험이 있었다. 그러나 무과에는
문과의 생원·진사시와 같은 예비시험은 없었다. 무과 초시에는 훈
련원에서 시행되는 원시(院試)와 도별로 시행되는 향시(鄕試)가 있었
다. 원시는 훈련원에서 녹명 시취하였고, 향시는 각 도 병마절도사
가 차사원(差使員)을 보내 녹명 시취하였다. 식년 무과는 거의 식년
문과와 함께 시행되는 것이 보통이었는데 초시는 상식년인 寅·申·
巳·亥년 가을에, 복시와 전시는 子·午·卯·酉년 봄에 시행되었다.
무과에는 식년시 이외에 증광시, 별시, 알성시 등 10개의 별시가 있
었다. 무과의 고시 과목은 강서(講書)와 무예(武藝)의 두 가지가 있다.
강서는 복시에서만 본다. 강서의 내용을 보면 사서오경 중 택 1, 무

---

4) 이성무의 앞의 책, p.129~136 요약발췌.

경칠서(武經七書: 육도, 삼략, 위료자, 손자, 오자, 사마법, 이위동) 중 택 1, 통감, 병요, 장감박의, 소학 중 택 1, 그리고 경국대전을 임문 고강하였다. 무예는 활쏘기(목전, 철전, 기사), 격구, 기창, 그리고 임진란 이후에는 조총사격 등을 시험하였다. 무과 도시에서 무예는 기사와 기창을 보이며, 강서 시험에는 논어, 맹자 중에서 1개의 과목, 오경 중에서 1개의 과목, 통감, 병요, 손자 중에서 1개의 과목을 선택하여 시험을 본다. 그리고 군대 기관인 내금위(內禁衛)에서도 시험을 시행하여 무관을 등용하였다.[5]

(4) 雜科[6]

조선시대의 잡과에는 역과(譯科)·의과(醫科)·음양과(陰陽科)·율과(律科) 등 네 종류가 있었다. 태조 원년(1392) 8월의 입관보리법(入官補吏法)에는 국가 관리를 뽑는 관문으로 문음(門蔭)·문과(文科)·무과(武科)·이과(吏科)·역과(譯科)·의과(醫科)·음양과(陰陽科) 등 7과가 있었는데 이 중 잡과로는 이과·역과·의과·음양과의 4과가 있었다. 율과가 빠지고 서리를 뽑는 이과가 있었던 셈이다. 그리고 이과 이외에 이문과(吏文科)도 잠시 실시된 적이 있었으나, 『경국대전』에는 이 이과 대신 율과(律科)가 첨가되어 역과·의과·음양과·율과의 4과가 실시되었다.

---

5) 이성무의 앞의 책, p.142~153 요약발췌.
6) 이성무의 앞의 책, p.162~177 요약발췌.

① 역과(譯科)

역과는 중국, 몽고, 왜, 여진의 통역을 담당할 관리를 선발하는 시험이다. 역과는 사역원(司譯院)에서 담당하였는데, 초시와 복시로 나누어 시행하였다. 역과의 시험에서 한학의 시험은 사서(四書)를 임문(臨文)으로 하고, 노걸대(老乞大), 박통사(朴通事), 직해소학(直解小學)은 배강(背講)으로 강하였다. 그리고 사자(寫字)의 시험으로 몽학은 몽고어 서적인 오가한(五可汗), 수성사감(守成事鑑), 어사잠(御史箴), 고난가둔(高難可屯) 등 12개의 서적 중에서 임서(臨書)하였다. 왜학은 이로파(伊路波), 소식(消息), 서격(書格), 노걸대(老乞大), 동자교(童子敎) 등 9개의 서적을 시험하였다. 여진학은 천자(千字), 천병서(天兵書), 소아론(小兒論), 삼세아(三歲兒), 자시위(自侍衛) 등 9개 서적을 시험하였다. 그리고 한학, 몽학, 왜학, 여진학 모두 경국대전을 보고 응시하고 번역하였다. 역과 복시에서 선발 인원은 한학 13명, 몽학·왜학·여진학 각 2명을 선발한다. 강서와 사자(寫字)는 초시와 동일하였다.

② 의과(醫科)

의과시는 국가에서 필요로 하는 의원을 선발하는 과거시험이다. 의과 시험은 전의감(典醫監)에서 주관하여 실시하였다. 의과시는 초시와 복시로 나누어진다. 초시의 과목은 의학서인 찬도영(纂圖詠: 집맥에 관한 의서), 동인경[銅人經: 침구(鍼灸)에 관한 의서], 송원대(宋元代)의 의서인 직지방(直指方)과 득효방(得效方), 부인대전(婦人大典: 부인과 의서), 창진집(瘡疹集: 피부과 의서), 태산집요(胎産集要: 산부인과 의서), 구급방(救急方), 화제방 지남(和劑方 指南: 처방전)을 암송

한다. 그리고 본초강목(本草綱目: 약물학)과 경국대전은 책을 보면서 시험한다. 의과 복시는 의과 초시에 합격한 사람들에게 보이는데 예조와 전의감제조가 9명을 추천하였다. 그리고 시험내용은 초시와 동일하였다.

③ 음양과(陰陽科)

음양과는 천문, 지리, 명과학을 담당할 관리를 선발하는 시험이다. 음양과는 예조와 관상감(觀象監)에서 주관하였다. 음양과는 초시와 복시로 나누어진다. 음양과의 초시는 천문학에서 10명, 지리학・명과학에서 각 4명을 선발하였다. 음양과의 시험 과목은 전문 분야에 따라 차이가 있다. 천문학에서는 강서로 보천가(步天歌: 천문학 서적)를 암송하고, 경국대전(經國大典)을 보면서 시험하였으며, 칠정산외편(七政算外篇)과 교식추보가령(交食推步假令)을 시험하였다. 지리학은 청오경(靑烏經) 외 8개 과목을 강서하고 경국대전을 시험하였다. 명과학은 원천강(袁天綱)을 배강하고, 서자평(徐子平)과 응천가(應天歌)를 강서하고, 경국대전은 책을 보고 시험하였다. 음양과의 복시는 천문학에서 5명, 지리학・명과학에서 각 2명을 선발하였다. 그리고 시험의 내용은 음양과의 초시와 같다.

④ 율과(律科)

율과(律科)는 법을 담당할 관리를 선발하는 과거시험으로 형조(刑曹)에서 주관하였다. 율과는 초시와 복시로 나누어진다. 초시에서는 18명을 선발하였다. 시험 과목은 강서로 대명률[大明律: 명대(明代)의 형법서(刑法書)]을 암송하고, 당률소의(唐律疏議), 무원록[無冤錄: 송대

(宋代) 법의학서(法醫學書)], 법률해이(法律解頤), 율법변의[律法辨疑: 명대(明代) 법률해설서(法律解說書)] 및 경국대전은 책을 보게 하면서 시험하였다. 율과 복시에는 9명을 선발하며, 시험내용은 초시와 동일하다.

2) 음양과의 설치배경

여말 선초의 혼란을 극복하고 새 나라를 건국한 조선의 태조는 그가 꿈꾸는 이상적인 국가를 건설하기 위해 관료체제를 정비하게 된다. 고려의 문물제도를 수용하면서 서운관을 계승하고 음양과를 설치하여 발전시켰다. 천문(天文)·지리(地理)·역수(曆數)·점주(占籌)·측후(測候)·각루(刻漏) 등은 국가를 유지하고 통치하는 데에 중요한 의미가 있었으므로 중시하였다.

그리고 신라 말기로부터 고려 말기에 이르기까지 성행하던 도참(圖讖)과 지리설(地理說)은 조선 건국에 큰 영향을 미쳤다. 조선 태조의 역성혁명(易姓革命)은 고려의 왕통을 부정할 수 있는 풍수지리 사상을 배경으로 하는 시대적인 조류의 산물로서, 혁명에 성공한 뒤에도 왕권의 안정을 위해 이와 관련된 학문과 업무를 전담하는 관제(官制)가 요구되었을 것으로 여겨진다. 즉, 태조는 신흥사대부와 관상감 관원들과의 많은 논란 끝에 한양으로의 천도를 결정하게 되는데 여기에는 정치적인 요소와 풍수적 요소 및 인문지리적인 요소를 모두 고려하였다고 볼 수 있다. 이와 같은 한양천도와 새 시대의 건설에는 이를 관리하기 위한 관제와 근무할 인원이 필요하였던 것이다.

결론적으로 천문관측 자료를 통해 책력(冊曆)을 발행하여 국민에게 알리는 일이 최고통치자의 의무라는 인식, 궁궐 및 왕릉의 조성과 개보수, 태실을 정하는 일에서의 필요성, 그리고 국가적인 공식 행사와 백성의 대소사에서 길일을 선택하여 행사할 필요성과 정치적·사회적 배경과 사상적인 배경 등이 복합적으로 작용하여 음양학 교육제도 및 음양과와 취재를 설치된 것으로 여겨진다.[7]

그러나 음양과는 조선시대에 와서 생긴 제도는 아니다. 조선시대의 음양과는 삼국시대부터였다고 할 수 있다. 삼국시대 음양학은 천문·지리·명과와 관련된 학문이 실재하였다는 것과 효율적인 업무 추진을 위한 관청의 설치를 들 수 있다. 삼국시대에 이르러 천문·역법·지리·점복을 관장하는 관리가 등장하게 된다. 고구려의 일자(日者)와 무(巫), 백제의 일자와 무, 신라의 일자와 일관(日官)과 무가 그들이다. 그들의 주 업무는 천문학, 점성학, 지리학, 명과학과 천변재이(天變災異)에 대해 밝히는 것이다. 삼국시대에는 이러한 업무를 담당하는 관청으로는 백제의 일관부(日官部)와 신라의 누각전(漏刻典)이 있었다. 백제에는 『주서(周書)』에 '일관부'라는 관청이 있었다는 기록과 함께 따로 역박사(曆博士)가 있었음이 『일본서기』에 남아 있으며, 신라에는 경덕왕 8년(749)에 누각박사(漏刻博士)와 천문박사(天文博士)가 있었다는 기록이 『삼국사기』에 전하고 있다.[8]

이와 같은 삼국시대의 음양과 제도들은 고려시대에 이르러 광종 9년(958)의 첫 과거시험에서부터 시행되어 왔다. 이때의 잡업에는 의업·복업뿐이었으며, 뒤에 지리·율·서·산·삼례·삼전·하론[9]

---

7) 李洙鍐, 「조선시대 陰陽科에 관한 연구」, 원광대학교, 박사학위 논문, 2013, p.18~27 요약 발췌.
8) 李洙鍐의 앞의 논문, p.10~11.
9) 삼례(三禮)는 禮記, 周禮, 儀禮를 말함. 삼전(三傳)은 左傳, 公羊傳, 穀梁傳을 말함. 하론(何論)은 삼국시대 위(魏)나라 학자인 하안(何晏)이 『논어(論語)』를 주해한 『하안주논어(何晏注論語)』를

등의 과목이 생겨 잡업은 9가지로 늘어났다. 고려시대의 잡학은 조선시대에 해당 관청에서 교육시켰던 것과는 달리 국자감(國子監)에서 교육시켰다.[10] 이러한 고려시대의 제도는 조선으로 계승되어 잡과의 하나인 음양과로 발전하게 된다. 즉, 조선시대에는 위와 같은 시대적 요청에 부응하고 조선이라는 새로운 국가건설을 차질 없이 실현하기 위해서 잡과(雜科)에 음양과(陰陽科)를 설치하여 전문기술 관리를 뽑아 관상감(觀象監)에서 근무하게 하였다.

말함. …… 李成茂 저, 앞의 책 p.72, 본문 중에서.
10) 李成茂의 앞의 책, p.72.

2. 음양과의 과시자격과 방법

1) 음양과의 과시자격

조선 초기의 잡과에는 잡학생도(雜學生徒), 7품 이하의 전·현직관리들이 응시할 수 있었다. 문·무과에는 정3품 당하관(堂下官) 이하가, 생원·진사시에는 정5품 통덕랑(通德郞) 이하가 응시할 수 있었는 데 비하여 잡과에는 정7품 참하관(叅下官) 이하가 응시할 수 있었다. 따라서 잡과는 기술관들이 참상관(叅上官)으로 올라갈 수 있는 국가고시였다고 할 수 있다.

그러나 7품 이하 관리라고 해서 누구나 잡과에 응시하였던 것은 아니다. 처음에는 양반자제들까지 잡과에 응시하는 것을 전제로 규정이 만들어지기는 하였지만, 양반자제들이 점차 잡학이나 기술직을 기피하게 되자 잡과에는 양반신분에서 도태된 양반 서얼들이나 양인신분의 상층인 교생(校生)·향리(鄕吏)[11]들이 주로 응시하게 되었다. 특히 양반신분인 교생이나 향리들은 잡과를 통하여 면역, 또는 자기 신분을 상승시킬 수 있었다. 더구나 향리는 세 아들 중 하나에 한하여 잡과에 합격하거나 서리로서 임기를 마치면 양반으로 올라갈 길이 열려 있었다. 그러므로 잡과는 양인이나 향리가 중인 또는 양반으로 상승할 수 있는 계기를 마련해주는 국가시험이었다고 할 수 있다.

---

11) 교생(校生): 조선시대 각 고을의 향교에 등록된 학생으로, 이에 대해 서원(書院)에 등록된 학생을 원생(院生)이라 하였고, 합쳐서 교원생(校院生)이라 불렸다.

따라서 양반들은 잡과에 응시하는 것을 기피하였지만 양인·향리 등 비양반들은 잡과에 응시하려고 애썼다. 그리하여 잡과는 비양반 신분들의 출셋길로 이용되었고, 이들 사이의 폐쇄적인 혼인관계와 전문지식 전수로 기술직이 세전(世傳)되었으며, 중인 가문이 형성되게 되었다. 『경국대전』에 이미 본학생도(本學生徒; 專攻生徒)가 아니면 특정한 잡과에 응시할 수 없다고 하였고, 다른 전공의 취재시험에 응시하려면 우선 그 전공의 잡과에 합격해야 한다고 하였다.

  잡학생도나 기술직에 종사하는 사람들은 양반에서 도태된 서얼이나 비양반에서 상승하는 교생이나 향리들이라 하였다. 『경국대전』에 의하면 2품 이상 양반양첩자손은 사역원·관상감·전의감·내수사·혜민국·도화서·산학·율학 등 기술관직에 서용(敍用)[12]한다고 되어 있다. 따라서 이들은 잡학생도로 입학하기도 하였을 것이고 전·현직 기술관으로서 잡과에 응시하였을 것이다. 그리고 양반자제들이 기술직을 기피하게 되자 지방의 교생·향리의 삼정일자·의학생도·율학생도들을 세공(歲貢)시켜 충원하기도 하였다. 향교에는 본래 양반자제들도 입학하게 되어 있었으나 15세기 후반부터는 비양반자제들이 액내생(額內生: 법정 정원 안에 들어간 교생)으로 되고 양반자제들은 오히려 액외생(額外生: 정원 외 교생)으로 되었다. 그러므로 교생 안에 등재된 사람은 양인자제들이었다. 향리는 잡과에 합격하면 향리신분을 면할 수가 있었다. 따라서 이들이 잡과에 합격하는 것은 그들의 신분을 상승시키는 것이 되었다. 이들이 잡과에 응시하려는 까닭도 여기에 있었다. 그러나 교생·향리라고 해서 누구나 세공생도(歲貢生徒)[13]가 되는 것은 아니었다. 교생은 노비를 소유한 부

  ---

  12) 서용(敍用): 주로 벼슬을 잃은 사람에게 다시 관직(官職)을 주어 사용함.

유한 자, 똑똑한 자, 향리는 세 아들 중의 하나만 세공생도가 될 수 있었다. 이들은 경제적 실력이나 지식수준으로 보아 하급지배 신분 층인 중인이 되기에 적합한 자들이었다.

또한, 잡학 생도가 되기 위해서는 고위 전·현직 기술관들의 천거를 받아야만 하였다. 잡학생도 천거는 3년마다 식년에 한 번씩 있는 것이 보통이었는데 한 사람이 다섯 사람을 천거할 수 있었다. 거주(擧主: 천거하는 사람)는 정3품 당상관 이상에서부터 참상관에 속하는 고위 전·현직 기술관으로서 천거에 부정이 있거나 추천된 사람이 잘못을 저질렀을 때는 책임을 져야만 하였다. 추천된 사람은 15인으로 구성된 현직 녹관(祿官)들의 투표로 잡학생도가 될 수 있었다. 투표할 때 종이를 맨 매듭을 항아리에 넣게 되어 있었는데 부표(否票)를 나타내는 이 매듭이 셋 이상이면 불합격이고 둘 이하라야만 합격이었다. 그리하여 합격자의 단자(單子)에는 점을 찍고 불합격자의 단자에는 '거(去)'라고 썼다. 잡학생도가 된 사람은 소정의 교육을 받고 기술관 취재시험에 응시하거나 잡과에 응시할 수 있었다. 단 잡과는 기술직의 참하관이 참상관으로 승진하는 국가시험의 의미가 있었으므로 대체로 잡학생도는 취재시험을 거쳐 기술관직을 받은 다음 잡과에 응시하는 것이 보통이었다.[14]

2) 음양과의 과시 절차와 방법

음양과 규정은 『경국대전』에서 명문화된 이후, 고종 2년(1865)에

---

13) 세공생도(歲貢生徒): 지방에서 선발하여 중앙의 성균관(成均館)에 추천하는 유생(儒生).
14) 李成茂의 앞의 책, p.207~210 요약발췌.

완성된 『대전회통』으로 이어진다. 음양과에는 식년시와 증광시가 있다. 먼저 3년마다 실시하는 정기시험인 식년시는 제1차 시험인 초시(初試)와 제2차 시험인 복시(覆試)가 있다. 처음에는 식년의 정월에서 5월 사이에 실시하다가, 성종 3년(1472)부터는 초시는 식년의 전년인 寅·申·巳·亥년의 가을에 실시하였고, 복시는 식년의 2월에 실시하였다. 비정기 시험인 별시는 새 왕이 즉위한 원년의 증광시만 실시하였다. 잡과의 하나인 음양과는 예조와 관상감에서 주관하여 관상감에서 실시하였다.

음양과의 초시는 관상감에서 시행하고 초시에 합격한 사람에 한하여 치르는 복시는 예조에서 시행했다. 초시는 관상감에서 시행했는데, 고사장을 열기 전에 먼저 시험을 감시하는 입문관 4명을 정한다. 입문관은 천문학 2명, 지리학 1명, 명과학 1명인데, 해당 잡학에서 판관 이상의 관직을 지낸 사람으로 정한다. 과거에 참가한 수험생은 예관과 단령(團領)[15]을 갖춰서 입고 사조(四祖)의 이름·생년월일·벼슬 등을 기록한 사조단자와 보증인 명단인 보거단자(保擧單字)를 수험생이 드나드는 출입소에 바치면 이름을 기록하고 과거 응시를 수락받는다. 다만 천거를 거친 응시생은 사조단자와 보거단자를 제출하지 않아도 응시가 허락된다.

음양과의 복시는 예조가 관상감의 제조와 함께 응시자의 자격을 심사해서 응시원서를 접수하여서 시험을 통해 관리를 뽑는다. 초시에서와 마찬가지로 고사장을 열기 전에 먼저 시험을 감시하는 입문관 4명을 정하고, 수험생이 사조단자와 보거단자를 입문소에 바치면

---

15) 단령(團領): 조선시대 백관들이 입던 상복으로 위아래가 붙은 포이며, 깃이 곧은 직령에 비하여 깃이 둥근 데서 유래된 명칭이다.

입문소에서는 이름을 적고 예조로 이송한다. 시험 감독은 고시관과 참사관과 감시관이 하게 된다. 고시관은 예조의 고시관과 관상감의 제조 1명이고, 참시관은 예조의 낭관 1명과 관상감 삼학의 당하관 각 2명씩이다. 이때의 제조와 삼학 참시관은 관상감에서 후보를 추천해서 개장하기 전날에 예조에 보내서 임금에게서 낙점을 받게 된다. 그리고 시험을 감독하는 감시관은 예조와 관상감의 관원 각 1명씩이다.

시험을 모두 치른 뒤의 성적채점은 통(通) 삼분(三分), 약(略) 일분(一分), 조(粗) 반분(半分)으로 계산하여 분수가 많은 사람을 선발하여 합격자 명단을 발표한다. 합격자에게는 홍패(紅牌)가 내려지고 다음 날에는 대궐로 가서 임금에게 인사를 올리고 영사(領事) 제조(提調) 시관(試官) 선진(先進) 및 관상감의 상관에게 인사를 한다. 만약 시험에 합격한 사람이 예를 올리지 않으면 관상감의 여러 시험에 응시하거나 승차되는 것을 허락받지 못한다.

또한, 조선시대에 관상감 관리를 선발하는 시험에는 음양과 외에 취재(取才)가 있다. 취재에서의 취(取)는 수(收)의 뜻이고 재(才)는 능력을 의미한다. 취재라 함은 단적으로 '취기재(取其才)'라 하였듯이 그 재능을 시험하여 선발하는 것을 의미한다. 즉, 식년시 또는 그 밖의 경우에 시행되는 시험인 별시(別試)가 아니라 소정의 특수한 직임에 대한 재감자(在監者: 적임자)나 음자제(蔭子弟)를 선용하기 위해 약간의 해당 시험교재를 선별하여 시행하는 시험을 '취재'라 한다. 취재에는 무직(武職)·잡직(雜職)·서리직(胥吏職) 등 양반관직이 아닌 관직에는 체아직(遞兒職)[16]을 주었다. 체아직은 한 관직을 6개월씩 돌려가며 근무하는 관직으로서 시험을 통해 받을 수 있었다. 음양과는 잡직에 속해 있다. 그러나 같은 잡직이지만 산학(算學)·화학 (畵學)·도학(道學)은 잡과가 시행되지 않고 취재만 시행되었다.

또한, 취재는 관상감에서의 녹관직(祿官職)이나 여러 직임을 맡을 사람을 선발하기 위해 관상감 관원을 대상으로 정기적으로 또는 부정기적으로 시행하던 시험제도로서 음양과와는 성격이 다른 시험이었다. 음양과가 성격상 국가에서 인정하는 자격인정 시험제도라면 취재는 관직임명 시험제도라도 할 수 있다. 취재에 응시하기 위해서는 관상감의 생도가 되어야 한다. 이 시험에 합격한 사람이 관직 임명시험인 취재에 합격해야 녹관직이나 기타 직임을 받는 되는 것이다. 『경국대전』에는 취재를 치르는 시기와 주관하는 관청이 규정되어 있다. 시험을 치는 시기는 사계절의 첫 달, 곧 사맹월(四孟月: 寅·申·巳·亥月)이다. 그리고 시험은 본조와 해당 관사에서 주관하고, 본조가 해당 관사의 제조와 함께 취재하며, 제조가 없는 곳은 해당하는 조(曹)의 당상관과 함께 취재한다고 규정하고 있고, 관상감 관리를 선발하는 취재는 예조와 관상감에서 주관하였다. 그러나 만약 제학(諸學: 잡과)을 취재할 때에 본조 당상관이 유고하면 해당 관청의 제조가 본조의 낭관과 함께 취재하고, 해원의 제조가 유고하면 본조 당상관이 해원의 낭관과 함께 취재하며, 낭관이 없는 곳에 제조가 유고하면 본조 당상관과 낭관이 취재하였다. 이와 같이 천문지리 점산에 관련된 관상감 관리가 되기 위해서는 일정한 절차에 의해 취재에 합격하여야 한다.17)

---

16) 현직을 떠난 문무관(文武官)에게 특별한 경우에 녹봉(祿俸)을 주기 위하여 만든 벼슬.
17) 이수동의 앞의 논문, p.47~50 요약발췌.

3. 음양과 지리학의 과시과목

1) 음양과 지리학

음양과 지리학 시험에서는 시험과목의 난이도에 따라 시험을 치르는 방식에 차이가 있었다. 시험방법 중 강서(講書)는 책을 읽고 뜻을 새기는 임문(臨文)과 책을 보지 않고 뜻을 새기는 배강(背講), 책을 보지 않고 글을 외우게 하는 배송(背誦)이 있었다. 따라서 임문보다는 배강이 어렵고, 배강보다는 배송이 어려웠다. 따라서 양이 많은 사서(四書)나 『경국대전』은 임문으로 시험 보이고, 전문서는 배송으로 시험 보였으며, 꼭 읽어야 할 기본서는 배송하게 하였다. 그리고 40세 이상 된 사람에게는 전문서라도 임문으로 시험 볼 수 있게 하기도 하였다.[18]

음양과 시험과목 중 지리학 교재는 『경국대전』에 『청오경』, 『금낭경』을 배강으로 하고, 『호순신』, 『명산론』, 『지리문정』, 『감룡』, 『착맥부』, 『의룡』, 『동림조담』, 『경국대전』을 임문으로 한다고 하였으며 초시 선발인원은 4인, 복시에서는 2인을 선발하였다.

조선 후기인 영조대로 내려오면서 변화가 생긴다. 지리학 시험교재에서는 『속대전』에는 『청오경』, 『금낭경』을 배강으로 하고, 『명산론』, 『호순신』, 『동림조담』, 『탁옥부(琢玉斧)』, 『속대전』은 임문한다고 하였다. 『지리문정』, 『감룡』, 『착맥부』, 『의룡』이 빠지고 『탁옥부』

---

18) 李成茂의 앞의 책, p.244.

가 추가되어 시험과목이 10종에서 7종으로 줄었다. 지리학의 선발인원에는 변화가 없었다.

조선 말기인 고종 2년(1865)에 편찬된 『대전회통』의 기록을 보면 다시금 변화가 있음을 알 수 있다. 지리학시험과목에서 『청오경』과 『금낭경』은 변화가 없다. 그러나 임문하는 과목에서 『동림조담』과 『탁옥부』가 폐지된다. 따라서 시험과목은 처음 10종에서 7종으로 변화되고 다시 5종으로 줄었음을 알 수 있다. 조선 말기에도 선발인원에는 변화가 없었다. 이를 표로 만들어보면 아래와 같다.[19]

〈陰陽科 科試科目과 選拔人員〉

法典	背講	臨文	選拔人員
『經國大典』	『청오경』 『금낭경』	『호순신』・『명산론』・『지리문정』・『감룡』, 『착맥부』・『의룡』・『동림조담』・『경국대전』	초시 4인 복시 2인
『續大典』	『청오경』 『금낭경』	『호순신』・『명산론』・『동림조담』・『탁옥부』・『속대전』	초시 4인 복시 2인
『大典會通』	『청오경』 『금낭경』	『호순신』・『명산론』・『대전회통』	초시 4인 복시 2인

2) 취재

『경국대전』에는 지리학 취재 시험과목으로 『청오경』과 『금낭경』은 배강하고, 『착맥부』, 『지리지남』, 『변망』, 『의룡』, 『감룡』, 『명산론』, 『곤감가』, 『호순신』, 『지리문정』, 『장중가』, 『지현론』, 『낙도가』, 『입식가』, 『심룡기』, 『이순풍』, 『극택통서』, 『동림조담』은 임문하는 방식을 취하였다.

---

19) 이수동의 앞의 논문, p.50~56 요약발췌.

조선 후기 영조 22년(1746)에 편찬된『속대전』과 정조 9년(1785)에 편찬된『대전통편(大典通編)』그리고 정조 15년(1791)에 관상감에서 영조에게 올린『관상감진삼학이정절목(觀象監進三學釐正節目)』에서의 규정을 살펴보면, 먼저『속대전』에서 보이는 지리학과목으로는『청오경』과『금낭경』은 배강하고,『호순신』,『명산론』,『동림조담』은 임문하는 방식을 취하고 있으나『경국대전』에서 보이는 나머지 14개 과목은 폐지되었다.『대전통편』에서의 시험과목은 춘하등에는『청오경』을 추동등에는『금낭경』을 배강하고『호순신』,『명산론』,『동림조담』을 임문한다고 하여 배강과목 중『청오경』과『금낭경』을 춘하등과 추동등으로 각각 분리하여 배강토록 구분하였다.

　그리고『관상감진삼학이정절목』에서는 삼학에 대한 과거시험과 취재시험에는 각기 해당하는 책이 있다. 지리학에서는 실직관원과 별선관 취재 시험과목으로『청오경』,『금낭경』,『호순신』,『명산론』중에서 두 과목을 선택하게 하였다. 이때 실직관원 7명이고 별선관은 10명이었다.

　조선 말기의『대전회통』에서는『청오경』과『금낭경』은 배강하고,『착맥부』,『지리지남』,『변망』,『의룡』,『감룡』,『명산론』,『곤감가』,『호순신』,『지리문정』,『장중가』,『지현론』,『낙도가』,『입식가』,『심룡기』,『이순풍』,『극택통서』,『동림조담』은 임문하는 방식을 취하여『경국대전』의 과목과 동일하였다. 이를 표로 만들어보면 아래와 같다.[20]

---

20) 이수동의 앞의 논문, p.57~68 요약발췌.

法典	背講	臨文	비고
『經國大典』	『청오경』 『금낭경』	『착맥부』・『지리지남』・『변망』・『의룡』・『감룡』・『명산론』・『곤감가』・『호순신』・『지리문정』・『장중가』・『지현론』・『낙도가』・『입식가』・『심룡기』・『이순풍』・『극택통서』・『동림조담』	-
『續大典』	『청오경』 『금낭경』	『호순신』・『명산론』・『동림조담』	背講을 →背誦으로
『大典通編』	『청오경』	『호순신』・『명산론』・『동림조담』	춘하등
	『금낭경』	『호순신』・『명산론』・『동림조담』	추동등
『觀象監進三學矍正節目』	『청오경』,	『금낭경』・『호순신』・『명산론』 중 擇二	失職官員과 別選官 取才
『大典會通』	『청오경』 『금낭경』	『착맥부』・『지리지남』・『변망』・『의룡』・『감룡』・『명산론』・『곤감가』・『호순신』・『지리문정』・『장중가』・『지현론』・『낙도가』・『입식가』・『심룡기』・『이순풍』・『극택통서』・『동림조담』	-

3) 주요 시험과목의 선정

음양과에서 시험과목으로 선정된 지리서의 선정된 이유를 찾는다면 무엇보다도 내용을 중요시했을 것으로 생각된다. 그러나 선정된 과목에 대해 저술연대를 살펴보면 『청오경』은 한(漢)시대, 『금낭경』과 『착맥부』는 동진(東晋)시대, 『감룡경』과 『의룡경』은 당(唐)시대, 『동림조담』은 오대(五代)시대, 『호순신』, 『명산론』, 『지리문정』은 송(宋)시대의 작품이다. 즉, 풍수지리의 초기경전이 나온 한나라에서 송나라시대까지 시대별로 한두 종류씩 선택하였음을 알 수 있다. 이는 중국의 역사에서 시대별로 정평 있는 지리서임을 알 수 있으며, 시대별로 풍수지리학이 발전해온 역사적 사실도 중요시했음을 알 수 있다.

그리고 이들 중 『청오경』, 『금낭경』, 『감룡경』과 『의룡경』은 『사고전서』에도 남아 있는 풍수서로서 그 가치를 가늠해볼 수 있다. 『호순신』의 경우는 무엇보다도 조선창업시기 한양을 수도로 확정하는 결정적 역할을 하게 된 풍수서이다. 하륜에 의해 계룡산 신도안이 수도로서 적당하지 않다는 것을 『호순신』의 논리로 정당화하였기 때문이다. 또한, 이들 중 『동림조담』과 『호순신』은 이기론을 중심으로 해서 써진 풍수서이고 나머지는 모두가 형세판단을 위주로 써진 책들이다. 단 『지리문정』은 실전되어 확인할 수 없다.

참고로 음양과와 취재시험에서 사용된 지리서는 모두 19종에 이른다. 이들 중 음양과와 취재 시험과목으로 모두 들어 있는 지리서는 앞의 표에서와 같이 『청오경』, 『금낭경』, 『호순신』, 『명산론』으로 『경국대전』 등 9곳에 기록되어 있다. 이들 4종목은 조선시대 초기부터 말까지 항상 포함된 종목으로 조선시대의 풍수지리 논리를 이해하는 데 필수적이라 할 수 있다. 다음으로 많이 포함된 지리서는 『동림조담』 7곳, 『착맥부』 3곳, 『지리문정』 3곳, 『감룡』과 『의룡』이 각각 3곳, 『지리지남』, 『변망』, 『곤감가』, 『장중가』, 『지현론』, 『낙도가』, 『입식가』, 『심룡기』, 『이순풍』, 『극택통서』가 각각 2곳, 『탁옥부』가 1곳에서 나타난다. 따라서 풍수지리 과거시험 4대 과목 또는 9대 과목으로 불리는 것은 『청오경』, 『금낭경』, 『호순신』, 『명산론』, 『동림조담』, 『착맥부』, 『지리문정』, 『감룡』, 『의룡』의 9개 과목이다.

4. 음양과의 직제와 역할

　과거가 관리등용을 위해서 시행되는 시험인 만큼 합격자들에게는 일정한 관직을 주는 것이 원칙이었다. 문과급제자는 문관직에, 무과급제자는 무관직에, 잡과합격자에게는 기술관직에 임명하게 되어 있었다. 잡과 출신자들은 그가 아무리 우수한 사람이라 하더라도 양반 관직에는 임명될 수 없었다. 그들은 역관, 의관, 음양관, 율관 등 기술직에 임명되게 되었다. 잡과에 합격하면 기술직에 근무하게 되고, 기술직에 근무하면 신분이 중인으로 굳어지게 되었다. 15세기 신분 재편성기간 동안 지배층의 상당한 부분이 중인으로 격하되었고 일부는 양인 중에서 상승한 자들로 구성되어 있었다. 중인의 한품(限品)은 정3품 당하관인 까닭에 잡과 합격자들도 이 이상 올라갈 수 없었다. 간혹 국가에 공로가 큰 역관이나 의관에게 당상관의 관품을 주는 예도 있었으나 이것은 실직이 아니었다.

　그러나 중인의 관직 세계에 있어서 잡과는 중요하였다. 기술직은 대부분 체아직(遞兒職)으로 되어 있었기 때문에 6개월마다 교체되었다. 교체된 뒤에는 1년 동안 관직에 나갈 수 없고 그 후라도 다른 후보자들과 공개 경쟁해야 하므로 이들의 승진은 참으로 어려웠다. 잡과는 이러한 승진의 벽을 뚫어주는 역할을 하였다. 따라서 참상관으로 올라가는 데 있어서 잡과에 합격하지 않으면 안 된다는 논리가 서게 된다. 이것은 문·무과를 거치지 않고는 양반 관료들이 당상관으로 올라갈 수 없던 것과 마찬가지이다.[21]

　음양과의 합격자 수는 전체적으로는 알 수 없지만 『운과방목(雲科

榜目: 陰陽科榜目)』이 숙종 39년(1713)부터 기록이 남아 있는데 이를 살펴보면, 1513년부터 1885년까지 372년간에 식년시 65회에 534인, 증광시 31회에 297인, 합계 96회에 831인을 뽑았다. 이 중 천문학이 53.1%인 442인, 지리학이 13.5%인 113인, 명과학이 23.5%인 196인, 전공 미상이 9.6%인 80인이었다.[22]

그리고 취재는 음양과와는 별도로 해당 전문 분야의 생도(生徒) 등을 대상으로 시취하여 체아직(遞兒職)을 제수하였다. 취재는 매년 6월 말과 12월 말에 두 번 시행되는 정기인사행정인 양도목이 보통으로 녹관 중에서 구임자와 교수 및 훈도를 제외한 모든 녹관은 체아직으로 6개월마다 체직(遞職)되며, 조선시대 관서의 문서와 부적(符籍)을 주관하던 종6품 관직인 주부(主簿) 이상은 모두 음양과 합격자를 임명하였다.

음양과나 취재 합격자가 진출하여 근무하는 관상감 조직을 살펴보면 다음과 같다.

태조가 조선을 건국한 후 고려의 천문관제를 그대로 계승하여 조선 초기부터 천문, 자연재해, 역일, 추택 등의 업무를 담당하는 관서로 서운관을 두었다. 그 후 서운관은 1466년(세조 12년) 관상감으로 개칭되었다. 세종 즉위 초기까지도 서운관의 업무는 음양학이라 불렀다. 그러나 세종은 음양학으로부터 천문학과 풍수학을 독립시키고 얼마 후에 천문학과 풍수학을 제외한 음양학을 명과학으로 바꾸어 이를 삼학이라 하였고 이와는 별도로 금루(禁漏)와 역산소(曆算所)를 두었다.

---

21) 李成茂의 앞의 책, p.257∼258.
22) 李成茂의 앞의 책, p.184∼185 요약발췌.

관상감의 직제는 『경국대전』에 의하면 정식 관직인 녹직으로는 정3품 당하직인 정부터 종9품직인 참봉에 이르기까지 대략 30여 개의 직이 설치되어 있었으며 영의정과 종2품 이상의 문신 두 명이 영사와 제조직을 겸직하여 관상감의 운영을 총괄적으로 책임지고 있었다. 이러한 관상감의 조직은 조선 중·후기를 거치는 동안 변화되었다. 천문학에는 천체의 움직임을 관찰하여 역을 만드는 일을 하는 삼역관이 30명이 있었고, 일식과 월식을 담당하는 6명의 수술관, 그리고 내편을 담당하는 10명의 추보관이 있었다. 지리학에는 상지관, 상례관이 있었으며 명과학에는 길일을 선택하는 추길관으로 7명을 두었고, 수선관 6명을 두었다. 삼학 모두에 별선관과 총민을 두었는데 별선관은 천문학 30명, 지리학, 명과학 각각 10명을 두었고 총민은 천문학이 10명, 지리학, 명과학이 각각 2명이 있었다. 이 외에 이런 직을 가지지 못한 전함이라는 관원집단이 있었다.

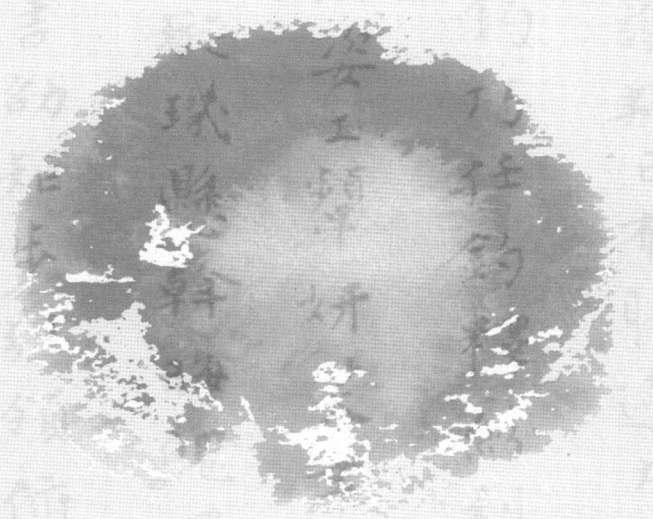

제 2 부

착맥부(捉脉賦)

1. 착맥부의 개관

1) 착맥부의 저자

　『착맥부』는 귀거래사로 유명한 도연명(陶淵明)[23]의 증조부인 도간(陶侃)이 저술한 것으로 알려져 있다. 도간은 동진(東晉) 때 여강(廬江) 심양(潯陽) 사람으로 자(字)는 사행(士行)이다. 어려서 아버지를 잃고 가난하게 살았다. 벼슬은 현리(縣吏)가 되었고 거듭 승진하여 남만장사(南蠻長史)에 올랐다. 장창(張昌)과 진민(陳敏), 두도(杜弢) 등의 난을 격파하고 형주자사(荊州刺史)에 올라 무창(武昌)에 주둔했다. 왕돈(王敦)의 시기를 심하게 받아 광주자사(廣州刺史)로 좌천되었다. 왕돈이 패한 뒤 형주로 돌아왔다. 성제(成帝) 함화(咸和) 2년(327) 소준(蘇峻)이 반란을 일으키자 경도(京都)의 수비가 비게 되었다. 온교(溫嶠)와 유량(庾亮)이 그를 천거해 맹주로 삼고 소준에 저항해 목을 베고 건강(建康)을 수복했다. 형주와 강주(江州)의 자사를 지냈으며, 교주(交州)와 광주, 영주(寧州), 강주의 제 군사(諸軍事)를 맡았다. 음양(陰陽)과 지리(地理)에 능통하고, 근면역행(勤勉力行)한 행실로 유명하며, 41년 동안 장상(將相)의 자리에 있으면서 임금의 자리를 엿볼 기회도 있었지만 젊었을 때 날개가 부러지는 꿈을 꾸었던 일을 생각하면서 자신 스스로 억제했다 한다. 동진의 주석(柱石)으로 지목되었

---

23) 도연명(陶淵明, 365~427) 자(字) 연명 또는 원량(元亮). 이름 잠(潛). 문 앞에 버드나무 다섯 그루를 심어놓고 스스로 오류(五柳) 선생이라 칭하기도 하였다. 장시성[江西省] 주장현[九江縣]의 남서 시상(柴桑) 출생. 그의 증조부는 동진(東晉)의 명장 도간(陶侃)이다. 주요 작품으로 『오류선생전』, 『도화원기』, 『귀거래사』 등이 있다.

고, 장사군공(長沙郡公)에 봉해졌다. 시호는 환(桓)이다.[24]

도간에 대해서는 조상을 좋은 길지에 모신 후 발음을 엿볼 수 있는 일화가 전해지고 있다.

'우면지(牛眠地)'라는 아버지의 묏자리 이야기다. 여기서 우면(牛眠)은 좋은 묏자리를 말하는데, 우면지는 소가 자는 곳이다. 진(晉)의 도간이 미천했을 때 부친상을 당했는데 갑자기 집에서 기르는 소가 없어져 소가 간 곳을 모르던 중 한 노인이 '저 앞산에 소가 누워 있는데 그곳에 장사 지내면 정승이 나겠더라' 하고, 또 한 산을 가리키며 '그곳은 당대에 2천 석이 나리라' 하고는 사라졌다고 한다. 그리하여 가서 보니 자기 집 소가 누워 있어 그 자리에는 아버지의 묘를 쓰고, 2천 석이 난다는 산에는 주방(周訪)의 아버지 묘를 썼더니 두 곳 모두 말대로 되더라. 고 『진서(晉書)』「주방전(周訪傳)」에 전하는데[25] 이와 같은 내용을 실증이라도 하듯 도간은 『착맥부』에서도 간접적으로 밝히고 있다.

2) 착맥부의 저술동기

『착맥부』는 귀거래사로 유명한 도연명(陶淵明)의 증조부인 도간(陶侃)이 저술한 것이다. 착맥(捉脉)은 용의 맥을 붙잡는다는 의미를 가지고 있고[26] 부(賦)는 한문 문체의 하나로 본래 『시경』의 표현방법의 하나로서, 작자의 생각이나 눈앞에 보이는 경치 같은 것을 있

---

24) 임종욱 편저, 『中國歷代人名事典』, 이화문화, 2010, p.307.

25) 네이버 지식백과 『한시어사전』 발췌.

26) 장성규, 『朝鮮王朝實錄의 風水地理 文獻 硏究』, 공주대학교 박사학위 논문, p.192.

는 그대로 드러내 보이는 것27)으로 보아 『착맥부』는 풍수지리의 산세나 용의 맥을 살피는 방법에 대해 저술된 것임을 알 수 있다. 더욱이 도간은 『착맥부』를 쓰게 된 동기를 아래와 같이 밝히고 있다.

"신의 가족이 본래 한미(寒微) 하여 대대로 벼슬이 없었고, 전답과 식구도 적고 가난하였다. 우연히 진혈(眞穴)을 얻어서 법에 따라 선친을 모시고 충분히 만족하니 말하기에 충분하다. 그래서 땅의 성정(性情)을 분명히 하고 비밀리에 묘결(妙訣)을 전하는 것이며, 지리(地理)의 유래를 살피고 인생의 우열을 연구하였다. 상세하게 기술하면 천기(天機)가 혹 누설(漏泄)될 것이고, 말하지 않고 숨긴다면 물속에 영원히 가라앉아 있는 것과 같을 것이다"라고 하였다.

("臣族本寒微 世無閥閱 頃丁家難 獲遇眞穴 有道掩親 良足爲說 因而性地了然 秘傳妙訣 於是 攷地理之由來 究人生之優劣 將欲詳陳 天機或泄 秘而不言 等而沈沒.")

이상에서와 같이 도간은 『착맥부』를 저술하게 된 동기를 설명하고 있다. 즉, 풍수지리를 통해서 발음사상(發蔭思想)을 직접 체험하고 기록한 것으로, 당시에도 이미 조상의 묏자리에 대한 발음사상이 존재하였고 풍수지리가 실행되고 있음을 생각하게 하는 내용이다. 이는 고전 풍수서나 현재의 풍수서에서도 보기 어려운 내용이다. 또한, 이러한 사실을 연구하고 천기를 누설하는 것과 같은 어려움을 느끼면서도 세상 만인에게 알리고자 함에서는 저자의 인간애를 생각할 수 있는 부분이다.

---

27) 앞의 지식백과 발췌.

3) 착맥부의 판본

현재 전하고 있는『착맥부』는 국내에서 단일 권으로 전해지는 것
은 없다. 중국에서 발행된 지리서에 한 부분으로 포함되어 있을 뿐
이다.『지리통일전서(地理統一全書)』『형가이십종(形家二十種)』,『역대
지리정의비서이십사종(歷代地理正義秘書二十四種)』,『비전감여유찬 인
천공보(秘傳堪輿類纂 人天共寶)』와『감여비급기서(堪輿秘笈奇書)』등에
실려 있다. 정확한 내용과 판본에 대해서는 좀 더 연구가 필요하다
고 생각된다.

4) 조선왕조실록에의 인용기록

『착맥부』는 조선시대의 음양과 지리학 과거시험뿐 아니라『조선
왕조실록』에 인용된 기록을 보면 중요했던 풍수 경전임을 알 수 있
다.『조선왕조실록』에서 인용된 내용을 보면 대체로 형세적 분석에
관한 내용을 주로 담고 있는데 이를 살펴보면 다음과 같다.[28]

『세종실록(世宗實錄)』12년(1430) 7월 7일, 최양선이 헌릉의 산맥
배양하는 일에 대한 글에서 "『착맥부』의 주(註)에 이르기를 '용호선
찰의 후룡은 두 곳이나 끊겨 무력한 데가 있으니, 그 흥쇠를 징험해
알 수 있고, 구양 태수묘의 후룡은 병풍을 둘러치듯이 큰 산봉우리
가 높이 솟아 있어 그의 응험이 억만년을 내려가도 변동하지 않으리
라"[29]고 하였다.

---

28) 『조선왕조실록』 http://sillok.history.go.kr에서 발췌.

29) "『捉脈賦註』云: 龍湖禪利後龍, 有兩處截斷無力, 興衰之有驗. 歐陽太守廟, 後龍峙大屏嶂, 其應垂億

『세종실록』 12년(1430) 7월 7일, 고중안이 최양선이 올린 글의 내용을 반박하는 글에서 "『착맥부』의 글은 범인의 주석본(註釋本)이온데, 1본에는 용호(龍湖)의 말이 있고, 1본에는 이 말이 없습니다. 또 끌어낸 사증(事證)이 이같이 무실(無實)하므로 신은 의심하건대, 1본은 범인의 주해이오나 용호의 일을 끌어 말한 것은 범인의 주해가 아니요, 이는 곧 후세의 일 좋아하는 자들이 덧붙인 말이 아닌가 합니다"[30]고 하였다.

『세종실록』 23년(1441) 8월 20일, 무덤의 광중을 파는 법에 관한 민의생과 정인지의 상소문에서 "『착맥부』에 범인(范麟)이 말하기를, '무덤의 광중(壙中)을 파는 법은 깊이 감추는 것을 요구하나니, 1장(丈)의 깊이 이하는 우습(雨濕)이 능히 이르지 못하는 바이요, 한기(旱氣)도 침입하지 못하는 바라'[31]고 하였다."

『세종실록』 23년(1441) 8월 28일, 다시 무덤의 혈을 정하고 목효지의 본역(本役)을 면제하는 글에서 "『착맥부』에서 파도가 흉용한 것은 지극한 선(善)이 되지 못한다는 것과, 성곽(城郭)의 구허(丘墟)와 붕파단안(崩破斷岸)의 모든 인정에 불합한 곳은 모두 옮길 수 없다는 말로써 상문하였다."[32]

『세종실록』 27년(1445) 4월 4일, 하연 김종서 등이 수릉을 살펴보고 올린 상서문에서 "『착맥부』 주(註)에 이르기를, '정룡(正龍)이 내려오지 아니하고 방룡(傍龍)이 일어나 내려오면 정룡이 끝나고 방

萬斯年而不替. 臣以爲本是一山也, 而興廢有異者, 在於後龍斷不斷如何耳."

30) "『捉脈賦』一書, 范麟所註本也, 而一本有龍湖之辭, 一本無此辭. 又且援引事證, 如此其無實, 故臣疑一本, 范麟之註也, 其引龍湖之事, 非范麟之註也 乃後世好事者附益之辭也."

31) 『捉脈賦』范麟云: '穿壙之法, 須要深藏. 自一丈之深以下, 雨濕之所不能至, 旱氣所不能侵.'"

32) "『捉脈賦』波濤洶湧未爲盡善及城郭丘墟崩破斷岸諸不合人情之處皆不可遷之語上聞."

룡은 끊어진다"[33])고 하였다.

『세종실록』 30년(1448) 3월 8일, 도성 내외의 산에서 채석을 금하자는 음양학 훈도 전수온의 상서에서 "『착맥부』에 말하기를, '수구를 닫아주지 못하면 당년의 부귀는 쓸데없는 것이나, 수구 밖으로 훨씬 내려가서 잘 잠가준 것이면 여러 세대를 두고 호걸과 영웅이 난다는 것을 알 수 있다"[34])고 하였다.

『세종실록』 30년(1448) 4월 19일, 양주 마전현의 풍수를 논한 목효지의 상서에서 "도간의 『착맥부』에는, 자취를 발한 것이 멀고 형용이 단정하다. 좌우가 완전하게 굳고 산수가 모이고 응하면 젖가슴 사이에 혈법이 일정하여 있다. 신혼(神魂)이 이것으로 말미암아 편안하고 자손이 길이길이 창성한다"[35])고 하였다.

『단종실록(端宗實錄)』 즉위년(1452) 8월 1일, 승정원에서 천광에 영조척을 사용하여 깊이를 1장 이상으로 하도록 아뢰는 글에서 "『착맥부』를 보건대, 범인이 이르기를, 천광의 법은 모름지기 깊이 매장하는 것이 요구되는데, 1장(丈)의 깊이 이하는 우습이 능히 이를 수가 없는 바요, 한기가 침노할 수 없는 바이다"[36])고 하였다.

『세조실록(世祖實錄)』 10년(1464) 9월 7일, 풍수학 훈도 최연원이 최양선을 반박하는 상언을 올리는 글에서 "『착맥부』에 이르기를, '큰 벼슬과 큰 부자가 나는 혈은 관완(寬緩)하여 발복이 늦고 폐기하는 데에 이르면서도 또한 늦으며, 작은 벼슬과 작은 부자가 나는 혈

---

33) "『捉脈賦』注云: 正龍末下, 旁龍發下了, 正龍旁龍絶."

34) "『捉脈賦』曰: 水口無關, 謾說當年富貴. 天外有鑰, 仍知積代豪雄."

35) "陶侃 『捉脈賦』 發跡迢迢, 形容端正. 左右交固, 山水朝應. 胸乳之間, 穴法一定. 神魂由是安(馬)[焉], 子孫綿綿昌盛.."

36) "『捉脈賦』, 范麟云: 穿壙之法, 須要深葬, 自一丈之深而下, 雨濕之所不能至, 旱氣之所不能侵."

은 긴밀히 공읍하여 발복이 쉽고 속하며, 퇴패하는 데에 이르러서도 또한 쉽다'고 하였으며, 또 이르기를, '또 사람의 큰 집과 같아서 침처(寢處)하는 곳이 반드시 당오(堂奧) 가운데 있으니, 혈(穴)로써 당오에 비유하면 당오의 밖으로부터는 모두 다 여기이다' 하였다" 또한 "『착맥부』에 이르기를, '청룡이 강(强)하면 청룡을 따르고, 백호가 강하면 백호를 따른다'[37]고 하였다.

5) 착맥부의 내용구성

『착맥부』는 『금낭경』과 동시대인 동진시대에 쓰였고, 조선시대 음양과 과거시험 과목으로 조선 초기부터 영조시대 전까지 선정되었으며, 『조선왕조실록』에는 수회 인용되는 등 풍수서로서 위상은 높다고 할 수 있다. 현재 발굴된 『착맥부』의 원문은 문단의 나눔이나 내용에 따른 구분이 없이 자신의 생각이나 눈앞의 경치 같은 것을 사실 그대로 표현하는 부(賦)의 형식으로 대부분 4자구로 쓰였으며 6자구 또는 일부는 그 이상의 자구로도 쓰이기도 하였다.

그리고 『세종실록』 27년(1445) 4월 4일, 하연 김종서 등이 수릉을 살펴보고 올린 상서문에서 인용된 기록을 보면 당시에 활용된 『착맥부』는 『착맥부』에 주(註)가 달려 있었던 것으로 판단된다.[38] 여기서는 이번에 발굴된 『착맥부』를 중심으로 구성하고 있는 주요 내용

---

37) "『捉脈賦』曰: 大官大富之地, 寬緩而發暹至於弊棄也亦暹, 小官小富之地, 緊拱而易速, 至於退敗也亦易." 又曰, "又如人之巨室焉, 寢處之所, 必在堂奧之中, 以穴喩堂奧, 則自堂奧之外, 皆是餘氣", "『捉脈賦』曰, 龍强從龍, 虎强從虎, 我都形勢, 虎强而龍低."

38) 『세종실록』 27년(1445) 4월 4일, 하연 김종서 등이 수릉을 살펴보고 올린 상서문에서 "『착맥부』 주(註)에 이르기를, 정룡(正龍)이 내려오지 아니하고 방룡(傍龍)이 일어나 내려오면 정룡이 끝나고 방룡은 끊어진다"고 하였다.

을 살펴보고자 한다.

(1) 捉脉賦의 根本思想

『착맥부』는『주역』의 원리와 음양 사상을 기본으로 하고 있다. 즉,
우주의 생성과 인간사에서의 길흉은 음양의 기에 의한 것으로 보고
있다. 즉, 풍수지리의 근본사상인 기의 개념과 이 기에 의한 길흉을
설명하고 있는 것이다.

"청탁이 구별되어 천지로 나누어지고, 홀수와 짝수가 정해지니 음
양(陰陽)을 논할 수 있다. 하나의 기가 심오한 곳에서 몰래 싹트니,
만물이 혼돈 속에서 조용히 드러난다. 형체(形體)와 소리가 있기 시
작하니 그림자와 메아리를 감추기 어렵고, 그 가지와 갈래를 살펴보
니 본래 근원(根源)에서 나왔다. 이 기(氣)는 천지에 앞서 오랫동안
존재해왔고, 천지가 생긴 이후에도 여전히 존재하고 있다.

누가 그 생겨나고 변화함을 알 것이며, 누가 그 길흉(吉凶)을 밝힐
것인가? 기(氣)가 성(盛)하면 생(生)하고, 기가 쇠(衰)하면 썩는다. 기
를 타고 간직하면 유구할 것이니, 유명이 하나의 이치이고, 고요히
나타남도 분명히 같은 길이다. 생기(生氣)를 타면 생(生)하고 생하여
끊임이 없지만, 휴수(休囚)를 만나면 세대가 끊어지게 되는데, 그 근
저를 알 수 없어서 묘하다고 하는 것이다"[39]고 하였다.

이에 대해『청오경』에서는 "태고의 혼돈 상태에서, 기가 싹터 크

---

[39] 『捉脉賦』, "判淸濁兮, 天地攸分.定奇耦兮, 陰陽可論. 一氣潛萌於杳奧. 萬殊1)默露於渾淪.1) 肇有形
聲. 難藏影響. 尋其枝派. 本自根源. 是氣先天地而長存. 後天地而固有. 孰識其生化. 孰明其休咎.1)
是以 氣盛而生. 氣衰而朽. 藏以乘之. 於焉悠久. 幽明1)一里. 顯黙1)同途. 乘生氣 則生生不絶. 遇休
囚1)則世代無餘. 可不明其根柢.故云妙矣."

게 밑바탕이 되고, 이것이 음양으로 나뉘어, 청탁이 이루어졌으며, 생로병사가 이루어졌다"라고 하여 사람에 있어서 생로병사나 길흉화복이 음양의 기에 있음을 설명하고 있어서 착맥부의 기본논리는 『주역』과 『청오경』의 영향을 받은 것으로 보인다.

(2) 風水 用語 등의 相異

현재까지 연구된 바로는 '풍수(風水)'라는 용어는 중국 동진의 곽박이 쓴 『금낭경』에서 바람과 물을 이용하여 기를 얻는 법술로 '풍수'라 하여, '풍수'라는 용어가 『금낭경』에서 처음 유래하였다고 하는 데는 이견이 없다. 그러나 동시대의 작품인 『착맥부』에서는 '풍수'라는 용어를 사용하지 않고 '지리의 유래를 살피고……(於是攷地理之由來)'에서 '지리(地理)'라는 용어를 사용하고 있는 점이 특이하다. 이러한 점에서 당시에는 '풍수'라는 용어와 '지리'라는 용어가 병행되어 사용되었음을 알 수 있다. 단, 후반부에서 타인에 의해 첨부된 것으로 생각되는 부분에서는 풍수[40]라는 용어를 사용하고 있다. 또한, 사신사에 대해서도 『금낭경』에서는 풍수서 중 처음으로 청룡·백호·주작·현무라 명명했는데 『착맥부』에서는 대신·소신·청룡·백호로 명명하고 있다. 여기서 대신은 현무이고 소신은 주작을 뜻한다.

---

40) 『捉脉賦』, "應注者, 風水也."

(3) 天人感應과 人間 平等思想의 內包

『착맥부』에서는 천인감응과 인간 평등사상을 설명하고 있다. 즉, 사람은 하늘로부터 타고난 현명함과 어리석음이 있지만, 부귀빈천에 우열이 없다는 평등사상에 풍수지리 논리를 적용하고 있다. 즉, 부귀빈천의 근본은 없으나 생기에서 근원을 찾고 있다. 즉, "땅을 잃으면 한 세대가 몰락하고, 제자리를 얻으면 백령(百靈)이 모두 도우니, 재앙(災殃)과 복록(福祿)이 서로 이어짐이 북이 북채에 응하는 것과 같다"고 하여 재앙과 복록이 땅의 생기에서 기인한 것으로 설명하고 있다.

"사람이 세상에 태어날 때 저절로 어리석음과 현명함이 있는데, 혹 어리석고 현명함은 성정이 하늘에 있기 때문이고, 현명하다가 어리석어지는 것은 천지간(天地間)의 만물(萬物)이 순환(循環)하기 때문이다. 그러므로 빈부의 차이가 없을 수 없고, 귀천이 항상 반반씩 나뉘게 되고, 기에서 나와 기로 들어가고, 흙에서 나와 흙으로 돌아간다. 땅을 잃으면 한 세대가 몰락하고, 제자리를 얻으면 백령(百靈)이 모두 도우니, 재앙(災殃)과 복(福)이 서로 이어짐이 북이 북채에 응하는 것과 같다. 아는 사람은 간담이 서늘할 것이고, 듣는 사람은 소름이 끼칠 것이다. 진심은 펼 수 있지만, 말로는 하기가 어렵다. 통달한 사람은 한마디로 끝내지만, 어두운 사람은 평생 깨닫지 못할 것이다."[41]라고 하였다.

---

41) 『捉脉賦』, "人生天地. 自有愚賢. 或愚而賢. 性中有天. 旣賢而愚. 造物循環. 是以貧富不無間者. 貴賤常相半1)焉. 出於機而入於機. 生於土而返於土. 失其地, 則一世湮沒.1) 得其所, 則百靈咸助. 災福相仍. 有如桴鼓. 知之者心膽寒. 聞之者神魂怖. 腎腸可敷. 此言難露. 達者蔽以一言. 晦者終身迷悟."

(4) 捉脉賦의 風水地理 論理

① 看龍法의 重視

풍수지리에서 제일 중요시하는 것은 산과 바람과 물이다. 풍수지에서 산맥은 용이라 불린다. 여기서는 먼저 산, 즉 용에 대해서 살펴보고자 한다. 이를 간룡법(看龍法)이라고도 한다. 간룡법은 산줄기를 살피는 것으로 간룡(看龍) 혹은 멱룡(覓龍), 심룡(尋龍) 등과 같은 의미이다. '간룡'이라는 용어는 『청오경』, 『금낭경』, 『명산론』, 『지리신법』 등에는 나타나지 않으나, 양균송의 『감룡경』에 나타나며 그 밖의 모든 풍수지리서에 자주 등장한다.[42]

풍수지리를 살피고 판단하는 데는 첫째가 용을 살피는 간룡인 것이다. 용을 살피기 위해서는 살피고자 하는 용의 근원을 찾게 되는데 『착맥부』에서도 다른 풍수서와 마찬가지로 조종산을 곤륜산으로 보고 있는 점은 동일하다. 조종산에서 뻗어 오는 용맥의 흐름은 한 번은 숙였다가 한 번은 솟아오르고, 평지에서는 서로 당기고 이어진다고 보고 있다. 즉, 산과 기복은 용이 되고, 평지는 기맥이 용이 된다는 것이다. 아울러 산맥의 뻗어 오는 모습과 자취는 아득하듯 멀리서 뻗어 와야 하고 형용(形容)은 단정하며 좌우가 굳게 사귀어야 길용으로 보고 있다. 그리고 산에는 수척한 것과 살진 것이 있고, 파도치듯 흉용한 것은 좋다고 할 수 없으며, 지룡과 언덕의 평탄한 곳은 재 속으로 실을 끌고 가는 형세로 잘 살펴야 하며, 진룡은 머무르면서도 떠났다가 다시 머문다고 하였다.

---

42) 김두규 저, 『風水學事典』, 비봉출판사, p.17.

또한, 낮은 곳이 많으면 높은 곳을 찾고, 원근과 대소가 어떠한지를 살피며, 중앙을 둥글게 사방에서 둘러싸면 득수와 장풍을 봐서 정한다고 하여『주역』의 '주효설'과 '근취제신'·'원취제물'의 원리를 적용하고 있다. 용맥의 박환에 대해서는 그 중요함을 설명하면서도 회룡고조하여 빈주(賓主)가 맞이하고 우단견사(藕斷牽絲)하면 기맥이 모인다고 보고 있으며, 후반부에서는 내산이 커서 마치 용이 날뛰는 것과 같은 경우 그 기세가 약해져서 부드러워진 후에 용의 기세는 머문다고 하여 박환된 용을 중요시하고 있다. 이처럼『착맥부』에서의 간룡법은 현재까지 발전된 풍수지리 이론과도 전혀 다름이 없이 설명하고 있어서 당시의 풍수지리 연구가 상당히 깊었음을 알 수 있다.

② 物形論에 의한 占穴

물형론은 형국론(形局論) 혹은 갈형론(喝形論)이라고도 한다. 이러한 물형론에 대해 김두규는 자신의 저서인『풍수학 사전』에서 물형론에 대해 다음과 같이 설명하고 있다 "물형론은 풍수지리 이론이 생긴 처음부터 있었던 것은 아니다.『청오경』에서는 물형론이 언급되지 않고 있으며,『금낭경』에서도 물형론은 그리 발전한 모습은 아니다.『금낭경』「형세편」이나「취류편」에서 산세의 형상에 따른 길흉화복을 말하고는 있으나 현재의 물형론 모습을 갖추고 있지 않다. 호순신의『지리신법』에서도 형세에 관한 언급이 있으나 물형론에 대한 언급은 전혀 없다. 조선시대 음양과 지리학 과거시험 과목인『명산론』「길흉사형편」에서는 지금의 물형론에서 많이 언급되는 용어들이 나오고 있어 물형론의 전 단계를 이룬다고 말할 수 있다"고

하였다.

　그러나 『착맥부』에서는 오늘날의 물형론의 모습으로 혈을 정하고 있는 점은 주목할 만하다. 물형론의 본래 목적은 정확하게 혈을 찾고 정함에 있다. 따라서 물형론은 크게 보아 정혈법의 한 방법이라 할 수 있다. 만물은 각각 독특한 기가 있으며, 이러한 독특한 기는 주로 산세의 형상으로 나타나는데 그 형상을 물형 또는 형국이라고 한다. 따라서 어떤 특정한 자리의 기가 어떤 것이며 그에 상응하여 어떠한 인물이 나올 것이냐는 그 혈과 주변의 물형을 살피면 된다는 이론이다.43)

　즉, 물형론은 고전풍수서인 『청오경』과 『금낭경』에서는 단편적으로 설명하고 있으나 『착맥부』에서는 이를 상세하게 정혈을 위한 방법으로 설명하고 있다. 또한 『착맥부』에서는 혈의 모양에 대한 명칭이 나타난다. 현재에도 사용하고 있는 혈의 명칭으로 유두혈과 지장혈 등이 당시에 있었음을 알 수 있다. 먼저 "정혈을 좌우로 나누고 마름질을 정확하게 해야 함을 어찌 알겠는가? 엄지와 검지에서는 호구가 귀하고 가운데가 높으면 도처가 뛰어나다. 새끼손가락에 맺힌 혈은 부혈이 되고, 무명지는 심기를 허비한다"44)고 하였다. 이와 같이 지장혈법의 혈의 위치와 그에 상응하는 결과를 설명하고 있다.

　물형론으로는 옥녀가 높이 앉아 길쌈하는 형세면 혈은 변방에 있고, 농룡에서 중앙이 치솟고 사세가 평탄하고 넓으면 혈은 농룡의 정수리에 있으며, 물 위에 떠오르는 신령한 거북은 몸과 다리가 단

---

43) 김두규의 앞의 사전, p.717 발췌.
44) 『捉脈賦』, "豈知掌穴爰分於左右. 剗裁要歸於毫釐.兩指則虎口爲貴. 中聳則到處爲奇. 小指乃爲富局. 無名枉費心機."

정하고 공읍하는 형국이어야 하고, 밭이나 호수에 머무는 형국은 보통 사람은 써서는 안 되고, 물고기가 물을 거슬러 헤엄치는 형국에는 앞쪽에 명주가 있어야 하는데, 뚜렷하거나 희미한 가운데 술잔 같기도 하고 술병 같기도 하며 혈은 변방에 있다고 하였다. 들짐승이나 날짐승의 형국에는 혈을 재단하기는 어려우나 날짐승 앞에는 횡량안이 있듯이 유형에 따라 판단하여야 하고, 각궁이 당겨진 형국이면 동서로 화살촉을 두는 시렁이 있다고 설명하고 있다. 이러한 물형론에 의한 정혈법은 고전 풍수서에서 보기 드문 일로 과거시험 음양과 과시 과목에서는 오대 때의 『동림조담』에서 중요한 36종류를 「주객편」에서 설명하고 있을 뿐이다.

③ 山水의 조화에 의한 水勢論

앞서 기술한 바와 같이 고전 풍수서의 근본논리는 『주역』의 원리와 음양사상에 근거하고 있다. 『착맥부』역시 『주역』의 원리와 음양사상에 근거하여 음양의 배합으로 산과 수의 배합을 설명하고 있다. 물은 풍수지리에서 바람과 함께 중요한 요소이다. 물이 성각(城脚)을 두르면, 재물이 무궁하게 되고, 왼쪽에서 맞이하면 왼쪽으로 흘러 감싸야 하고, 오른쪽으로 쫓으면 오른쪽으로 따라서 흘러야 한다는 것이다. 그래야 자웅이 서로 기뻐하고, 천지가 서로 통하는 것과 같다는 것이다. 『착맥부』에서는 다른 고전 풍수서의 설명과는 달리 "왼쪽에서 맞이하면 왼쪽으로 흘러 감싸야 하고, 오른쪽으로 쫓으면 오른쪽으로 따라서 흘러야 한다"는 것으로 이는 물의 형세를 살피는 중요한 원리이다.

그리고 용에서 혈을 맺기 위해서는 산과 수가 함께 이르러 음양이 사귀어야 하고 수구에는 둥근 봉우가 있으며 수구가 관쇄되어야 함을 강조하고 있다. 아무리 좋은 용이라 하더라도 직류로 흘러나가는 곳은 좋은 용이 될 수 없고 혈도 맺힐 수 없다는 것이다. 이는 음양이 배합되지 않기 때문이다.

또한 수구에는 내수구와 외수구가 있으나 과거시험 과목에서는 나타나지 않는 외수구의 중요성을 설명하고 있는 부분은 주목되는 내용이다. 또한 도검이 교차하는 것과 같은 물의 흐름과 비스듬히 치는 것과 곧게 치는 물의 흐름 역시 좋은 물이 아님을 설명하고 있는 것은 세부적으로 수세를 설명하고 있다고 할 수 있으며, 물의 대소에 따른 부귀의 대소도 아울러 설명하고 있다.

④ 穿壙時 穴深의 깊이와 穴土에 대한 判斷

장사 일에서 최종 마무리를 위해 혈 자리를 정하고 천광을 하는 경우 이의 깊이에 대한 논란은 지금도 많다고 할 수 있다. 이에 대해 『금낭경』에서는 산곡에서 얕게 하고 평지에서 깊어야 한다고 하고 있으나 『착맥부』에서는 이와는 반대로 혈심에 대해 설명하고 있는 부분은 많은 연구가 필요하다고 하겠다. "산곡에서 어찌 혈이 깊겠으며, 평지에 묻을 때는 어찌 얕은 흙이 적절하겠는가?"라고 했다.

『착맥부』에서도 혈토에 대해 설명하고 있다. 혈토는 토맥이 화하고 고우며 오색(五色)을 모두 갖춘 것이 중요하고, 섬세하고 기름지며 향이 있어야 한다고 하였다. 이는 『금낭경』에서도 유사하게 설명하고 있어서 고대부터 혈토에 대한 진가를 구분하고 있었음을 알 수 있다.

⑤ 葬事 擇日의 重要性 强調

『착맥부』에서도 택일의 중요성을 설명하고 있다. 『청오경』과 『금
낭경』에서 장사에서의 택일을 강조하였지만 어떠한 방법으로 택일
하는지는 나타나 있지 않다. 그러나 『착맥부』에서는 구궁법을 활용
한 자백택일(紫白擇日)을 설명하고 있는 것이다. 사통(四通)의 위치
(位置)인 乾·坎·艮·離는 모두 자백이 닿는 궁으로 지금도 택일법
에서 중요시하고 있다. 乾은 육백(六白), 坎은 일백(一白), 艮은 팔백
(八白), 離는 구자(九紫)로 모두 이 궁에 연·월·일·시가 닿으면 길
하다고 판단하는 법이다.

이 외에도 모든 풍수서에서 강조하고 있는 자손들의 효사상과 망
인의 적선적덕에 대한 내용을 포함하고 있는 등 『착맥부』는 과거시
험 과목 중에서도 혈을 정하는 법에서는 앞선 것이라고 생각한다.

2. 捉脉賦 譯解

判清濁兮, 天地攸分.定奇耦兮, 陰陽可論.
판청탁혜　천지유분 정기우혜　음양가론
一氣潛萌於杳奧.萬殊[45)]黙露於渾淪.[46)]
일기잠맹어묘오 만수　묵로어혼륜
肇有形聲.難藏影響.尋其枝派 本自根源.
조유형성 난장영향 심기지파 본자근원
是氣先天地而長存.後天地而固有.孰識其生化.孰明其休咎.[47)]
시기선천지이장존 후천지이고유 숙식기생화 숙명기휴구
是以 氣盛而生.氣衰而朽.
시이 기성이생 기쇠이후
藏以乘之.於焉悠久.幽明[48)]一里.顯黙[49)]同途.
장이승지 어언유구 유명　일리 현묵　동도
乘生氣 則生生不絶.遇休囚[50)]則世代無餘.可不明其根柢.故云妙矣.
승생기 즉생생불절 우휴수　즉세대무여 가불명기근저 고운묘의

청탁이 구별되어 천지로 나누어지고, 홀수와 짝수가 정해지니 음
양(陰陽)을 논할 수 있다.

하나의 기가 심오한 곳에서 몰래 싹트니, 만물이 혼돈 속에서 조
용히 드러난다.

형체(形體)와 소리가 있기 시작하니 그림자와 메아리를 감추기 어

---

45) 萬殊(만수): 모든 것이 여러 가지로 다 다름.

46) 渾淪(혼륜): 혼돈(混沌).

47) 休咎(휴구): 길(吉)한 것과 흉(凶)한 것, 복(福)과 화(禍).

48) 幽明(유명): 어둠과 밝음, 내세(來世)와 현세(現世), 저승과 이승.

49) 顯然(현연): 분명하게 나타나거나 알려지는 정도가 뚜렷함.

50) 休囚(휴수): 기의 왕상휴수이론, 즉 풍수지리이론 중 생왕사절이론의 근거가 됨.

렵고, 그 가지와 갈래를 살펴보니 본래 근원(根源)에서 나왔다.

이 기(氣)는 천지에 앞서 오랫동안 존재해왔고, 천지가 생긴 이후에도 여전히 존재하고 있다.

누가 그 생겨나고 변화함을 알 것이며, 누가 그 길흉(吉凶)을 밝힐 것인가? 기(氣)가 성(盛)하면 생(生)하고, 기가 쇠(衰)하면 썩는다. 기를 타고 간직하면 유구할 것이니, 유명이 하나의 이치이고, 고요히 나타남도 분명히 같은 길이다.

생기(生氣)를 타면 생(生)하고 생하여 끊임이 없지만, 휴수(休囚)를 만나면 세대가 끊어지게 되는데, 그 근저를 알 수 없어서 묘하다고 하는 것이다.

▶ 原文 比較

人天共寶 本	堪輿秘笈奇書 本	刑家20種 本
定奇耦分, 陰陽可論	左同	定奇偶分, 陰陽可論
一氣潛萌於杳奧	一氣潘萌於杳奧	一氣潘萌於杳奧
是以 氣盛而生	左同	蓋 氣盛而生
氣衰而朽	左同	氣衰而休
藏以乘之	藏之乘之	左左同
顯黙同途	顯然同途	左左同

● 內容 分析

위 내용은 『주역』의 원리를 바탕으로 음양의 기에 의한 만물의 생성과 소멸을 설명하고 있다. 음양의 2기는 그 근원은 알 수 없지만, 이 기의 변화에 따라 생화와 휴구가 나타나고, 이 기의 성하고 쇠하는 이치에 따라 세대의 번성과 끊어짐이 나타난다고 인식하고 있다.

이를 『청오경』에서는 "태고의 혼돈 상태에서, 기가 싹터 크게 밑바탕이 되고, 이것이 음양으로 나뉘어, 청탁이 이루어졌으며, 생로병사가 이루어졌는데, 누가 이를 실로 주관했겠는가? 그 처음이라는 것이 없다. 그 처음이 있는지 없는지를 의논해본다면, 없다고 하는 것은 불가능한 것이다. 어찌 그것이 없다고 할 것이며, 어찌 그것이 있다고 하겠는가?"51)라고 하여 사람에 있어서 생로병사나 길흉화복이 음양 2기에 있음을 설명하고 있어서 『착맥부』는 아마도 『청오경』의 영향을 받은 것으로 보인다.

臣族本寒微. 世無閥閱.52) 頃丁53) 家難.
신족본한미 세무벌열 경정 가난
獲遇眞穴. 有道掩親. 良足54) 爲說. 因而性地了然.55) 秘傳妙訣.
획우진혈 유도엄친 양족 위설 인이성지요연 비전묘결
於是攷地理之由來. 究人生之優劣.
어시고지리지유래 구인생지우열
將欲詳陳. 天機56) 或泄. 秘而不言. 等而沉沒.
장욕상진 천기 혹설 비이불언 등이침몰

신의 가족이 본래 한미하고 대대로 벼슬이 없었다. 전답과 식구도 적고 가난하였다.

우연히 진혈(眞穴)을 얻어서 법에 따라 선친을 모시니 충분히 만

---

51) 『青鳥經』, "盤古渾淪, 氣萌大朴. 分陰分陽 爲淸爲濁, 生老病死 誰實主之, 無其始也. 無有議焉, 不能無也. 吉凶形焉. 曷如其無, 何惡其有."

52) 閥閱(벌열): 나라에 공로(功勞)가 많고 벼슬 경력(經歷)이 많음, 또는 그 집안.

53) 頃丁(경정): 밭 농장과 식솔.

54) 良足(양족): 만족(滿足), 흡족(洽足)의 의미.

55) 了然(요연): 분명(分明)한 모양(模樣), 명백(明白)한 모양(模樣). (형용사) 알다, 이해하다.

56) 天機(천기): 모든 조화를 꾸미는 하늘의 기밀, 중대한 기밀, 천부의 성질 또는 기지(機知).

족하여 말하기에 충분하다. 그래서 땅의 성정(性情)을 이해하고 묘결을 비밀리에 전하는 것이다.

그래서 지리(地理)의 유래를 살피고 인생의 우열을 연구하였다.

상세(詳細)하게 기술하면 천기(天機)가 혹 누설(漏泄)될 것이고, 말하지 않고 숨긴다면 물속에 잠겨 있는 것과 같을 것이다.

▶ 原文 比較

人天共寶 本	堪輿秘笈奇書 本	刑家20種 本
臣族本寒微	左同	臣族本寒徹
於是攷地理之由來	左同	于是攷地理之由來
天機或泄	天機惑泄	左左同
等而沉沒	等而湮沒	等於沈沒

● 內容 分析

위 내용은 저자가 『착맥부』를 저술하게 된 동기를 설명하고 있다. 즉, 풍수지리를 통해서 집안이 번성하였다는 발음사상(發蔭思想)을 직접 체험하고 기록한 것이다. 이는 고전 풍수서나 현재의 풍수서에서도 보기 어려운 내용이다. 이는 당시에 이미 조상의 묏자리에 대한 발음사상이 존재하였고 풍수지리가 실행되고 있음을 생각하게 하는 내용이다.

현재 전하고 있는 고전 풍수서 중 『착맥부』이전의 풍수서는 『청오경』이 유일하다. 동진 때의 곽박이 저술한 『금낭경』은 동시대의 작품으로 볼 때 풍수지리 학문이 어느 정도 체계화되었고 일상에서 활용되었음을 생각할 수 있다. 더욱이 지금까지는 '풍수'라는 단어가 『금낭경』에서 처음 유래하였다고 하는 데는 이견이 없다. 그러나

『착맥부』의 저자인 도간은 '풍수'라는 용어를 사용하지 않고 '지리의 유래를 살피고……(於是攷地理之由來)'에서 '지리(地理)'라는 용어를 사용하고 있는 점이 특이하다. 단, 후세인들이 첨가한 내용으로 판단되는 부분에서는 '풍수'라는 용어가 사용되었다.[57]

人生天地. 自有愚賢.[58]
인생천지 자유우현

或愚而賢. 性中有天. 旣賢而愚. 造物[59]循環.
혹우이현 성중유천 기현이우 조물　순환

是以 貧富不無間者. 貴賤常相半[60]焉.
시이 빈부불무간자 귀천상상반　언

出於機而入於機. 生於土而返於土.[61]
출어기이입어기 생어사이반어사

失其地. 則一世湮沒.[62]得其所. 則百靈咸助. 災福相仍. 有如桴鼓.
실기지 즉일세인몰　득기소 즉백령함조 재복상잉 유여부고

知之者心膽寒. 聞之者神魂怖.
지지자심담한 문지자신혼포

腎腸可數. 此言難露.
신장가부 차언난로

達者蔽以一言[63] 晦者終身迷悟.[64]
달자폐이일언　회자종신미오

---

57) 『捉脉賦』, "臉注者, 風水也."

58) 愚賢=賢愚(현우): 어짊과 어리석음. 어진 이와 어리석은 이.

59) 造物(조물): 조물주(造物主), 조물주가 만든 것, 천지간(天地間)의 만물(萬物).

60) 相半(상반): 서로 반씩 됨, 서로 어금지금함.

61) 土 → 士 자의 오류로 판단.

62) 湮沒(인몰): 인멸(湮滅).

63) 敝 해질 폐: 해지다, 깨지다, 부서지다, 지다, 패배하다. * 蔽 덮을 폐; 덮다, 싸다, 숨기다, 막다, 포괄하다, 가림, 가려 막는 것, 어둡다.

64) 迷悟(미오): 미혹과 깨달음을 통틀어 이르는 말.

사람이 세상에 태어날 때 저절로 어리석음과 현명함이 있다.

혹 어리석고 현명함은 성정이 하늘에 있기 때문이고, 현명하다가 어리석어지는 것은 천지간(天地間)의 만물(萬物)이 순환(循環)하기 때문이다.

그러므로 빈부의 차이가 없을 수 없고, 귀천이 항상 반반씩 나뉘게 된다.

기(機)에서 나와 기로 들어가고, 흙에서 나와 흙으로 돌아간다.

땅을 잃으면 한 세대가 몰락하고, 제자리를 얻으면 백령(百靈)이 모두 도우니, 재앙(災殃)과 복(福)이 서로 이어짐이 북이 북채에 응하는 것과 같다.

아는 사람은 간담이 서늘할 것이고, 듣는 사람은 소름이 끼칠 것이다.

진심은 펼 수 있지만, 말로는 하기가 어렵다.

통달한 사람은 한마디로 끝내지만, 어두운 사람은 평생 깨닫지 못할 것이다.

▶ 原文 比較

人天共實 本	堪輿秘笈奇書 本	刑家20種 本
是以貧富不無間者	左同	是以富貴不無間者
達者蔽以一言	達者斂以一言	左左同
大智察脉	大智察脈	左左同

● 內容分析

위 내용은 사람은 하늘로부터 타고난 성정이 있으며, 부귀빈천에 우열이 없다는 평등사상과 이러한 부귀빈천의 근본을 기에서 찾고 있음을 알 수 있다. 따라서 생기의 근원인 땅을 중히 하였다. 즉, "땅을 잃으면 한 세대가 몰락하고, 제자리를 얻으면 백령(百靈)이 모두 돕는다고 하였다. 그리고 재앙과 복(福)이 서로 이어짐은 북이 북채에 응하는 것과 같다"라고 하여 재앙과 복이 땅의 생기에서 기인한 것으로 설명하고 있다. 그러나 이러한 사실은 알기도, 말로 하기도 어려워 통달한 사람만이 알 수 있다 하였다. 풍수지리가 단순히 풍수서를 통해서 습득한 지식이나 간산으로 알 수 있는 학문이 아니라고 하는 것은 오늘날에도 동일한 사고이다.

大智察脉.起自崑崙.千形萬狀.同出一原.
대지찰맥 기자곤륜 천형만장 동출일원
山谷則一頓一起.平地則相牽相連.
산곡즉일돈일기 평지즉상견상연
頓起則時人曉會.牽連65) **非達士難言.**
돈기즉시인효회 견연　비달사난언
發迹迢迢.形容66) **端正.左右交固.山水朝應.胷乳之間.穴法一定.**
발적초초 형용　단정 좌우교고 산수조응 흉유지간 혈법일정
神魂由是安焉.子孫綿綿昌盛.
신혼유시안언 자손면연창성

큰 지혜로 맥(脉)을 살펴보니 곤륜산(崑崙山)에서부터 시작되었고, 천 가지, 만 가지 변화가 하나의 근원(根源)에서 나왔다.

산은 한 번은 숙였다가 한 번은 솟아오르다가 하며, 평지는 서로 당기고 이어진다.

---

65) 牽連(견련): 서로 얽히어 관련(關聯)됨, 서로 끌어당기어 관련(關聯)시킴.
66) 形容(형용): 생긴 꼴. 사물(事物)의 어떠함을 말이나 글 또는 시늉을 통(通)하여 드러냄.

숙였다가 솟아오르는 것은 사람들이 쉽게 알지만, 당기고 이어지는 것은 통달한 사람이 아니면 말하기 어렵다.

자취가 아득하고 형용(形容)이 단정하며, 좌우(左右)가 굳게 사귀고, 산수(山水)가 조응하면 가슴의 유두(乳頭) 사이에 혈을 정하는 법은 일정하다.

그렇게 하면 신혼(神魂)이 편안해지고, 자손은 길이길이 번성한다.

▶原文 比較

人天共寶 本	堪輿秘笈奇書 本	刑家20種 本
大智察脉	大智察脈	左左同
頓起則時人曉會	**頃時**則時人曉會	左左同
脋乳之間	**胸**乳之間	**胸**乳之間
子孫綿**綿**昌盛	子孫綿**延**昌盛	左左同

● 內容分析

위 내용은 형세를 잘 살피고 혈을 정하면 자손이 번성한다는 설명이다. 먼저 모든 산맥의 근원은 곤륜산에서 시작되었다고 보고 있다. 산은 한 번은 숙였다가 한 번은 솟아오르다가 하며, 평지는 서로 당기고 이어지고, 자취가 아득하고 형용(形容)이 단정하며, 현무인 대신이 멈추고, 주작인 소신이 돌아 감싸고 좌우인 청룡과 백호가 굳게 사귀고, 산수가 조응하면 가슴의 유두에 혈을 정하면 자손이 번성한다는 것이다. 이처럼 산곡과 평지에서 용과 주변의 형세를 살피는 법은 『청오경』과 『금낭경』뿐 아니라 현재까지도 동일하다. 그리고 당시에 『주역』의 원리에 바탕을 두었다고 볼 수 있는 '근취제신'의 원리에 의한 혈의 명칭인 유두 혈이 나타나고 있는 점이 특이하다.

水遶城脚.財寶無窮.

수요성각 재보무궁

迎左則左流襄抱.趨右則右注溶溶.[67]

영좌즉좌류회포 추우즉우주용용

雌雄相喜.天地交通.

자웅상희 천지교통

遷穴能依此訣.定知世代豪雄.

천혈능의차결 정지세대호웅

大神若住小神回.城門關鎖.左妳從龍右妳虎.家産豐盈.[68]

대신약주소신회 성문관쇄 좌선종용우선호 가산풍영

來龍麁惡.則眞穴難裁.去水直流.則田牛退敗.

내룡추악 즉진혈난재 거수직류 즉전우퇴패

任八山之合卦.縱千峯之朝對.覆水兮難收.離鄉兮遠配[69]

임팔산지합괘 종천봉지조대 복수혜난수 이향혜원배

倘能鑒此.智益智而明益明.若乃背馳.小成小,而大成大.

당능감차 지익지이명익명 약내배치 소성소 이대성대

물이 성각(城脚)을 두르면, 재물이 무궁하게 된다.

왼쪽에서 맞이하면 왼쪽으로 흘러 감싸야 하고, 오른쪽으로 쫓으면 오른쪽으로 조용히 흘러야 한다.

이는 자웅이 서로 기뻐하고, 천지가 서로 통하기 때문이다.

이 결(訣)에 따라 혈(穴)을 옮기면, 대대로 영웅과 호걸이 날 것이다.

대신(大神)은 머무르는 듯하고 소신(小神)이 돌고, 성문(城門)은 굳게 잠기고, 좌측(左側)은 용을 따르고 우측(右側)은 호랑이를 따르면 가산이 풍성하다.

---

67) 溶溶(용용): 물이 넓고 조용하게 흐름, 마음이 넓고 큼.

68) 豐盈(풍영): 풍성(豐盛)하게 꽉 차서 그득함, (생김새가)기름지고 살기가 많음.

69) 遠配(원배): 먼 곳으로 귀양 보냄.

오는 용이 거칠고 추악하면 진혈(眞穴)을 마름질하기 어렵고, 가는 물이 곧장 흐르면 밭과 소가 퇴패하게 된다.

팔산(八山)이 괘와 부합되고, 천봉(千峰)이 마주하더라도 물이 뒤집혀 거두기 어려우면, 고향을 떠나 먼 곳으로 유배된다.

이러한 것을 살필 수 있다면 지혜는 더욱 지혜로워지고, 밝음은 더욱 밝아지지만 반대로 등을 돌린다면 작은 것은 작아지고, 큰 것은 크게 된다.

▶ 原文 比較

人天共寶 本	堪輿秘笈奇書 本	刑家20種 本
水逸城脚	左同	水繞城脚
迎左則左流褻抱	左同	迎左則左流褻抱
雌雄相喜	雌雄相會	左左同
遷穴能依此訣	左同	扞穴能依此訣
左姉從龍右姉虎	左旋從龍右旋虎	左媧從龍右媧虎
來龍麁惡	來龍蟲惡	來龍蟲惡
縱千峯之朝對	縱千峰之朝對	縱千峰之朝對

● 內容分析

위 내용은 물의 흐름에서의 길흉을 설명하고 있다. 물은 풍수지리에서 바람과 함께 중요한 요소이다. 물이 성각(城脚)을 두르면, 재물이 무궁하게 되고, 왼쪽에서 맞이하면 왼쪽으로 흘러 감싸야 하고, 오른쪽으로 쫓으면 오른쪽으로 조용히 흘러야 자웅이 서로 기뻐하고, 천지가 서로 통하기 때문에 좋은 것이라 하였다. 또한, 물은 곧게 흘러나가는 것을 크게 꺼리고 있다. 산은 멈추어야 하고 물은 둘러싸면서 흘러야 음양이 화합하게 되고 길지가 된다는 것이다.

이를 『청오경』에서는 "산천은 융결하는 것이니, 산의 우뚝 솟음과 물의 흐름이 끊이지 않으니, …… 사방의 산들은 두루 합하여 둘러 감싸주니, …… 산이 오고 물이 돌면, 귀(貴)가 가까이 있고 재물이 풍족하다. 산이 갇히고 물이 흘러가면 왕은 붙잡혀 포로가 되고 제후는 망할 것이다. 산들이 조아리며 모이고 물이 구불구불하면 자손은 천억으로 번성할 것이다. 산이 달아나고 물이 똑바르면 종이 되어 기식할 것이다. …… 여러 골짜기에서 나온 물들이 뱀처럼 구불구불하게 흐르고, 모래사장과 같이 평평하고, 거듭거듭 감싸 서로 교쇄하면, 극품의 관직에 오를 것이다. 기는 바람을 만나면 흩어지고, 맥은 물을 만나면 멈추는 것이니, 감추어지고 숨은 용이 구불구불 굼틀대는 것이, 부귀를 할 수 있는 땅이다"70)라고 하였고, "용세가 멈추면서 혈형이 머리를 들어 우뚝하고, 앞에는 계곡 물이 있고 뒤에는 산이 받쳐주면, 그 지위가 제후나 왕에 이를 것이고, 형이 멈추면서 혈을 맺고 용세가 바르고, 앞으로 안산이 휘어 돌아서 감싸주고 있으면, 금과 곡식과 아름다운 보물이 가득할 것이다"71)라고 하였는데, 『착맥부』의 내용이 『청오경』의 내용과 유사함을 볼 수 있다. 물에 대해 『금낭경』에서는 "풍수의 법은 득수(得水)를 먼저하고 장풍(藏風)은 그다음이다"72)라고 하여 풍수지리에서는 물을 얻음이 최고의 길지가 된다고 하였다.

---

70) 『靑烏經』, "山川融結, 峙流不絶, …… 四合周顧. …… 山來水回, 逼貴豊財. 山囚水流, 虜王滅侯. 山頓水曲, 子孫千億. 山走水直, 從人寄食. …… 九曲委蛇, 準擬沙堤, 重重交鎖, 極品官資. 氣乘風散, 脈遇水止, 藏隱蜿蜒, 富貴之地."

71) 『靑烏經』, "勢止形昻, 前澗後岡, 位至侯王. 形止勢縮, 前案回曲, 金穀璧玉."

72) 『錦囊經』, 「氣感編」, "風水之法 得水爲上 藏風次之."

豈知掌穴爰分於左右.剷裁要辨於毫釐.
기지장혈원분어좌우 전재요변어호리
兩指則虎口爲貴.中尊則到處爲奇.
양지즉호구위귀 중존즉도처위기
小指乃爲富局.無名枉費心機.
소지내위부국 무명왕비심기
若乃接水迎山.但認有情爲主.
약내접수영산 단인유정위주

장혈(掌穴)을 좌우(左右)로 나누고, 마름질을 정확하게 해야 함을 어찌 알겠는가?

엄지와 검지에서는 호구가 귀하고, 가운데가 높으면 도처(거꾸러진 곳)가 뛰어나다.

새끼손가락에 맺힌 혈은 부 혈이 되고, 무명지(無名指)는 심기(心機)를 허비한다.

물을 접하고 산을 맞이하더라도 有情을 주로 삼는다.

▶ 原文 比較

人天共寶 本	堪輿秘笈奇書 本	刑家20種 本
豈知掌穴**爰**分於左右	豈知掌穴**綏**分於左右	豈知掌穴**綏**分於左右
剷裁要**辨**於毫釐	左同	剷裁要**辨**於毫釐

● 內容分析

위 내용은 지장혈법(指掌穴法)에 관한 것으로 『인자수지』[73])에도 인용된 혈을 정하는 법이다. 『인자수지』에서는 『주역』의 근취제신의

---

73) 김동규 저, 『인자수지』, 명문당, p.531.

원리에 의한 혈 법으로, 우지장혈(右指掌穴)로 칠혈(七穴)을 설명하고 있다. 이 중 사혈(四穴)은 길하고 삼혈(三穴)은 흉한 것이라고 하였다.

칠 혈은 1. 구혈(毬穴)로 대지(大指)와 점염지중(點鹽指中; 둘째손가락) 사이에 있으니 호구혈(虎口穴)과 비슷하고 길 혈이다. 2. 대부혈(大富穴)은 대지(大指)의 제일절(第一節)에 있는 것으로 길 혈이다. 3. 홍기혈(紅旗穴)은 제2지의 1절에 있는 것으로 길 혈이다. 4. 곡지혈(曲指穴)은 제2지의 2절에 있는 것으로 길 혈이다. 5. 절혈(絶穴)은 대지의 표두(表頭)에 있는데 흉 혈이다. 6. 소탕혈(掃蕩穴)은 위에 정(頂)이 없고 아래가 흩어졌는데 흉 혈이다. 7. 조화혈(燥火穴)은 위에 정이 없고 아래가 뾰족한 혈로 흉 혈이다. 이처럼 혈을 정하는 법에 대해서는 오래되었고 지금까지 전해지고 있다는 것은 중요한 사료이다.

搏龍換骨. 何拘 一定之規.
박룡환골 하구 일정지규
至如回龍顧祖. 而賓主相迎. 藕斷牽絲. 而氣脉攢聚.
지여회룡고조 이빈주상영 우단견사 이기맥찬취
要令山水隨至. 陰陽交度.
요령산수수지 음양교도
富貴雙全. 子孫堅固. 一或反是. 有同暴露.
부귀쌍전 자손견고 일혹반시 유동폭로
塚神無所依憑. 子孫何由恃怙.
총신무소의빙 자손하유시호
圓峯水口. 坐塞城門. 左右先後. 對面均平. 筆揷雲端. 管取天生俊傑.
원봉수구 좌색성문 좌우선후 대면균평 필삽운단 관취천생준걸
印浮水面. 定知世出魁元.
인부수면 정지세출괴원

所以南枝向暖北枝寒.雪水鎔時湖水滿.
소이남지향난북지한 설수용시호수만

용맥이 박환 되는 것에 어찌 일정한 규칙에 얽매이는가?

회룡고조(回龍顧祖)하여 빈주(賓主)가 서로 맞이하고, 우단견사(藕斷牽絲)하면 기맥(氣脈)이 모인다. 요령은 산수가 함께 이르러야 하고, 음양이 절도(節度) 있게 사귀어야 한다.

그러면 부귀가 모두 온전하고, 자손이 견고(堅固)해진다. 하나라도 이와 반대가 되면, 비바람에 직접 노출되는 것과 같다. 무덤의 신(神)이 의지할 곳이 없는데, 자손이 무엇을 믿고 의지하겠는가?

둥근 봉우리가 수구에 있고, 성문이 굳게 막고 있으며, 좌우와 선후, 대면(對面)이 균형 잡히고, 필봉이 구름을 찌르듯 솟으면 하늘이 낸 준걸이 나오고, 인사가 수면에 떠오르듯 하면 세상을 울리는 장원이 탄생하리라.

그래서 남쪽의 가지는 따뜻한 곳을 향하고, 북쪽의 가지는 추운 곳을 향한다. 얼었던 물이 녹으면 호수가 가득하게 된다.

▶ 原文 比較

人天共寶 本	堪輿秘笈奇書 本	刑家20種 本
至**如**回龍顧祖	左同	至**若**回龍顧祖
藕斷牽**絲**	藕斷牽**連**	藕斷牽**連**
而氣**脉**攢聚	而氣**脈**攢聚	而氣**脈**攢聚
富貴雙全.子孫堅固.一或反是.有同暴露. 塚神無所依憑.子孫何由恃怙.圓峯水口.坐塞……	左同	全文漏落
雪水**鎔**時湖水滿	左同	雪水**溶**時湖水滿

● 內容分析

위 내용은 용이 박환 되어야 함과 수구가 잘 관쇄되어야 함을 설명하고 있다. 용이 박환 된다는 것은 거칠고 험한 살기를 벗어내고 부드럽고 세밀한 모습으로, 늙은 모습에서 어린 모습으로, 흉한 것에서 길한 것으로 변화되는 것을 말한다. 이렇게 용은 박환을 거쳐야 좋은 혈을 맺어 귀한 것이 된다. 그리고 주산과 안산, 즉 빈주가 서로 맞이하고 땅속의 맥은 연뿌리 속의 가는 실같이 이어져야 기맥이 모이며, 산과 물 역시 함께해야 음양이 화합하는 좋은 길지라는 것이다.

또한, 길지가 되기 위해서는 수구에 둥근 봉우리가 있어야 함을 설명하고 있는데, 풍수에서는 이를 화표(華表), 한문(捍門), 금성(禽星), 북신(北辰), 나성(羅星), 일월(日月)74) 등의 사격이 있어서 관쇄되어야 수구 안에는 길지가 있다고 한다. 수구에 둥근 봉우리가 있어야 좋은 것을 『청오경』에서는 "높은 벼슬(外臺)이 나는 땅은, 한문이 높이 솟아 있고……"75)라고 하여 수구에 있는 사격의 중요성을 지적하고 있다. 그러나 『금낭경』에서는 보이지 않는다. 또한 청룡, 백호, 주작, 현무 등 사신사가 균형 잡혀 있고 안산에 필봉이 솟았으면 좋은 길지라는 것이다. 필봉이 아름다운 곳에서는 대 문장가가 나온다고 한다. 필봉이 귀한 사격임도 『청오경』에서는 설명하고 있다.76)

---

74) 화표(華表): 수구 사이에 하나의 기이한 봉우리가 높이 솟아 있는 것으로 경우에 따라서는 두 봉우리가 마주 보고 서 있기도 한다.
한문(捍門): 수구 사이에 두 산이 서로 마주 보고 있으면서 마치 문을 지키고 있는 것처럼 수구를 막아주고 있는 것이다.
금성(禽星): 수구 가운데에 날짐승 모양을 한 바위들이 물의 흐름을 막고 있는 것이다.
북신(北辰): 수구에 가파르게 우뚝 솟은 바위를 말한다.
나성(羅星): 수구 사이에 돌이나 흙으로 되어 있는 언덕 같은 것으로 물의 흐름을 막아주고 있다.
일월(日月): 수구에 해와 달 같은 산이 막고 있는 것을 말한다.
75) 『靑烏經』, "外臺之地, 捍門高峙."
76) 『靑烏經』, "筆大橫樣, 是名判死", "文筆之地, 筆尖以細."

山有瘠而有肥.氣或聚而或散.
산유척이유비 기혹취이혹산
要令眼力常通.是以功倍事半.
요령안력상통 시이공배사반
波濤洶湧[77]者, 未爲盡善.
파도흉용 자 미위진선
龍蛇蟄蟠者, 夫何足算.幽陰之都.虛費崩斷.
용사칩반자 부하족산 유음지도 허비붕단
要令支阜平夷.如灰拽線.
요령지부평이 여회예선
悠悠而縮爪藏形.隱隱而無頭無面.
유유이축조장형 은은이무두무면
豈知遇水爲眞.乘風則散.池湖積聚.四世不流.
기지우수위진 승풍즉산 지호적취 사세불류
眞龍所住.去而復留.
진룡소주 거이복유
盤旋[78]屈曲.穴占雲頭.萬靈拱揖.[79]富貴千秋.
반선 굴곡 혈점운두 만령공읍 부귀천추
未穴其眞.雖偏傍而驟發.及居其正.盡氣脈以兼收.
미혈기진 수편방이취발 급거기정 진기맥이겸수

산에는 수척한 것과 살진 것이 있고, 기는 모이거나 흩어지거나
한다.

보는 능력이 항상 정통해야 하니, 그래야 공은 배가 되고 일은 반
으로 준다.

파도치듯 흉용한 것은 좋다고 할 수 없다.

용이나 뱀이 숨거나 서리고 있으면 따질 필요가 있겠는가? 어두

---

77) 洶湧(흉용): 물결이 매우 세차게 일어남, 또는 물이 힘차게 솟아남.

78) 盤旋(반선): 길, 강 등(等)이 꾸불꾸불하게 빙빙 돎.

79) 拱揖(공읍): 손을 마주 모아 잡고 공손하게 인사함, 또는 그러한 예(禮).

운 곳이나 무너지고 잘린 곳은 시간만 허비할 뿐이다.

지룡과 언덕의 평탄한 곳은 재 속으로 실을 끌고 가는 형세다.

유유히 형체(形體)를 감추고, 은은하여 머리와 얼굴이 드러나지 않는다.

물을 만나서 참이 되고, 바람을 타면 흩어진다는 것을 어찌 알겠는가? 지당과 호수를 만나 모이고, 사방으로 흘러나가지 말아야 한다.

진룡 머무르는 곳은 떠났다가 다시 머무른다.

반선 굴곡하고 혈장이 머리맡에 있으며, 만 가지 신령이 공읍하면 부귀가 천 년을 간다.

혈이 참되지 않으면 치우쳐서 빠르게 발산되고, 정확한 곳에 자리 잡아야 모든 기맥을 겸하여 거둔다.

▶ 原文 比較

人天共寶 本	堪輿秘笈奇書 本	刑家20種 本
偏**傍**而驟發	左同	雖偏**旁**而驟發

● 內容分析

위 내용은 심룡법(尋龍法)을 설명하고 있다. 즉, 산의 모습에서 살진 것과 기가 모인 것과 용과 뱀이 서린 듯한 곳은 길지이나, 산의 모습이 파도치듯 하고, 무너지고, 잘린 곳은 흉지라는 것이다. 용이 참되기 위해서는 물을 만나 멈추어야 한다. 그리고 평지에서는 기맥이 초사회선(草蛇灰線)같이 은은하므로 보는 능력이 항상 정통해서[80] 잘 살펴야 한다는 것이다.

---

80) "보는 능력이 항상 정통해서"라는 뜻은 풍수지리에서는 '개안'이라는 단어로 사용된다.

『청오경』에서는 "산천은 융결하는 것이니, 산의 우뚝 솟음과 물의 흐름이 끊이지 않으니, 두 눈동자가 만약 없다면, 오호! 어찌 그것을 구별할 수 있겠는가? …… 기는 바람을 만나면 흩어지고, 맥은 물을 만나면 멈추는 것이니, 감추어지고 숨은 용이 구불구불 굼틀대는 것이, 부귀를 할 수 있는 땅이다"[81]라고 하였고, "맥이 끊긴 듯하다가 다시 이어지고, 가다가 다시 머무는, 기이한 형상은, 천금을 주고도 구하기 어려운 곳이다. 자른 연뿌리는 구슬을 꿴 듯하고, 진짜 틀은 떨어져 없어졌는데, 혈에 임하여 평평해졌으니, 정말로 어루만져 찾기 어려운 것이다"[82]라고 하였다. 『금낭경』에서도 "경에 이르기를 기가 바람을 받으면 흩어지고, 물을 만나면 멈춘다"[83]라고 하였는데 여기서도 기는 물을 만나면 멈추고 바람을 타면 흩어진다고 하여 연못이나 호수를 만나서 기가 새어 나가지 말아야 참된 혈로 좋다는 것이다.

穴占中央.時人莫會.
혈점중앙 시인막회

四勢端平.蜘蛛[84]及內.列土分茅.[85]流傳萬代.
사세단평 지주　급내 열토분모 유전만대

玉女堆緝.穴在邊傍.有隴中峙.四勢平洋.穴居隴首.忠佐明王.
옥녀퇴집 혈재변방 유롱중치 사세평양 혈거롱수 충좌명왕

---

81) 『靑烏經』, "山川融結, 峙流不絶, 雙眸若無, 烏乎其別. …… 氣乘風散, 脈遇水止, 藏隱蜘蛛, 富貴之地."

82) 『靑烏經』, "斷而復續, 去而復留, 奇形異相, 千金難求. 折藕貫珠, 眞機落莫 臨穴坦然, 誠難捫摸."

83) 『錦囊經』, 「氣感篇」, "經曰 氣乘風則散 界水則止."

84) 蜘蛛 지주; 거미. 절지동물 거미강 거미목의 동물을 통틀어 이르는 말.

85) 列土分茅(열토분모): "제후(諸侯)가 된다"는 뜻으로, 옛날 천자(天子)가 제후를 봉할 때 토지와 권력의 상징으로 사직단 위의 흙을 띠풀에 싸서 주었던 데서 유래한다고 한다. "裂土分茅"로도 쓴다. …… 네이버 지식in에서 발췌.

飛絲悠悠.86) 圓峯後聳.或東或西.山水朝從.
비사유유　원봉후용 혹동혹서 산수조종

明堂寬正.榮華富貴.永無窮.前案周遮.將相公侯.寧有種.
명당관정 영화부귀 영무궁 전안주차 장상공후 영유종

釣鉤銀帶.世號難遷.
조구은대 세호난천

其法盡處爲貴.兒孫世代居官.
기법진처위귀 아손세대거관

鬚下則來龍細小.垂尾則氣脉盤旋.87)
수하즉내룡세소 수미즉기맥반선

上水靈龜.身頭端拱.泊在田湖.時人莫用.
상수영구 신두단공 박재전호 시인막용

大江關鎖.88) 洋洋不論東西.眞穴難裁.代代權高位重.
대강관쇄　양양불론동서 진혈난재 대대권고위중

遊漁上水.前有明珠.89) 或隱或見.如盞中酥.穴居邊畔.名播皇都.
유어상수 전유명주　혹은혹견 여잔중소 혈거변반 명파황도

懸絲釣卵.前有圓峰.一斷一續.隱隱隆隆.90) 穴居峯91)頂.積穀彌豊.
현사조난 전유원봉 일단일속 은은융융　혈거봉　정 적곡미풍

以至獸走禽飛.穴難裁酌.前有橫案.以類而度.富貴各主一端.
이지수주금비 혈난재작 전유횡안 이류이도 부귀각주일단

要在眼機精豁.
요재안기정활

角弓滿處.東西架箭.
각궁만처 동서가전

偏宜江水潮時.92) 逆順安墳.莫錯馬跡過水.攬衣渡河.
편의강수조시　역순안분 막착마적과수 남의도하

---

86) 悠悠(유유): 아득하게 먼 모양, 때가 오랜 모양, 침착하고 여유가 있는 모양.

87) 盤旋(반선): 길, 강 등(等)이 꾸불꾸불하게 빙빙 돎.

88) 關鎖(관쇄): 문을 잠금.

89) 明珠(명주): 고운 빛이 나는 아름다운 구슬. 방합(蚌蛤) 속에서 생긴 진주(眞珠).

90) 隱隱(은은): 속엣 것이 흐릿하게 보임, 먼 데로부터 울리어서 들려오는 소리가 똑똑하지 아니함. * 隆隆 융륭; 소리가 큰 모양, 세력(勢力)이 융성(隆盛)한 모양.

91) ( )은 峯 자의 오류인쇄로 판단.

無形無影. 豈類高拔. 遺踪失跡. 湖裏雁鵝. 時人莫辯. 眞訣無多.
무형무영 기류고피 유종실적 호리안아 시인막변 진결무다
衆低偏尋高處. 遠近大小如何.
중저편심고처 원근대소여하
大地平洋. 中環四顧. 得水藏風. 時人罕遇.
대지평양 중환사고 득수장풍 시인한우
山谷何勞深穴. 夷埋豈宜淺土. 燭火93)**輙滅. 於理何取.**
산곡하노심혈 이매기의천토 촉화 첩멸 어리하취
別此眞機. 後代之祖.
별차진기 후대지조

혈처를 중앙에 점지하는 것은 보통 사람은 하지 못한다.

사방의 세가 단정하여 거미줄처럼 안으로 미치면 열토분모가 만세토록 전해진다.

옥녀가 높이 앉아 길쌈하는 형세면 혈장은 변방에 있고, 농룡에서 중앙이 치솟고 사세가 평탄하고 넓으면, 혈이 농룡의 정수리에 있으며, 충신이 보좌하는 명군이 출현한다.

날리는 실이 유유하면 원봉이 뒤에 높이 솟아야 하고, 행룡이 동서로 분주하면 산수도 역시 상응하여 조응하여야 한다.

명당이 넓고 바르면, 부귀와 영화가 무궁하고, 앞의 안산이 두루 가로지르면, 왕후장상이 끊이지 않는다.

조구은대는 세상의 칭송이 옮겨가지 않는다.

그 법이 다한 곳에서는 귀가 되니, 자손들은 대대손손 관직에 거하게 된다.

---

92) 潮時(조시): 밀물, 썰물이 생기는 정(定)해진 때.
93) 燭火(촉화): 촛불. 초에 컨 불.

수염 아래면 내룡이 가늘고 작아야 하고, 꼬리면 기맥이 나선으로 회전하여야 한다.

물 위로 떠오르는 신령한 거북은 몸과 머리가 단정하고 공읍하는 형국이어야 하고, 밭이나 호수에 머무는 형국은 보통 사람이 써서는 안 된다.

대강이 관쇄되고 광대하여 동서를 구분할 수 없으면 진혈을 재단하기 어려우나 대대로 권세를 누리고 중책을 맡으리라.

물고기가 물을 거슬러 헤엄치는 형국에는 앞쪽에 명주가 있어야 하는데, 뚜렷하거나 희미한 가운데 술잔 같기도 하고 술병 같기도 하다. 혈이 변방에 있으니 파황도(播皇都)라고 한다.

낚시나 알이 매달린 것처럼 늘어뜨려져 있고, 앞쪽에 원봉이 있으며, 끊어졌다 이어지고 꺼지다가 솟아오르며 행용하여 혈장이 성봉의 정상에 있으면 곡식을 가득하게 쌓아놓고 산다.

들짐승이나 날짐승의 형국에 이르면 혈장은 제작하기 어려우나 날짐승의 앞에는 횡량 안이 있듯이 유형에 따라 판단하여야 한다. 부귀는 각기 주관하는 단서가 있는데, 요점은 안목이 정밀한지 엉성한지에 달려 있다.

각궁이 한껏 당겨진 형국이면 동서로 화살촉을 두는 시렁이 있다.

강물이 마주 올 때는 역순으로 하여 봉분이 평안토록 하고, 말발굽이 지나는 얕은 물을 옷을 걷고 지나는 물로 착각하지 말아야 한다.

형체(形體)가 없고 그림자도 없으니 어찌 높낮이를 알겠으며, 남겨진 흔적이 없으니 호수 안에 있는 기러기와 같다. 당시 사람들은 말하지 못했으니 진결이 많지 않다.

낮은 곳이 많으면 높은 곳을 찾고, 원근과 大小가 어떠한지 본다.

대지가 평탄하고 넓으면서 중앙을 둥글게 사방에서 둘러싸면 득수와 장풍을 봐서 정하는데 일반 사람은 만나기 어렵다.

산곡에서 어찌 혈이 깊겠으며, 평지에 묻을 때는 어찌 얕은 흙이 적절하겠는가? 등불은 바로 꺼지는 이치이니 어떻게 취할 것인가? 이러한 진기(眞機)를 구별함이 후대의 조(祖)가 된다.

▶ 原文 比較

人天共寶 本	堪與秘笈奇書 本	刑家20種 本
有隴中峙, 穴居隴首	左同	有嶵中峙, 穴居龍首
圓峯後聳	圓峰後聳	圓峰後聳
前案周遮	左同	前案週遮
鈞鉤銀帶	鈞鉤銀帶	左左同
世號難遷	左同	世號難扦
其法盡處爲貴	其法盡出爲貴	其法盡出爲貴
名播皇都	明播皇都	明播皇都
前有圓峯	前有圓峰	前有圓峰
穴難裁酌	穴難裁約	左左同
要在眼機精豁	左同	要在眼機精惡
逆順安墳	左同	順逆安墳
豈類高拔	左同	豈類高坡
湖裏雁鵝	湖外雁鵝	左左同
時人莫辨	左同	時人莫辨
夷埋豈宜淺土	左同	夷坦豈宜淺土

● 內容分析

위 내용은 혈의 정확한 점혈법(占穴法)에 대해서 설명하고 있다. 무엇보다도 혈의 중심에 재혈을 해야 기맥을 거두기 때문이다. 주변의 사격 역시 중심을 향해 사방에서 안으로 거미줄같이 감싸 안아주어야 한다. 그리고 형국에 따른 혈의 위치를 설명하고 있다.

이러한 내용에 대해 『금낭경』 「형세편(形勢編)」에서는 "경에 이르기를 세(勢)가 그치고 형(形)이 둥그스름하게 쳐들어 있고, 앞에는 물이 흐르고 뒤에 산이 있으면, 장사를 지낼 수 있는 혈이다. 코와 이마에 해당하는 곳에 장사 지내면 길창(吉昌)하고, 뿔과 눈에 해당하는 곳은 멸망(滅亡)하며, 귀에 해당하는 곳은 왕후(王侯)가 날 것이고, 입술에 해당하는 곳은 죽거나 전쟁에 나가 다칠 것이다.

구불구불하게 내려오던 용이 중앙에 응축하면, 이를 용의 배라고 한다. 그 배꼽은 깊고 움푹 들어가 있는데, 필시 후세에 복을 받아, 금과 곡식과 옥이 가득가득 넘치게 될 것이다. 가슴이나 갈비뼈 부분에 상처가 있는데, 아침에 장사를 지내면 저녁에 곡(哭)소리가 날 것이니, 그 법은 멸족(滅族)시키는 것이다"[94] 하였고, "산세가 다하여, 불끈 솟은 것이 꼬리이니, 머리에 점혈(占穴)하고자 할 때는 의심을 가져 보아야 한다. 그 법은 귀, 뿔, 눈, 코를 갖추어 존재한다"[95]고 하였다. 이에 더하여 팔괘의 방위를 통해서 그 위치를 설명하고 있다. "귀와 뿔의 분별은, 백 척의 산에서, 열 척 정도의 거리를 보다 상세히 구분하는 것이다. 坎山으로 머리를 삼았다면, 甲 방향에 뿔이 있고 震 방향에 귀가 있다. 팔산(팔괘 방위)에서 짝을 구함에 있어서, 乾山의 뿔은 癸에 있고, 용의 눈은 완연히 離山의 申에 위치한다. 兌山에서는 坎 방향으로 코를 삼고, 艮山에서는 坎 방향으로 입술을 삼는다. 토규[土圭: 주(周)나라 때 땅의 깊이 또는 해의 그림자

---

94) 『錦囊經』, 「形勢編」, "經曰 勢止形, 前澗後岡, 龍首之藏. 鼻 吉昌, 角目滅亡, 耳致侯王, 脣死兵傷. 宛而中蓄, 曰之龍腹. 其臍深曲, 必世後福, 金穀璧玉. 傷其胸脇, 朝穴暮哭, 其法滅族."

95) 『錦囊經』, 「形勢編」, "故山勢盡而, 擧者爲尾, 而占首有疑. 其法在耳角目之具."

를 분별하던 기구]로는 그 방위를 측정하고, 옥척(玉尺, 자)은 멀고 가까운(깊고 낮은) 깊이를 측정한다"96)고 하였다. 그리고 팔 산에 혈을 정하는 경우 그 형세를 "무릇 건산(乾山: 戌乾亥)에 장사 지내고자 하면, 용세는 기복(起伏)하면서 멀리 행룡 해야 하고, 형국은 넓고 넉넉하면서 반듯해야(方)한다"97)는 등 나머지 산에 대해서도 분석하여 설명하고 있다.

형국에서의 혈을 정함에 대해서도 "무릇 소가 누운 듯, 말이 달리는 듯, 난 새가 춤을 추는 듯, 봉황이 날아오르는 듯, 뱀이 위로 오르는 듯, 뱀이 구불구불한 듯, 큰 자라, 악어, 거북이, 금계 등은 물로써 이를 구분한다. 소는 부를, 봉황은 귀를 뜻하고, 죽은 뱀과 같이 직선으로 뻗은 등사(騰蛇)는 흉악한 것이다. 형(形)이 백 가지인데 이것이 난동하듯이 움직이면, 장사는 모두 합당치 않다. 사방에 응하는 산과 앞에 있는 안산도 똑같은 이치로 장사를 금해야 하는 것이다"98)라고 하였다. 이처럼 동시대에 저술된『금낭경』과『착맥부』를 검토하면 당시에 이미 형국론이 상당히 발전하였음을 알 수 있다. 오늘날에도 형국론을 주장하는 내용이 풍수서에 많이 전해지고 있다. 이는『주역』의 원취제물의 원리를 적용하여 발달한 이론으로 물형론이라고도 한다.

또한, 혈의 천심에 대해 설명하고 있다. 즉, 산곡에서 혈을 깊게 해야 하고, 평지에 묻을 때는 얕게 해야 한다고 하였다. 그러나『금

---

96)『錦囊經』,「形勢編」, "耳角之辨, 百尺之山, 十尺相邇. 以坎爲首, 甲角震耳. 八山對求, 乾角在癸, 龍目宛然 直離之申. 兌以坎爲鼻, 艮坎爲脣. 土圭測其方位, 玉尺度其遠邇."

97)『錦囊經』,「形勢編」, "夫葬乾者, 勢欲起伏而長, 形欲闊厚而方."

98)『錦囊經』,「形勢編」, "夫牛臥馬馳, 鸞舞鳳飛, 騰蛇委蛇, 龜鼈, 以水別之. 牛富鳳貴, 騰蛇凶危. 形類百動, 葬皆非宜. 四應前案, 法同忌之."

낭경』에서는 이와 반대로 산곡에서는 얕게 해야 하고 평지에서는 깊게 하여야 한다고 설명하고 있다. 이 천심에 대한 부분은 좀 더 깊은 연구가 필요하다고 본다.

眞龍泊處. 土脈和勻.
진룡박처 토맥화균

砂礫非爲吉地.蛇鼠夫何足論.
사력비위길지 사서부하족론

要全五色咸備.所貴細膩芳芬.所以凶吉相生.陰陽可攷.
요전오색함비 소귀세니방분 소이흉길상생 음양가고

崒嶻嶮峻者.其或未善.恬軟隱隆者.誠爲大寶.
차아험준자 기혹미선 첨연은룡자 성위대보

東西卓望.難藏南北之形.俯仰觀瞻.可驗耦奇之道.
동서탁망 난장남북지형 부앙관첨 가험우기지도

大抵眞龍易辨.瞖眼難明.萬水千山.而總歸一路.千形萬狀.而更無其情.
대저진룡이변 예안난명 만수천산 이총귀일로 천형만상 이갱무기정

但認蜂腰鶴膝.一任模糊不清.
단인봉요학슬 일임모호불청

若也雌雄交會.自然氣脉逢迎.
약야자웅교회 자연기맥봉영

진용이 머무르는 곳은 토맥(土脈)이 화하고 고르다.

모래나 조약돌도 길지가 아닌데, 뱀이나 쥐를 논해서 무엇하겠는가?

五色을 모두 갖춘 것이 중요하고, 섬세하고 기름지며 향이 있어야 한다. 그래야 길흉상생(吉凶相生)과 음양을 살필 수 있다.

높이 치솟고 가파른 것은 혹 아름답지 않을 수 있고, 부드럽고 은은히 솟아오른 것은 진실로 대보이다.

동서로 높이 바라보면 남북의 형태를 숨기기 어렵고, 위아래로 굽

어 살피면 음양의 이치를 징험할 수 있다.

무릇 진용은 구별하기 쉽지만 어두운 눈으로는 명확하기 어렵다.

천만 산수가 다 하나로 귀결되면 천만 형상에 다른 뜻이 없다.

벌처럼 잘록한 허리와 학의 무릎처럼 매듭진 것만 알면 분명하지 않고 애매하다.

만약 자웅이 사귀어 만나면 자연히 기맥이 맞으리라.

▶ 原文 比較

人天共寶 本	堪輿秘笈奇書 本	刑家20種 本
土脈和**勻**	土脈和**均**	左左同
砂礫非爲吉**地**	左同	砂礫非爲吉**兆**
崑裁嶮峻者	**嵯峨嶮**峻者	**嵯裁險**峻者
難藏**南北**之形	難藏**東北**之形	左左同
可**驗**耦奇之道	可**檢**耦奇之道	左左同
大抵眞龍易**辯**	左同	大抵眞龍易**辨**
而更無**其**情	左同	而更無**異**情
一任**樸**糊不清	一任**樸**糊不清	一任模糊不清
自然氣**脉逢迎**	自然氣**脉方迎**	左左同

● 內容分析

위 내용은 진용과 혈토에 대해서 설명하고 있다. 혈토는 토맥이 화하고 고우며 오색(五色)을 모두 갖춘 것이 중요하고, 섬세하고 기름지며 향이 있어야 한다.『금낭경』에서는 "무릇 흙은 미세하면서도 단단해야 하며, 윤택하나 습(濕, 澤)하지 않고, 옥을 잘라 기름질 하는 것처럼, 오색을 갖추어야 한다. 무릇 흙이 건조하기가 좁쌀을 모아놓은 것과 같고, 습하기가 베어놓은 고기 같으며, 샘물이 나오거나 모래와 자갈이 섞여 있으면, 모두 흉택이다"[99]라고 하였고, "음양이 충화(沖和)하고, 오색토 중 네 가지가 구비되면, 이미 혈은 온화할 것이니, 이것이 두 번째 길한 것이다"[100]라고 하여 혈토의 생김새와 색상에 의한 구별방법을 설명하고 있다.

笑殺[101] 時人[102] 把河圖而立說. 那知眞訣.
소살   시인   파하도이입설 나지진결

取前案以爲榮.
취전안이위영

龍馬飮泉. 石印右應. 大江圍逸. 四平端正. 王候由是興焉. 廟食萬年滋盛.
용마음천 석인우응 대강위요 사평단정 왕후유시흥언 묘식만년자성

豈不以龍眞則山吉. 氣散則山凶.
기불이용진즉산길 기산즉산흉

休把前峯爲據. 但求坐下爲宗.
휴파전봉위거 단구좌하위종

片言如悟 萬竅俱通. 更觀水口無關 謾說當年富貴.
편언여오 만규구통 갱관수구무관 만설당년부귀

天外有鑰. 仍知積代豪雄. 何當弩彎弓[103] 圓. 箭鋒相柱. 葫蘆水應.
천외유약 잉지적대호응 하당노만궁   원 전봉상주 호로수응

千金難取.
천금난취

東西走竄[104] 無情. 下了離鄕失土.
동서주찬   무정 하료이향실토

---

99) 『錦囊經』,「貴穴編」, "夫土欲細而堅, 潤而不澤, 裁肪切玉, 備具五色. 夫乾如聚粟, 濕如 肉, 水泉 沙礫, 皆爲凶宅."

100) 『錦囊經』,「貴穴編」, "陰陽沖和, 五土四備, 已穴而溫, 二吉也."

101) 笑殺(소살): 웃어넘기고 문제 삼지 아니함, 큰 소리로 비웃음.

102) 時人(시인): 그 당시(當時)의 사람들.

103) 彎弓(만궁): 활을 잡아당김.

104) 走竄(주찬): 도망(逃亡)하여 숨은 분찬(奔竄).

嗚呼.此理難明.流傳千古.
명호 차리난명 유전천고
未言去水.且要來山.
미언거수 차요래산

당시 사람들은 웃어넘기고 하도(河圖)를 잡고 설(說)을 세운다. 진결을 알려면 어찌해야 하는가? 전안(前案)으로 영화를 삼는다.

용마가 샘물을 마시고, 석인은 백호와 조응하고, 대강이 둘러싸여 있고, 사면이 단정하면 군왕과 제후는 이로써 흥왕하고 제향은 만연토록 성대하다.

어찌 용이 참되면 산이 길하다 하고 생기가 흩어지면 산이 흉하다 하지 않으리오.

앞산을 근거로 삼는 것을 멈추고 다만 좌하를 기준으로 삼아야 한다.

한마디 말로 깨치면 만 가지가 다 통하는 법인데, 수구가 관란이 없는데도 함부로 당년에 부귀 한다고 주장한다.

하늘 밖(외수구)으로 빗장이 있으면 누대에 호걸 영웅이 날 것을 알 수 있고, 활이 둥글게 휘면 화살촉과 서로 기둥이 되고, 호로수가 응함은 천금으로도 얻기 어렵다.

동서로 달아나 무정하면 하관하자마자 고향을 떠나고 전토를 잃는다. 오호라! 이러한 이치는 밝히기 어려운데, 천고에서 내려왔도다.

거수를 말하기 전에 내산(來山)이 중요하다.

▶ 原文 比較

人天共寶 本	堪輿秘笈奇書 本	刑家20種 本
大江圍逸	左同	大江圍繞
四平端正	四面端正	左左同
謾說當年富貴	左同	漫說當年富貴
仍知積代豪雄	左同	乃知積代豪雄
箭鋒相柱	左同좌동	箭鋒相拄

● 內容分析

위 내용은 안산의 중요성을 설명하고 있다. 풍수지리에서 안산은 주산과 함께 주인과 손님의 관계로 중요시한다. 주인과 손님은 서로 조공하듯 하여야 한다. 그리고 수구는 가까이뿐만 아니라 멀리 있는 외수구도 잘 관쇄되어야 길지가 됨을 설명하고 있다. 『청오경』에서는 "귀한 기운을 서로 취하는 자리란, 본래 근원으로부터 이탈하지 않고, 전후를 호위하듯이 잘 감싸주는 곳으로, 주산이 있고 객산이 있는 곳이다"[105]라고 하였다.

山若作穴. 水自回環. 彼此相應. 內外相連.
산약작혈 수자회환 피차상응 내외상연
乾坤造化. 孰探根源.
건곤조화 숙탐근원
至如山直水流. 形勢險阻.[106] 朝對無情. 云胡可取.
지여산직수류 형세험조　조대무정 운호가취
那知東彎西曲. 自然內外周遮. 氣聚神安. 富貴綿綿接緒.
나지동만서곡 자연내외주차 기취신안 부귀면면접서

---

105) 『青烏經』, "貴氣相資, 本原不脫, 前後區衛, 有主有客."
106) 險阻(험조): 지세가 높고 가파르며 험하여 막히고 끊어져 있음, 사람이 살아나가는 데 있어 부딪치는 어려운 일.

或曰水流百步.奕代爲官.對面朝八.子息貧寒.

혹왈수류백보 혁대위관 대면조팔 자식빈한

是以去來難辨 勿令執一無權.

시이거래난변 물령집일무권

交劍合流.除是吉山相映.斜衡直撞.豈宜雷例安遷.

교검합류 제시길산상영 사형직당 기의뢰예안천

倘能龍脉麗融.於此最宜斟酌.如瓜如瓠.如馬之躍.

상능용맥룡융 어차최의짐작 여과여호 여마지약

氣渙散.難捫摸.勢欲住.須盤泊.四水歸內兮, 爲精確.小大之富貴兮,

기환산 난문모 세욕주 수반박 사수귀내혜 위정확 소대지부귀혜

由茲辨剝.

유자변박

粤若奇形異狀.

월약기형이상

大江片潮東西順.逆左右偏饒.小江曲來勢超山之.阿聖賢苗揮金鞭.

대강편조동서순 역좌우편요 소강곡래세초산지 아성현묘휘금편

指玉慓.

지옥표

산이 혈을 이루었다면 물은 저절로 휘감아 돌고, 피차가 상응(相應)하고, 내외가 서로 이어진다.

건곤(乾坤)의 조화(造化)를 누가 근원(根源)까지 알겠는가?

산이 곧고 물이 흐르며, 형세가 험하고, 조대가 무정하면 어찌 취할 만하다고 하겠는가?

나아가 동쪽이 만곡하고 서쪽이 굽으면 자연 내외가 둘러쌀 터이니 생기는 모이고 신령은 평안하여 부귀가 면면히 이어지리라.

누가 이르기를 물이 백 보를 흘러가면 누대에 걸쳐 벼슬하고, 팔자(八字)를 대면하면 자식이 빈한하다고 한다.

이것은 오고 감을 말로 구별하기 어려우니, 융통성 없이 하나만 고집하게 하면 안 된다.

도검이 교차하듯 물이 합류하면 어찌 길 산에 상응하는 물이며, 비스듬히 치는 것과 곧게 치는 것이 어찌 편안하게 옮길 곳이겠는가?

혹시 용과 융결에 능통하면 여기에서 짐작하는 것이 최선이니, 오이인지 박인지, 말이 도약하는 것인지 헤아려야 한다.

기가 흩어져 만져보기 어렵고, 세는 머물러서 모름지기 서려 있어야 하며, 사방의 물이 안으로 모이는 것이 정확하면, 크고 작은 부귀가 여기에서 구별된다.

기이한 듯 그윽하고, 형태가 평상과 다르다.

큰 강이 동서에서 밀려오고, 역순으로 좌우를 두르며, 작은 강이 굽어 들어와 세가 산을 넘으면 성현이 쇠 채찍을 휘두르고, 옥 깃발을 가리킨다.

▶ 原文 比較

人天共寶 本	堪輿秘笈奇書 本	刑家20種 本
孰探根源	左同	孰探其源
云胡可取	左同	云何可取
奕代爲官	屢代爲官	左左同
是以去來難辨	左同	是以去水難辨
交劍合流	左同	交釖合流
豈宜雷例安邊	豈宜誄例安邊	左左同
徜能龍脉朧融	徜能龍脈籠融	左左同
於此最宜斟酌	左同	於此 누락
須盤泊	順盤泊	左左同
四水歸內兮	四水之歸內兮	左左同
爲精確	是爲精確	左左同
由玆辨剝	左同	由玆辨剝

● 內容分析

위 내용은 수세(水勢)의 길흉을 설명하고 있다. 수세란 물의 형세(形勢)에 따라 길흉을 판단한다. 혈을 환포하여 유정하게 천천히 흘러들어 오거나 감아 돌아오면 길한 것으로, 반대로 무정하게 달아나거나 흩어지는 물은 흉한 것으로 판단한다. 또한, 혈을 찌르는 듯 겁박하면서 흘러들어 오는 물 역시 흉하다. 음양의 조화로 산과 물은 서로 유정하고 사귀는 듯해야 한다. 물이 둘러싸야 생기가 모이고 좋은 길지가 된다. 산이 곧고 물도 곧게 흐르며, 형세가 험하고, 조대가 무정하면 좋은 것이라 할 수 없다. 도검이 교차하듯 물이 합류하고, 비스듬히 치는 것과 곧게 치는 것은 모두 흉한 물이다.

仙人之秘訣兮. 亦孔之昭. 於戲陰陽黙感通. 造物尤可笑.
선인지비결혜 역공지소 어희음양묵감통 조물우가소
信知抵掌間. 禍福從所召. 更能配合天星. 萬古通行兮. 無此妙.
신지저장간 화복종소소 갱능배합천성 만고통행혜 무차묘
八卦所屬. 如蔓取之. 每起剋遁. 年月日時. 子寅勻配. 莫漏眞機.
팔괘소속 여묘취지 매기극둔 연월일시 자인균배 막루진기
乾坤艮巽. 加臨順飛. 四通之位. 乾坎艮離. 闕一非是. 八通尤宜.
건곤간손 가임순비 사통지위 건감간리 궐일비시 팔통우의
斯年月兮玄微. 天地所秘. 惜神物所護持.
사년월혜현미 천지소비 석신물소호지

선인의 비결은 역시 크게 비춘다. 어허, 음양(陰陽)을 고요하게 느끼고 통하면 조물이 더욱 가소롭도다.

손바닥 안을 믿고 알 것이니 화복이 거기서 나오게 된다. 또 천성을 배합(配合)할 줄 알면, 만고에 통행하는 것이 이보다 묘함이 없다.

팔괘(八卦)의 소속을 묘와 같이 취하고 일어나고 숨는 것을 연월일시(年月日時)로 하며, 십이지지(十二地支)를 고루 배치하여 진기(眞機)를 빠뜨리지 말고, 팔괘(八卦)를 순서대로 돌린다.

사통(四通)의 위치(位置)는 건감간리(乾坎艮離)인데 하나라도 빠지면 옳지 않으니, 팔통(八通)이 특히 그렇다.

이 연월일시(年月日時)로 천지를 깊이 통하고, 숨긴 것과 신(神)을 아끼는 것이 물을 보호하고 지탱한다.

▶ 原文 比較

人天共實 本(본고원문)	堪輿秘笈奇書 本	刑家20種 本
乾坎艮離	左同	兌坎震離
斯年月兮玄微	斯年月兮玄徹	左左同

● 內容分析

위 내용은 택일의 중요함을 설명하고 있다. 구궁을 통한 자백법의 택일[107]을 설명하는 것이다. 아래 추가된 부분에서도 이와 같은 내용을 설명하고 있다. 『청오경』과 『금낭경』에서 이미 장사에서의 택일

---

107) 삼원자백법(三元紫白法); 자백법의 명칭에 대해서는 차이가 있다. 삼원백(三元白), 삼원백영정국(三元白永定局), 삼원자백정국(三元紫白定局), 삼원자백법(三元紫白法), 삼원자백(三元紫白) 등 약간의 차이가 있으나 내용은 동일하다. 따라서 여기서는 현재 일반인들에게 알려졌다고 판단되고 있는 '삼원 자백법'의 약칭인 '자백법'으로 사용하고자 한다. 자백법은 낙서구궁도를 기본으로 한다. 아래 그림은 낙서구궁의 위치와 해당 숫자, 그리고 방위가 표시되어 있다. 낙서구성의 숫자가 1→2→3→4→5→6→7→8→9로 진행되는 것을 순행이라 하고, 반대로 9→8→7→6→5→4→3→2→1→9로 진행하는 것을 역행이라 하며, 年, 月, 日, 時 紫白은 해당되는 中宮數를 찾아 해당 중궁수를 낙서구궁도의 중궁에 넣고 順行 또는 逆行으로 돌려 구성도에 새롭게 채워진 숫자를 기준으로 판단하게 된다. 紫白이란 九星 중에서 紫와 白에 해당하는 一白탐랑성(貪狼星), 六白무곡성(武曲星), 八白좌보성(左輔星), 九紫우필성(右弼星)을 인간의 행복과 강녕(康寧)을 주재(主宰)하는 사길성(四吉星)으로 보아, 좌향에 1, 6, 8, 9가 들면 좋은 것으로 판단한다. 반대로 좌향이나 中宮에 大凶數인 "2"와 "5"가 들면 좋지 않은 것으로 판단한다.

을 강조하였지만 어떠한 방법으로 택일하는지는 나타나 있지 않다.

그러나 『착맥부』에서는 구궁법을 활용한 자백택일(紫白擇日)을 설명하고 있는 것이다. 사통(四通)의 위치인 乾·坎·艮·離는 모두 자백이 닿는 궁으로 지금도 택일법에서 중요시하고 있다. 건은 육백(六白), 감은 일백(一白), 간은 팔백(八白), 이는 구자(九紫)로 모두 이 궁에 연월일시가 닿으면 길하다고 판단한다.

吾知陰功108) **宜厚積. 孝行感神明.**
오지음공　의후적 효행감신명
顯黙爲之贊助. 天地爲之炳靈.109)
현묵위지찬조 천지위지병령
何假明師指點.110) **滕公**111) **曰有佳城.**112)
하가명사지점　등공　왈유가성

九宮圖

四綠	九紫	二黑
三碧	五黃	七赤
八白	一白	六白

자백법은 자백길성(紫白吉星)이 머무는 궁위(宮位)에 좌향(坐向) 또는 조장 연월일시(造葬 年月日時)를 정하는 법으로 제살구복법(制殺求福法)이라고도 한다. 자백법의 운용은 상원(上元), 중원(中元), 하원(下元)과 연자백(年紫白), 월자백(月紫白), 일자백(日紫白), 시자백(時紫白)을 분별하여 운용한다. 구체적인 활용방법은 끝 부분에서 다시 설명하기로 함.

108) 陰功(음공): 음으로 돕는 공, 세상(世上)이 모르는 숨은 공덕(功德).

109) 炳靈(병령): 밝은 신령의 위엄, 고상함.

110) 指點(지점): 손가락으로 가리켜 보임.

111) 滕公(등공): 하후영(夏侯嬰, ?~B.C. 172)을 가리킨다. 패현(沛縣) 사람으로 高祖 劉邦을 따라 起兵하여 太僕에 임명되고 여음후(汝陰侯)에 봉해졌다. 한때 滕縣令을 지낸 적이 있어 滕公이라 불린다. 『漢書』에 그 傳이 실려 있다.

112) 佳城(가성): '무덤'을 성에 비유(比喩·譬喩)하는 말. * 滕公曰有佳城 등공왈유가성; '무덤'을 성에 비유(比喩·譬喩)하는 말로 『서언고사(書言故事)』 분묘류(墳墓類)에 "남의 묘지를 가성이라 한다" 하였다. * 등공석곽(滕公石槨): 한 고조(漢高祖)의 신하 등공(滕公) 하후영(夏侯嬰)이 수레를 타고 동도문(東都門)에 이르렀을 때 수레를 끌던 말이 무릎을 꿇고 슬피 울면서 네 굽으로 땅을 팠다. 이를 본 등공은 사졸을 시켜 그곳을 파게 하니, 3척을 파자 석곽(石槨)이 나왔는데, 그 석곽에 "가성의 울울함이여, 3천 년을 햇빛을 보지 못했도다. 아! 등공이 이 석실

死者安兮生者榮.此語露兮, 日月爲之晦冥.[113)
 사자안혜생자영 차어로혜 일월위지회명
吁德莫厚於顔 而妖於顔.姦莫甚於跖.而壽於跖.
 우덕막후어안 이요어안 간막심어척 이수어척
豈人事之無憑.抑陰陽之關隔.
 기인사지무빙 억음양지관격
此理灼然.114)**敢輕審擇.**
 차리작연   감경심택
不然, 聖人有而安厝之之言.何而先云乎卜宅.115)
 불연 성인유이안조지지언 하이선운호복택

　내가 알기로, 음공은 두텁게 쌓아야 하고, 효행은 신명(神明)을 감
동하게 해야 한다.

　그래야 현묵(顯黙)이 도와주고, 천지가 밝은 신령이 된다.

　어찌 밝은 스승이 손가락으로 찍어야 하겠는가? 등공이 가성(佳
城)이 있다고 하였다.

　죽은 자가 편안해야 살아 있는 자식들이 영화를 누리니 이 말이
드러나면 해와 달이 어두워진다. 아! 덕은 안자116)보다 후덕한 사람
이 없는데, 안자보다 요(妖)한 사람이 없고, 간(姦)은 도척117)보다 심

(石室)에 살게 될 것이다"고 새겨져 있었다. 이를 본 등공은 "아! 하늘이 주신 것이다. 내가
죽으면 곧 여기서 편히 지낼 것이다" 했다. 그 뒤 등공이 죽자 드디어 그 석곽에 장사 지냈다
한다.『西京雜記 四』…… 한국고전DB에서 발췌.

113) 晦冥(회명): 캄캄하게 어둠. 해나 달의 빛이 가리어져서 컴컴함.

114) 灼然(작연): 빛나는 모양, 명백(明白)한 모양.

115) 卜宅(복택): 복거(卜居). 살 만한 곳을 가려서 정(定)함.

116) 顔子(안자): 공자의 수제자(首弟子)인 안회(顔回, B.C. 513~482). 자 연(淵, 자연子淵). 학덕이
　　뛰어나고 덕행이 첫째여서 아성(亞聖)으로도 불림. 가난을 괴롭게 여기지 않았고 무슨 일에도
　　성내지 않았으며 잘못은 두 번 다시 저지르지 않았다 함. 29세에 백발이 되었고 32세에 사망
　　했음. …… 앞의 지식백과 발췌.

117) 盜跖(도척, 미상~미상) 척(跖)은 척(蹠)으로도 쓴다. 춘추시대 노(魯)나라 사람. 노나라 대부
　　(大夫) 유하혜(柳下惠)의 동생이다. 전하는 말로 일찍이 무리 9천 명을 모아 천하를 횡행하고
　　다니면서 제후(諸侯)를 공격하고 약탈해 나중에 도척으로 불렸다고 한다. 일설에는 황제(黃

한 사람이 없는데 도척보다 장수한 사람이 없다.

어쩌면 인사(人事)가 기댈 것이 없어서인가, 아니면 음양이 막혀서 인가?

이러한 이치는 분명한 것이니, 감히 함부로 고를 수 있겠는가?

그렇지 않으면 성인이 있어서 묘를 쓴다는 말에 어째서 먼저 복택을 말하는 것인가?

▶ 原文 比較

人天共寶 本	堪輿秘笈奇書 本	刑家20種 本
死者安兮生**者**榮	死者安兮生**子**榮	死者安兮生**子**榮
而**妖**於顔	左同	而**夭**於顔
姦莫甚於跖**而壽於跖**	姦莫甚於跖	左左同
聖人有而安厝**之**之言	左同	聖人有而安厝之言

● 內容分析

위 내용은 망인의 음덕과 자손의 효행이 있어야 길지를 얻는다는 인과사상과 자손들의 효 사상을 설명하고 있다. 그래야 조상의 음덕이 자손에 미치고 조상 역시 편안하다는 것이다. "음공은 두텁게 쌓아야 하고, 효행은 신명(神明)을 감동시켜야 한다. 현묵(顯黙)이 도와주고, 천지가 밝은 신령이 된다. 어찌 밝은 스승이 손가락으로 찍어야 하겠는가? 등공이 가성(佳城)이 있다고 하였다." 『청오경』에서는 "하늘이 만들고 땅이 세운 것을, (공덕을) 베푼 지인에게 남겨놓았으니 선현이라도 설명하기 어렵다"118)고 하였다.

帝) 때의 대도(大盜) 이름으로, 이 때문에 도척으로 불렸다고 한다. …… 앞의 지식백과 발췌.
118) 『靑鳥經』, "天造地設, 留與至人, 先賢難說."

다음 부분부터는 후세인에 의해 첨가된 내용으로 판단된다. 『형가20종』에는 포함되어 있지 않고 『인천공보』와 『감여비급기서』본에는 포함되어 있다. 그러나 이 부분 또한 『조선왕조실록』에 인용된 문장이 포함되어 있음을 볼 때 조선시대에서 사용된 풍수서는 이 부분이 포함된 『착맥부』로 판단된다.

山谷則以起伏爲龍. 平地則以氣脉爲龍.
산곡즉이기복위룡 평지즉이기맥위룡
起伏則來山麁麓大. 如龍之方鼓勇時也. 其勢未住. 直待翺翔海表.
기복즉래산추록대 여룡지방고용시야 기세미주 직대고상해표
氣力將乏. 然後如雲蒸霧滃. 縮爪藏形. 盤旋繚繞. 則龍勢住也.
기력장핍 연후여운증무옹 축조장형 반선료요 즉용세주야
人皆知雌雄交度爲貴. 而不知雌雄相喜之爲貴也.
인개지자웅교도위귀 이불지자웅상희지위귀야
夫雌雄交度. 須得水以成之. 則雌雄相喜也.
부자웅교도 수득수이성지 즉자웅상희야

산과 계곡은 기복이 용이 되고, 평지는 기맥이 용이 된다.

기복은 내산이 커서 마치 용이 날쌘 것과 같은 것이니, 그 기세가 머물지 않고 바다 위로 날아오를 것 같다.

기력(氣力)이 장차 부드러워진 후에는 구름과 안개가 이는 것 같으며, 손톱을 감추고 형태를 숨기며 빙 둘러 서려 있으면 용의 기세가 머무는 것이다.

사람들은 자웅이 교도함은 귀한 줄은 알면서, 자웅이 서로 기뻐하는 것은 귀한 줄을 모른다.

무릇 자웅이 교도하고 물을 얻어서 이루면 자웅이 서로 기뻐하는 것이다.

人天共寶 本(본고원듬)	堪輿秘笈奇書 本	刑家20種 本
起伏則來山**篭麓**大	起伏則來山麓大	漏落

● 内容分析

위 내용은 용은 박환 되어야 살기를 벗어버리고 혈을 맺는 용으로
변화된다. 여기서는 박환 되지 않은 용이 박환 되는 모습을 설명하
고 있으며 박환 된 용은 물과 만나서 음양이 화합하게 된다. 이렇게
되어야 좋은 길지가 된다는 것이다.

大官大貴之地. 不必尋山勢盡處.
대관대귀지지 불필심산세진처
多應休囚窮極, 或不受穴眞龍大勢蟠泊之處. 分牙包爪 吐霧興雲.
다응휴수궁극 혹불수혈진룡대세반박지처 분아포조 토무흥운
降穴之外.
강혈지외
有三五里山勢未盡. 皆是餘氣眞穴居囊肚之間. 則氣脉平正. 明堂隱約.
유삼오리산세미진 개시여기진혈거낭두지간 즉기맥평정 명당은약
有如人之巨室焉. 寢處之所. 必在堂奧之中. 又如大官之行衙.
유여인지거실언 침처지소 필재당오지중 우여대관지행아
須有引從護衛.
수유인종호위
大富大貴之地. 何以異此.
대부대귀지지 하이이차
又小富小貴之地. 則如人之小室. 淺近而易見. 小官之出入. 凡隨從者
우소부소귀지지 즉여인지소실 천근이역견 소관지출입 범수종자
十數人而已.
십수인이이

大抵大貴大富之地. 寬緩而發遲. 至於廢棄也亦遲. 小官小富之地.
대저대귀대부지지 관완이발지 지어폐기야역지 소관소부지지
緊急而易發.
긴급이역발
至於退敗也亦易. 無可疑也.
지어퇴패야역역 무가의야
奇形異狀 穴險而有也. 或如懸卵. 或似臥鼉 左右突兀. 人之所畏.
기형이상 혈험이유야 혹여현난 혹사와잠 좌우돌올 인지소외
殊不知龍穴眞正. 案對有情. 水城關抱. 其福最緊. 左朝左先發.
수부지용혈진정 안대유정 수성관포 기복최긴 좌조좌선발
右朝右先發.
우조우선발
故曰片朝偏饒. 但消息盈虛. 易興易敗
고왈편조편요 단소식영허 역흥역패
小水三曲. 大山三阿. 若龍穴眞者, 主出聖賢苗裔. 以其阿曲之中,
소수삼곡 대산삼아 약룡혈진자 주출성현묘예 이기아곡지중
偎風聚氣.
외풍취기

대관 대귀의 땅은 꼭 산세가 다하는 곳에서 찾을 필요가 없다.

대부분 휴슈(休囚)가 끝나는 곳이거나, 혹 진용의 대세가 서리어 머물지 않은 곳이라도, 어금니가 있고 손톱이 있으며, 안개를 토하고 구름이 일며, 혈 밖 3~5리에 산세가 미진(未盡)한 곳은 모두가 여기(餘氣)와 진혈(眞穴)이 복부의 사이에 있으며, 기맥(氣脈)이 편평하고 바른 명당이 숨어 있다.

마치 사람이 큰 집에 있을 때 잠자는 곳은 반드시 집의 깊은 곳에 있는 것과 같고, 또 대관(大官)이 길을 갈 때는 반드시 호위(護衛)가 따르는 것과 같다.

크게 부하고 크게 귀한 곳이 어찌 이와 다르겠는가?

또 작은 부와 작은 귀한 땅은 마치 사람이 작은 집에 있는 것과 같아서 가깝고 쉽게 보인다. 소관의 출입(出入)은 무릇 따르는 사람이 열 명 남짓일 뿐이다.

무릇 크게 귀하고 크게 복이 있는 땅은 너그러우면서 발음이 늦어서 폐기함도 역시 늦고, 작은 관직과 작은 부의 땅은 긴급하여 쉽게 발하고, 퇴패함도 역시 쉬우니 의심(疑心)할 것이 없다.

형상이 기이하고 혈이 험한 경우도 있는데, 알이 매달린 것 같거나, 누에와 같아서 좌우(左右)가 툭 튀어나와 사람들이 두려워하기도 한다.

진혈이 바르고 안대가 유정하며, 수성이 감싸면 그 복이 가장 굳음을 전혀 모르는 것이다. 좌조는 좌가 먼저 발하고, 우조는 우가 먼저 발한다.

그래서 이르기를, 하루아침에 배부르지만, 줄었다 불었다 해서 쉽게 흥하고 쉽게 패한다. 작은 물이 세 번 굽고, 큰 산이 세 번 언덕을 이루면서 진 혈을 얻었다면 성현이 나오는데, 언덕과 굽이의 사이에서 바람이 기를 모으기 때문이다.

▶ 原文比較: 『人天共寶』本과 『堪輿秘笈奇書』本 동일

● 內容分析

위 내용은 대관 대귀의 땅을 찾는 법과 소부 소귀지지를 찾는 법을 설명하고 있다. 그리고 혈의 형상이 기이하고 혈이 험한 경우도 있으며, 알이 매달린 것 같거나, 누에와 같아서 좌우(左右)가 툭 튀어

나온 혈도 있음을 설명하고 있는데, 혈에는 기혈과 괴혈도 있음을
설명하고 있다. 당시 혈에 관한 깊은 연구가 있었던 것으로 여겨진다.

旣遇眞龍正穴. 又得吉利辰朔. 則無不利.
기우진룡정혈 우득길이진삭 즉무불리
夫好地如巨舟. 年月如利楫.
부호지여거주 년월여이읍
載物者 舟也. 行舟者 楫也.
재물자 주야 행주자 읍야
蔭注者. 風水也. 發作者. 年月也.
음주자 풍수야 발작자 년월야
不可不擇. 其取坐下 八卦. 所屬配墓.
불가불택 기취좌하 팔괘 소속배묘
却將四墓加乾坤順飛九宮. 遇所用年月日時. 看落何宮.
각장사묘가건곤순비구궁 우소용년월일시 간락하궁
如在乾坎艮離四宮大吉. 餘宮不利.
여재건감간리사궁대길 여궁불리

이미 진용의 정혈을 얻고 또 길한 일진을 얻었다면 이롭지 않음이
없다.
무릇 좋은 땅은 큰 배와 같고, 연월은 이로운 노(楫; 노집. 노즙)와
같으니 물건을 싣는 것은 배이고, 배를 행하는 것은 노이다.
음덕을 내리는 것은 풍수이고, 발음이 일어나는 것은 연월이다.
앉은 자리 아래의 팔괘소속을 취해서 배묘하지 않을 수 없다.
사묘에 건곤 순비 구궁을 더하고, 연월일시가 어느 궁에 떨어지는
지를 보는데, 건감간리사궁[119]에 있으면 궁은 크게 길하고, 나머지

---

119) 乾·坎·艮·離 사궁은 구궁에서 一白, 六白, 八白, 九紫로 자백법에서 좋은 일진으로 판단한다.

궁은 불리하다.

▶ 原文比較: 『人天共寶』本과 『堪輿秘笈奇書』本 동일

● 內容分析

위 내용은 장사에서의 택일을 강조하고 있다. 『청오경』에서는 "혈
자리는 좋은데 장사 지내는 것이 흉하면, 마치 시체를 버리는 것과
같다"[120] 하였고, 『금낭경』「귀혈편」에서는 "무덤에 있는 귀신이 날
(日, 朔 좋은 날 장사하면)과 합하면, 좋은 신은 맞아들이고 나쁜 귀
신은 피하는 것이니, 이것이 첫 번째 길한 것이다", "세시, 즉 장사
지내는 시간이 어긋나면 두 번째 흉이다"[121]라고 하여 장사에는 택
일이 중요함을 강조하고 있다.

『착맥부』역시 택일을 강조하고 있는 것은 동일하다. 그러나 무엇
보다도 『착맥부』에서는 택일의 방법을 간접적으로 설명하고 있어
고대인들의 택일법을 상고할 수 있는 점이 특이하다. 즉, 구궁을 통
해서 연월일시가 일백, 육백, 팔백에 떨어지면 좋은 길일로 판단하
는 법을 설명하고 있다. 오늘날에는 이를 자백법(紫白法) 또는 삼원
자백법(三元紫白法) 등으로 불린다. 자백법은 음·양택의 조성 시 연
월일시를 정하는 경우 사용할 수 있다. 자백법은 낙서의 구궁 도를
기본으로 한다.

---

120) 『青烏經』, "穴吉葬凶, 與棄屍同."
121) 『錦囊經』, 「貴穴編」, "藏神合朔, 神迎鬼避, 一吉也", "歲時之乖 爲二凶."

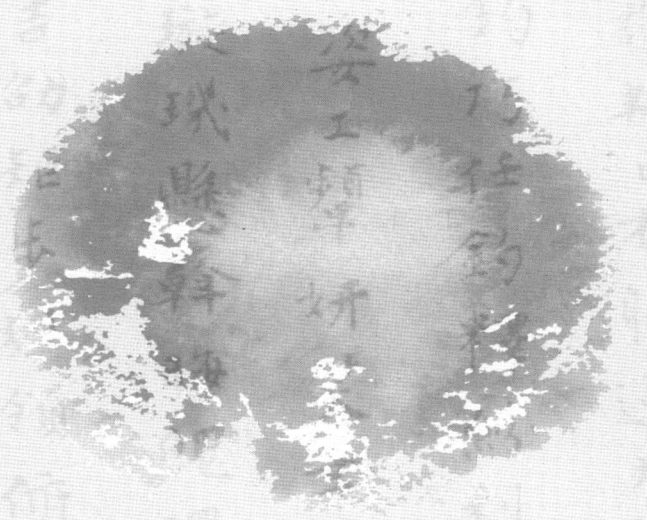

제3부

동림조담(洞林照膽)

1. 동림조담의 개관

1) 동림조담의 저자[122]

『동림조담』은 범월봉(范越鳳)이 편찬한 풍수지리에 관한 책으로, 저자인 범월봉에 대해서는 중국 오대(五代)(907~979)에 살았던 풍수사(風水師)이고, 『지리전서 동림조담(地理全書 洞林照膽)』과 『심룡입식가(尋龍立式歌)』를 지은 정도로만 알려졌다. 『흠정고금도서집성(欽定古今圖書集成)』 박물휘편(博物彙編), 감여부명류열전(堪輿部名流列傳)에 의하면 "『지리정종(地理正宗)』에 의하면, 범월봉, 자(字)는 가의(可儀)이고, 호(號)는 동미산인(洞微山人)이다. 절강성(浙江省) 진운인(縉云人)이며, 양공(楊公)의 고제(高弟)이다. 『심룡입식가(尋龍立式歌)』를 지었다"라고 기술하고 있다.

남송(南宋) 소흥 21년(紹興 21年; 1151)에 조공무(晁公武)가 지은 『군제독서지(郡齊讀書志)』 권14 오행류(五行類)에 보면 "『동림별결』 1권 『심룡입식가』 1권, 오른쪽 책은 강남(江南) 범월봉이 곽박(郭璞)이 제가지리서(諸家地理書)의 득실을 기록한 것을 모아 이 책을 지었는데, 24편이다. 사공각(司空珏)의 『심룡입식가』가 함께 붙어 있다"고 하였다. 송대(宋代) 진진손(陳振孫)이 지은 『직제서록해제(直齊書錄解題)』 권12, 형법류(形法類)에 보면, "『동림조담』 1권은 범월봉이 지었다. 『동림별결』이라고도 한다. 진운현(縉雲懸) 사람이며, 집이 장락(將樂)에

---

122) 장성규의 앞의 논문, p.181~183 참조.

있다고 전한다."

원대(元代)에 마단임(馬端臨)이 지은『문헌통고・경적고(文獻通考・經籍考)』에는 위에서 언급한 조공무(晁公武)가 지은『군제독서지(郡齊讀書志)』와 진진손(陳振孫)이 지은『직제서록해제』을 종합하여 다음과 같이 기록하고 있다. "『동림별결』1권『심룡입식가』1권, 조씨(晁氏)가 이르기를 강남 범월봉이 곽박이 제가지리서의 득실을 기록한 것을 모아 이 책을 지었는데, 24편이다. 사공각(司空珏)의『심룡입식가』가 함께 붙어 있다. 진씨(陳氏)가 이르기를『동림조담』1권은 범월봉이 지었다.『동림별결』이라고도 한다. 범월봉은 진운현 사람이며, 집이 장락에 있다고 전한다."

또 원대(元代) 탈탈(脫脫)이 쓴『송사・예문지(宋史・藝文志)』에는 사공각과 범월봉이 지은『심룡입식가』1권이 있다고 기술되어 있다. 명(明) 정덕 12년(正德 12年; 1517)에 간행된『[정덕(正德)]건창부지(建昌府志)』에 보면 "석모산(席帽山)은 현 동쪽 50리에 있다. 산의 모양이 위는 뾰족하고 산 아래는 넓어 마치 석모(席帽)와 같다. 산의 중턱에 바위가 있는데 사람이 서 있는 것과 같다. 혹 이르기를 남당(南唐) 보대(保大; 943~958)간에 범월봉이 여기에 택지했는데 모자를 쓴 것 같다고 하여 이름 지어졌다.

또『[정덕] 건창부지』와 같은 내용이 청(淸) 강희 22년(康熙 22年; 1683)에 편찬된『강희강서통지(康熙江西通志)』에도 실려 있다.『고금도서집성・감여부명류열전』부록에는『지리정종』을 근거로 하여 소수명(蘇粹明), 방십구(方十九), 장오랑(張五郎) 등의 제자가 있었다고 한다.

이처럼『지리전서 동림조담』은 범월봉의 저작물임을 알 수 있고

『동림별결』이라고도 불렸다. 내용은 곽박(郭璞)의 제가지리서(諸家地理書)의 득실을 기록한 것을 모아서 24편의 책을 지은 것으로 볼 수 있다.

2) 동림조담의 판본

지금까지 『동림조담』의 판본은 실전된 것으로 알려졌으나 우리나라 국립중앙도서관에 범월봉(范越鳳)집(集) 『지리전서동림조담(地理全書洞林照膽)』 상·하 2권 1책으로 소장되어 있다. 이는 훈련도감자(訓鍊都監字)로 인쇄된 목활자본(木活字本)으로, 간사지(刊寫地), 간사자(刊寫者), 간사년(刊寫年)은 미상이다. 장성규는 그의 박사학위 논문에서 인쇄된 활자로 보아 임진왜란 후 광해군 때에 간행된 것으로 추정하였다. 이 본은 상권 10편 하권 14편, 전 24편으로 된 결락(缺落)이 없는 완본이다.

필사본으로는 원광대학교 도서관에 1책이 소장되어 있는데 25편으로 되어 있다. 이 중 1편부터 24편까지는 국립중앙도서관 소장본과 오·탈자를 제외한다면 동일하지만 마지막 25편은 「용혈편(龍穴篇)」이라는 것으로 필사자가 내용을 추가한 것으로 보인다.

그리고 장성규의 조사에 의하면 성암고서박물관(誠庵古書博物館) 성암문고소장본으로 『지리전서범씨동림조담경(地理全書范氏洞林照膽經)』 상·하권 1책, 서울대학교 규장각 소장본으로 채성우(蔡成禹)찬(撰) 『명산론』의 부록으로 전체 24편 중 제1 구궁편(九宮篇), 제2 변괘천성편(變卦天星篇), 제3 납갑편(納甲篇) 3편만 남아 있고, 『영락대전(永樂大典)』 권14217 「상지구(相地九)」에 구궁편(九宮篇), 변괘천

성편(變卦天星篇), 납갑편(納甲篇) 세 편이 수록되어 있음을 확인했다.[123]

3) 조선왕조실록에의 인용기록

『동림조담』이 『조선왕조실록』에 인용된 내용을 보면 다음과 같다.[124]
『세종실록(世宗實錄)』 15년(1433) 7월 22일 최양선·이양달·고중
안·집현전 등이 헌릉의 주산 내맥에 관해 아뢰는 글에서 「수구편」,
「흉기편」, 「도로편」을 인용하고 있다. 즉, "『동림조담』의 「수구편」
에 이르기를, '산이 엎어놓은 쇠북과 같은 것이 귀한 것이다'"고 하
였고, "『동림조담』의 「도로편」에 이르기를, '네 방위신(方位神)에 교
차된 길이 있는 것은 해롭고 망할 땅이라' 했고, 또 이르기를, '주산
과 청룡·백호에 모두 교차되는 길이 있어서는 못 쓴다'"고 하였다.
"『동림조담』의 「흉기편」에서는 '옛길이 가로다지로 꺼져서 참호
(塹)같이 된 것은 흩어져 망하는 형상이라' 하였고, 또 이르기를, '큰
길로 끊어진 것은 사람이 많이 병든다' 하였는데, 신 등이 상고하건
대, 본문의 첫머리에 이르기를, '무릇 안산과 좌우가 돌려 싸서 명당
아래 무덤 있는 것으로 돌아 향한 곳은 모두 모름지기 평정하고 비
만하여 흉하고 언짢음에 저촉되지 않아야 한다' 하였은즉, 명당의
가까운 땅을 가지고 말한 것이오며, 또 이르기를, '가로다지로 꺼져
서 참호 같다'"[125]고 하였다.

---

123) 장성규의 앞의 논문, p.180~181 참조.

124) 『조선왕조실록』 http://sillok.history.go.kr에서 발췌.

125) "『洞林照膽』「水口篇」云: 山如覆鍾, 貴也", "『洞林照膽』「道路篇」云: 四神有交路者傷亡. 又云:
主山與靑龍白虎, 皆不可交路", "『洞林照膽』「凶忌篇」: 古路橫陷如塹者, 散亡之象也. 又云: 截
大路者, 人多病. 臣等按本文始面云: 凡案山及左右回環歸向明堂下墳處, 並須平正肥滿, 不犯凶忌,
則以明堂近地而言也. 且云: 橫陷如塹."

『세종실록』 23년(1441) 5월 19일 최양선이 수강궁 자리에 대해 풍수상 불가함을 상소하는 내용에서, "『동림조담』에 이르기를, '대체로 용·호 두 팔에는 사묘(社廟)를 둘 수 없는 것이니, 자손이 귀신에게 해를 당하고 또 고아와 과부가 나기 때문이다'"라고 하였고, "지리제서(地理諸書)에서 사묘(社廟)라고 칭한 것은 신불(神佛)을 가려서 말함이니, 『동림조담』과 『지남(指南)』 제서에서 이른바 신전(神前)·신후(神後)의 유(類)가 바로 그것이다"[126]고 하였다.

『세종실록』 23년(1441) 8월 25일 빈궁의 능소인 안산 고읍 땅이 흉악한 땅이라는 전농시의 종 목효지의 상소문에서 "『동림조담』에 이르기를, '내룡이 악하고 약하면 낳은 아이가 녹아버린다'"고 하였고, "『동림조담』에 이르기를, '乾山의 온 것이 짧아서 산절(山節)로 오는 것이 亥라' 하였사온데, 이제 속사(俗師)들이 乾方에 앉은 산이 짧은 것을 본 것으로 곧 亥山이 주장 되었다 하옵고, 다시 乾山을 가져서 물을 절수하지 아니하오니, 이것이 한 가지 병이옵니다"고 하였고, "『동림조담』에 이르기를, '장터나 고현(古縣)은 부녀가 미천하다'"고 하였다.

『세종실록』 26년(1444) 12월 21일 풍수설에 반대하는 집현전 교리 어효첨의 상소에서 "『동림조담』이라는 풍수서는 이것이 범월봉이 지은 책인데, 월봉은 특히 오계(五季) 때의 술사입니다. 그가 이른바 '비린 것과 냄새가 더러운 것은 자손이 쇠망하는 상징(象徵)이라' 함은 그 책의 「혈맥편」에 있는 말이고, '명당에 냄새나고 불결한 물이 있는 것은 패역과 흉잔의 상징이라' 함은 그 책의 「흉기편」에 있

---

126) "『洞林照膽』云: 凡龍虎二臂, 不可有社廟. 子孫爲鬼所害, 復出孤寡也", "地理諸書稱社廟者, 指神佛而言. 如『洞林照膽』, 『指南』諸書所謂神前佛後之類是也."

는 말입니다"127)라고 하였다.

『세종실록』 27년(1445) 4월 4일 하연 김종서 등이 수릉을 살펴보고 올린 상서문에서 "『동림조담』 「재혈편」에 이르기를, '무릇 산머리에서 두 갈래로 내려온 것은 두 머리가 혈이 된다' 하였고, 「명당편」에는 이르기를, '가령 땅에 세 혈이 있으면 명당도 각각 임자가 있다'"고 하였고, "『동림조담』에 이르기를, '한 산에서 머리가 떨어져서 혈이 두 길로 건넌 것은, 물이 길하면 먼저 그 길함을 받고, 물이 흉하면 먼저 흉함을 받는다. 만약 坎山이 내려와서 두 무덤이 되어 본디 모두 내려온 혈이 艮坐이고, 坤方에 물이 20보에 있으며, 그 왼쪽 혈은 온전히 艮山으로 되었고, 오른쪽 혈은 坎山인데 약간 艮으로 되어 있는 것은, 처음에 맏아들이 해를 본다'"고 하였고, "『동림조담』의 논수(論水)에 이르기를, '물이 흉하되 명당이 보이지 아니한 것은 허물이 없고, 물이 높아서 들어오는 것도 그렇다'고 하였는데, 주해에 이르기를, '물이 만약 좌우에서 곧게 와서 가로로 흐르면 길하다'"128)고 하였다.

『세종실록』 28년(1446) 5월 24일 이정녕·정인지 등의 청으로 서운관 남쪽 길을 막지 말게 하다는 기사에서 "『동림조담』에 이르기를, '사신(四神)에 교차로(交叉路)가 있으면 흉(凶)하고 교차가 되지 않으면 가하다'"129)고 하였다.

---

127) "『洞林照膽』, 乃范越鳳之所撰也. 越鳳, 特五季一術士耳, 其所謂腥膻臭穢子孫虧損之象者, 血脈篇之辭也; 明堂有臭穢不潔之水悖逆凶殘之象者, 凶氣篇之辭也."

128) "『洞林照膽』 「裁穴篇」云: 凡山頭徹下兩支, 於兩頭爲穴. 「明堂篇」云: 假如地有三穴, 明堂亦各有主", "『洞林照膽』云: 一山落頭穴涉兩路者, 水吉, 先受其吉; 水凶, 先受其凶. 若坎山而下雙家, 本皆下穴坐艮而有坤水二十步. 其左穴則全涉艮山, 右穴則坎山而微有艮者, 初損長子", "『洞林照膽』論水曰: 水凶, 而明堂不見者無咎, 水高而入者亦然. 注曰: 水若從左右直來, 至明堂橫流, 則吉."

129) "『洞林照膽』云: 四神有交路者凶, 不交則可."

『세종실록』 30년(1448) 3월 8일 도성 내외의 산에서 채석을 금하자는 음양학 훈도 전수온의 상서에서 "『동림조담』에 말하기를, '돌(石)은 산의 골격인데, 산에 골격이 없을 수 없다'"130) 고 하였다.

『단종실록(端宗實錄)』 1년(1453) 3월 13일 풍수학 김윤선 등이 현릉 앞에 있는 개경사를 다른 곳으로 옮길 것을 상서하는 글에서 "『동림조담』에서는 말하기를, 부처의 뒤와 신의 앞에 있는 자는 갑자기 죽거나, 고생하다가 죽는 형상이라"131) 하였다.

『세조실록(世祖實錄)』 10년(1464) 9월 7일 풍수학 훈도 최연원이 최양선을 반박하는 상언을 올리는 글에서 "『동림조담』에 이르기를, '안산이 보이는 방소에 와서 조회하여 빼어난 것이 응룡(應龍)이 된다'"132)고 하였다.

『중종실록(中宗實錄)』 32년(1537) 4월 25일 희릉을 옮기도록 하는 글에서 "범월봉의 『동림조담』 「심세편」 육험측(六險側)에는 '내애석(內崖石)이 있는 데에는 혈을 설치할 수 없는 것이다' 하였고, 또 「개지편」에는 '부서진 돌과 검은 돌은 질병을 주로 하는 법이어서 고향을 떠나가 객사(客死)한다' 하였으며, 「흉기편」에는 '모든 무덤 자리는 비록 형세가 아름답더라도 십흉(十凶)이 끼면 쓸 수 없다'"133)고 하였다.

130) "『洞林照膽』曰: 石者, 山之骨也. 山不可以無骨."

131) "『洞林照膽』曰: 居佛後神前者, 暴卒苦卒之象."

132) "『洞林照膽』曰: 案山所見之方, 來朝而秀者爲應龍."

133) "范越鳳『洞林照膽審勢篇』「六險側」云: 內崖石之中, 不可設穴. 又「開地篇」云: 碎石黑石, 主疾病, 離鄕客死. 又『凶忌篇』云: 凡冢宅形勢, 雖佳, 若遇十凶, 亦不堪用也."

4) 동림조담의 내용구성

『동림조담』은 오대의 강남 범월봉(范越鳳)이 편찬한 풍수지리에 관한 책으로 원명은『지리전서 동림조담(地理全書 洞林照膽)』이다. 이 책은 총 24편으로 구성되어 있으며 일명『동림별결(洞林別訣)』이라 고도 한다.『동림조담』은 조선시대 음양과 과거시험 과목에서도 중용된 필수과목이었으며,『조선왕조실록(朝鮮王朝實錄)』에서는『착맥부』와 함께 여러 차례가 인용될 정도로 중요시된 풍수지리 경전이다.『동림조담』의 内容 構成은 이기론 분야에 해당되는 부분은 상권에서는「九宮篇」,「變卦篇」,「天星篇」,「納甲篇」과 하권에서는「裁穴篇」,「開地篇」,「五音篇」,「五行篇」,「覆墳篇」으로 분류할 수 있으며, 형세론 분야에 해당되는 부분은 하권에서는「審勢篇」,「龍虎篇」,「血脈篇」,「明堂篇」,「四神篇」,「主客篇」이고, 하권에서는「近案篇」,「遠朝篇」,「水口篇」,「風入篇」,「應龍篇」,「折水篇」,「惡石篇」,「凶忌篇」,「道路篇」으로 분류할 수 있다. 이에 대해 간략하게 내용을 살펴보고자 한다.

第1篇 심세편(審勢篇)

「심세편」에서는 산의 형세를 살펴서 좋은 길지를 찾는 법을 설명하고 있다. 즉, 많은 산 중에서도 특별한 기상과 일기 일복하는 모습을 하고, 전후좌우에서 많은 산이 옹호하여 주고, 주산과 안산이 유정하고, 수구에 화표(華表)와 한문(捍門) 같은 수구사(水口砂)가 있어서 기가 흘러나가지 않도록 막아주는 등 사신사가 잘 둘러싸인 곳이라 설명하고 있는데 이는 대부분의 풍수서에 전해지고 있는 내용으로 구성되어 있다. 그리고 무엇보다도 산을 살피는 것은 형세를 근본으로 하고 물을 얻음이 최고라 했는데, 이는 『금낭경』에서도 "풍수의 법은 득수(得水)를 먼저하고 장풍(藏風)은 그다음이다"[134]라고 해서 물을 중요시하고 있다.

第2篇 구궁편(九宮篇)

「구궁편」에서는 『주역』의 『건착도』에 나타난 구궁의 정의와 운행법칙 및 천지의 수와 구궁에 구성을 붙여서 활용하는 법을 설명하고 있다. 『건착도』의 구궁설은 팔괘방위설(八卦方位設)의 한 형식이다. 주로 음양 2기의 운행과 팔괘와의 관계를 설명하는 설이다. 구궁 설은 태일(太一)이 1에서 9까지 음양 수의 차서에 따라 구궁 속에서 운행한다는 설이다.

구궁은 4정(正)과 4유(維)에 중궁(中宮)이 합하여 아홉이다. 따라서 태일이 구궁 속에서 운행함은 바로 팔괘 속에서 운행함이 된다. 坎宮 1에서 시작하여 坤宮 2, 震宮 3, 巽宮 4, 中宮 5, 乾宮 6, 兌宮 7, 艮宮 8, 離宮 9에 이르러 마감한다. 4정 4유의 방위와 배열된 숫자를 보면 종으로 합한 수도 15, 횡으로 합한 수도 15, 비켜 합한 수도 15이다.

구궁법은 오늘날은 주로 이사방위나 택일을 하는 데 사용되고 있다. 풍수지리에서는 첫째, 회두극좌(回頭剋坐)의 사용이다. 이는 사람은 누구나 태어나면서부터 머리를 둘 수 없다는 방위이다. 둘째, 택일을 하는 방법 중 『착맥부』에서도 중요시하고 있는 자백법은 구궁

---

134) 『錦囊經』, 「氣感篇」, "風水之法 得水爲上 藏風次之."

도를 활용하여 좋은 길일을 결정하는 법이다. 셋째, 양택 풍수이론 중 동·서사택법(東·西四宅法)에서 본명궁(本命宮)을 찾는 데 활용된다. 본명궁이란 사람이 태어날 때부터 본연의 방위 기운을 말한다. 넷째, 음택에서 망인을 안장할 경우 장혈의 깊고 얕음을 볼 때는 탐랑·무곡·파군·거문·우필·문곡·좌보·염정·녹존의 구성(九星)을 붙여서 구궁도를 활용하여 참고하는 등 다양하게 활용되고 있다.

第3篇 변괘편(變卦篇)

「변괘편」은『주역』에서 보이는 말이다. 음효(--)와 양효(-) 3개 합쳐 하나의 괘를 만들어 팔괘를 얻고, 팔괘를 다시 중첩해 64괘를 얻는다. 이것을 해석하여 음양변화의 원리를 연구하였으며 나아가 인간의 길흉을 점치기도 한다. 그런데 이 같은 음양의 변화나 길흉의 조화는 괘 효의 위치변화에 의한 것으로 위치에 따라 결과가 전혀 다르게 나타날 수 있다. 이처럼 괘 효가 상호 변화함으로써 새로운 괘를 나타내는 것을 변괘라고 한다. 「변괘편」에서는 괘의 변화에 따라 변화된 괘에 생기복덕, 구성 및 납갑을 적용하여 풍수지리의 논리에 다양하게 적용하고 있다.

第4篇 천성편(天星篇)

「천성편」에서는 각각의 구성에 대한 성정과 길흉화복과 발음 시기를 설명하고 있다. 또한, 구성에 대해 물과 사격도 연관을 지어서 길흉을 판단하고 있다. 예를 들어 탐랑성의 길흉과 이의 발응은 탐랑성이 목성이므로 목이 왕성한 방위·좌향·물·사격 또는 연·월·일·시를 얻으면 속발하고, 태세가 亥·卯·未거나 혹 寅·卯년이면 복이 응하는 해가 된다고 설명하고 있다. 탐랑, 거문, 무곡, 보필은 길한 것으로 염정, 문곡, 녹존, 파군은 흉한 것으로 본다. 여기에서 길흉화복 판단 방법은 다른 과거시험 과목에서 볼 수 없는 이론이다.

第5篇 납갑편(納甲篇)

「납갑편」에서는 위백양(魏伯陽)의 월체납갑(月體納甲)을 설명하고 있다. 납갑의 원리를 최초로 주장한 사람은 경방이다. 납갑이란 팔궁 괘를 각각 십간(干)에 배당하고 팔궁 괘의 각 효를 십이지(支)에 배당하는 것이다. 갑이 십간의 첫머리이므로 납갑이라 하고, 십이지에 배당하므로 납지라고 하는데, 통칭하여 납갑이라고 한다. 이 납갑에 의한 '정음정양이론'은 풍수지리 논리에서 아주 중요하게 많이 활용되고 있다.

第6篇 용호편(龍虎篇)

「용호편」에서는 청룡과 백호의 성정과 그에 따른 길흉화복을 설명하고 있다. 청룡은 남자를 상징하고 명예를 상징하고, 백호는 여자를 상징하고 재물을 상징한다. 여기서는 이를 보다 구체적으로 형상에 따른 길흉화복까지 설명하고 있다. 좋은 용호는 사람 몸의 팔꿈치 같아서 껴안은 듯, 읍한 듯하고, 서린 듯 둘러준 듯하면 모두 길하고, 버린 듯 달아난 듯하거나 창이나 칼날 같으면 모두 흉하다

고 본다. 또한, 용호를 삼등분하여 장자, 중자, 말자로 대비하여 길흉
도 점치고 있는 부분은 특이한 내용이다.

第7篇 혈맥편(血脈篇)

「혈맥편」에서는 풍수지리를 살피고 판단하는 데 돌과 흙과 물을
인체에 비유하여 설명하고 있다. 이는 다른 풍수서와 동일한 개념이
다. 즉, 석(石)을 뼈로 흙을 육(肉)으로 물을 혈(血)로 간주한다. 여기
서도 물을 혈로 간주하여 이의 성정과 모양과 흐름에 따른 길흉화복
을 설명하고 있다.

일반적으로 고전 풍수서에서 물의 판단은 굴곡하여 들어오든지
혈을 둥글게 환포하고 지나가면 길한 물로 판단하는데, 여기서는 무
엇보다도 천성을 중시하여 길흉을 판단하고 있다는 점이다. 즉, 탐
랑수, 거문수, 무곡수는 길하고 여타는 흉하게 보는 것이다. 그러나
중요한 것은 길한 천성이 임하는 방위에 대해 기준을 제시하지 않고
있다. 좌를 기준으로 하는지, 향을 기준으로 하는지 아니면 용을 기
준으로 하는지 등의 구별이 없다. 이에 대해서는 좀 더 연구가 필요
한 부분이다.

第8篇 명당편(明堂篇)

「명당편」에서는 명당의 형세에 따라 나타나는 길흉을 설명하고
있다. 또한, 명당에서 보이는 사격에 따른 길흉 역시 나타남을 설명
하고 있다.

第9篇 사신편(四神篇)

「사신편」에서는 사신사, 즉 청룡·백호·주작·현무의 모양에 따라 길흉이 나타남을 설명하고 있다.

第10篇 주객편(主客篇)

「주객편」에서는 산천을 살피는 경우 형세를 우선함을 설명하고 있다. 이는 곧 주객을 살피는 것으로 주산과 안산, 혈을 맺는 용과 물의 조화 또는 형국에서의 상대적인 사격 등 서로 대비되는 것끼리의 균형 있는 조화를 말한다. 특히 『동림조담』에서는 형국을 중심으로 하여 상대적인 유형으로써 판단하고 있다. 이러한 사고는 『청오경』, 『금낭경』, 『착맥부』 등 풍수 고서에서도 많은 내용이 나타나고 있어서 초기 풍수지리 논리는 주산과 안산, 주산과 물, 형국과 상대적인 사격의 상응하는 모습을 중시했음을 알 수 있다.

第11篇 근안편(近案篇)

「근안편」에서는 안산의 중요성에 대해 설명하고 있다. 안산은 현무·청룡·백호와 함께 풍수지리에서 중요한 네 가지 요소 중 하나이다. 안산 너머 멀리 떨어져 있는 또 하나의 산을 조산(朝山)이라 하는데, 이들을 모두 포함하여 안산, 조·안산 또는 남주작(南朱雀)이라 불린다. 안산은 혈 위에 있는 주산에 대하여 보통은 마주하고 대비되는 산으로 주산이나 혈에 대해 조공을 하는 모습이어야 한다.

그리고 안산의 모양을 다양하고 상세하게 표현하고 있는 부분은 다른 풍수서와 다른 점이다.

第12篇 원조편(遠朝篇)

「원조편」에서는 조산의 길흉을 설명하고 있다. 주산에 대해 조산들이 공읍하면 길하다. 산의 형세에 대해서는 사길과 오흉 산으로 분류하고 있다. 길한 산들이 중첩한 것은 더욱 좋고, 흉한 산들이 중첩하면 더욱 흉한 것으로 보고 있다. 조산은 좌우로 감싸주고 조공하며 배알해야 좋은 것이고, 그렇지 않고 곧게 앞으로 와서 무덤을 쏘고 그 형상이 괴이하고 악하면 좋은 조산이라 할 수 없다고 설명하고 있다.

第13篇 수구편(水口篇)

「수구편」에서는 득수와 파구에 대해 설명하고 있다. 수구는 파구(破口)라고도 불린다. 수구는 득수(得水)에서 시작하여 물이 흘러나가는 곳을 말하는데, 수구에 있는 산들에 의해 관쇄되어 수구 안에 있는 물이 빠져나가는 것이 보이지 않아야 길하다고 한다. 또한, 그렇게 되어 있어야 수구 안에 있는 명당과 혈의 좋은 기운도 새어나가지 않는 것으로 판단한다. 그리고 이 수구 편에서는 수구에 있는 산의 모형에 따른 길흉도 설명하고 있다. 즉, '산이 동어나 복부와 같으면 부자가 되고, 종을 엎어놓은 듯하면 귀하고, 붓 같으면 문관이 난다'와 같이 설명하고 있다. 좋지 않은 수구는 '수구가 소머리 같으면 독약에 중독되고, 줄 끈이 있으면 목매고, 칼이 겹치면 상사하게 된다'고 하였다.

第14篇 풍입편(風入篇)

「풍입편」에서는 바람의 길흉에 대해 설명하고 있다. 바람은 풍수지리에서 가장 꺼리는 요소 중 하나로, 바람은 기를 흩어버리기 때문이다. 이 편에서는 특히 팔방위서 불어오는 바람의 길흉을 자세하게 설명하고 있다.

第15篇 응룡편(應龍篇)

「응룡편」에서는 안산에서 수려한 산의 길흉을 설명하고 있다. 『명산론』에서는 "안산이 없으나 좌우 청룡백호가 싸안은 산을 응룡이라 부르는데, 응룡이면 자손이 충성하고 효도한다"고 하였다. 그러나 여기서는 구체적으로 "응룡이란 팔산이 서로 극하는 산이라고 한다. 가령 乾山은 離가, 坎山은 坤이, 艮山은 巽이, 震山은 兌가, 巽山은 乾이, 坤山은 巽이 응룡이다……"라고 하여 정확하게 이를 설명하고 있으며, 형세적으로도 "안산으로 보이는 방위가 조회하고 수려한 자가 응룡이며, 성이 길하면 이것이 관이 되고 성이 흉하면 이것이 귀가 되느니라"라고 호여 응룡의 길흉을 설명하고 있다.

第16篇 재혈편(裁穴篇)

「재혈편」에서는 혈을 잡는 법에서 산의 위치에 따른 길흉을 설명하고, 형세적 판단에서는 음래양수 또는 양래음수의 원칙에 따르고 있다. 또한, 혈 자리의 깊이와 얕은 것은 혈중 구성과 자백법으로 설명하고 있다. 이와 같은 이론은 다른 과거시험 과목에서 볼 수 없는 내용이다.

第17篇 절수편(折水篇)

「절수편」에서는 물의 길흉을 판단하는 방법에 대해서 설명하고 있다. 내룡이 오는 방위를 기준으로 물이 흘러가는 방위에 대하여 길흉을 판단한다. 발복의 장단은 내룡의 길이에 의해서 추정하는데 평지는 1보에 3년으로, 높은 곳에서 흘러내리는 물은 1보에 1년의 기준으로 판단한다는 방법을 제시하고 있다. 이러한 방법은 우리나라에서 내룡의 장단에 의해서만 발복의 기간을 추정하는 방법과 대조하여 앞으로 연구할 분야의 하나로서, 좋은 자료가 되리라고 생각한다.

第18篇 악석편(惡石篇)

「악석편」에서는 풍수지리를 살피는데 돌은 산의 뼈이기 때문에 없을 수가 없다. 그러나 악석은 흉한 것으로 판단하며 방위에 따라서도 길흉을 나타낸다. 방위를 봐서 1년에 1보씩 계산해서 태세가 임하면 재앙이 나타난다고 한다. 그러나 무덤에서 보이지 않으면 해가 되지 않는다고 본다.

第19篇 개지편(開地篇)

「개지편」에서는 광중을 열었을 때 혈에서 나오는 흙의 길흉에 대해서 설명하고 있다. 가장 좋은 흙은 오색을 겸비한 흙을 말한다. 오색이 아니더라도 밝고 윤택하고 신령스러운 물건과 같은 것들이 섞여 나오면 길하다고 본다. 산을 깎고 자리를 팔 때는 '회룡법'이 있다 하였는데 이를 자년은 일백, 축인은 팔백, 묘는 삼벽, 진사는 사록, 오는 구자, 미신은 이흑, 유는 칠적, 술해는 육백으로 설명하여 오늘날의 '자백법'을 활용하였음을 알 수 있다. 집을 짓는데도 길흉을 가리는 데는 천성을 강조하지만, 형세 판단을 중요시하고 있다.

第20篇 흉기편(凶忌篇)

「흉기편」에서는 묏자리나 집은 형세가 비록 좋더라도 10가지 흉이 있음을 설명하고 있다. 십흉은 천패(天敗), 천살(天殺), 육궁(六窮), 팔풍(八風), 구약(九弱), 수사(受死), 천옥(天獄), 천구(天狗), 천도(天都), 천조(天竈)로 모두 흉한 곳으로 묏자리나 집터로는 좋은 땅이 아니다. 또한, 물에 대해서도 악취와 불결한 물이 있으면 역적이나 흉한 상이며, 옛 무덤 밑에 장사하면 가장이 능멸당할 상이고, 절 뒤나 신당 앞에는 불의의 사고나 고생으로 죽는다고 하여 이러한 판단은 지금도 중요시하는 내용이다.

第21篇 도로편(道路篇)

「도로편」은 다른 고전 풍수서나 풍수 과거시험 과목에서 보기 어려운 이론이다. 오늘날 양택 풍수에서는 도로를 물과 같이 중시하고 음택 풍수에서는 크게 고려한 사항은 아니다. 음택 풍수에서는 혈장 주변의 사신사와 물의 흐름에 대해서 많은 이론이 있지만, 도로에 대해서는 『동림조담』에서 중요시하고 있음이 특이하다.

第22篇 오음편(五音篇)

「오음편」에서 오음은 궁(宮)·상(商)·각(角)·치(徵)·우(羽)를 말한다. 오늘날에도 풍수지리를 판단하는 데 오음이론을 적용하여 무슨 산은 무슨 성의 사람이 들어가야 한다는 등과 같은 논리이다. 그러나 여기서는 이를 강하게 부정하고 있고 오음의 사용은 산의 오음이지, 오성의 본음이 아니라는 것이다. 마땅히 천성을 위주로 하여 참작할 것이라고 하였다.

즉, 홍범오행을 오음에 적용하여 설명하고 있다. 坎, 寅, 辛, 戌, 甲, 辰, 申, 巽은 羽音에 속하고 乙, 丙, 離, 壬은 齒音에 속하고 艮, 震, 巳는 角音에 속하고 癸, 坤, 庚, 丑, 未는 宮音에 속하고 兌, 亥, 丁, 乾은 商音에 속하니, 이 팔괘에 속한 것이고 진실로 이치가 있는 것이다.

第23篇 오행편(五行篇)

「오행편」에서는 풍수지리에서 활용하고 있는 오행을 중심으로 설

명하고 있다. 『동림조담』에서는 산가의 오행이라 하여 팔괘에 정오
행을 배합하였고, 천성에 오행을 배합하였으며, 홍범오행을 사용하
고 있다. 길흉의 판단에서 오행의 왕방산을 중시하고 있으며 오행의
상생과 상극으로 길흉을 설명하고 있다. 또한, 물을 판단하는 데는
천성으로 사격 방위에 생기복덕의 이론, 즉 산의 방위를 팔괘(八卦)
에 배정하여 상·중·하 세 효(爻)의 변화로 길흉의 판단을 설명하
고 있다. 즉, 산과 물은 천성을 참작하여 길흉을 판단하는 기준으로
삼고 있다.

第24篇 복분편(覆墳篇)

「복분편」은 무덤의 길흉을 판단하는 법이다. 여기서는 먼저 사신
사를 살펴서 감싸 안아주고 따르며, 물이 수려하고 산이 장대하게
멀리서 왔는가를 판단한다. 만약 산의 형태가 추악하면 형상으로 흉
을 말하고, 물의 흐름이 흉하면 물을 가지고 흉을 말하며, 재혈을 잘
못하면 혈을 가지고 흉하다고 하여 세 가지를 살펴본 연후에 그 천
성의 소속된 것을 미루어 재앙과 복을 논할 수 있다고 하였다.

산을 판단하는 데는 사격의 형태가 특이한 경우 그 소재 방향과
보수로 살피는데 길흉은 태세가 임하는 때이다. 땅도 좋고 혈도 좋
고 물이 흉하면, 먼저 의식이 있으나 재앙을 면하지 못하고, 땅도 흉
하고 혈도 흉한데 물이 길하면 잠시 길하나 끝내 흉하다. 땅이 좋지
않으면 혈과 물이 좋더라도 오래오래 절손되지 않을 뿐이다. 그리고
대개 남자 자리는 세 아들 자리를 논하는데, 각 음은 寅·卯·辰으로
셋의 아들을 삼고, 치는 巳·午·未로 하고, 궁과 우는 亥·子·丑으

로 하고, 상은 辛·酉·戌로 한다. 그러나 산가의 오음으로 판단하면 기준이 된다. 왼편 팔로 남자를 삼고 오른편 팔로 여자를 삼으며, 구성을 참고해서 판단한다.

또한, 물이 좌측으로 흘러나가면 좌측의 팔과 다리의 안쪽이 첫째 장남, 앞면이 중남, 우측 팔은 삼남, 우측 팔과 다리 사이가 사남, 꼬리가 오남, 좌측 팔 안이 육남, 좌측 팔 끝이 칠남 자리가 된다. 흐르는 물이 우편으로 흘러나가면 이와는 반대이다. 그 혈이 장남의 위치를 돌아보지 아니하면 먼저 장남이 해를 입는다. 또한, 亥·卯·未가 중방, 巳·酉·丑이 소방, 申·子·辰이 사방, 寅·午·戌이 장방이 된다. 또는 乙·辛·丁·癸가 중방 부인이고, 甲·庚·丙·壬이 장방 부인이고, 乾·坤·艮·巽이 소방 부인이 된다. 이 모든 판단은 천성 구성을 살펴서 그 재앙과 길상을 결정하고 있다.

2. 洞林照膽 譯解

『地理全書 洞林照膽 卷上』
지리전서 동림조담 권상

審勢篇 第一
심세편 제일

營地之法 當四顧山川 中有特然蒼鬱之象 一起一伏 與諸阜 不侔
영지지법 당사고산천 중유특연창울지상 일기일복 여제부 불모
面有美麗之對 然後 寓意焉
면유미려지대 연후 우의언
登穴而望 主客[135] **有情 左右有輔 蜿蜿蜒蜒**[136] **前迎後擁 水口有山**
등혈이망 주객   유정 좌우유보 완완연연   전영후옹 수구유산
四圍有障 衆美俱集 此佳城[137] **也**
사위유장 중미구집 차가성   야

땅을 경영하는 법은 사방으로 산천을 둘러보았을 때 그중에 특별
히 울창한 기상이 있고, 한 번 일어나고 한 번 엎드리는 기세가 다른
언덕들과 다르며, 전면에 아름다운 안대가 있어야 하니, 그래야 (여
기에) 뜻을 두는 것이다.

혈에 올라가 바라보았을 때, 주객이 유정하고, 좌우가 서로 도와
주며, (지세가) 꿈틀꿈틀하듯이(연결되어) 앞에서는 맞이하고 뒤에
서는 옹호해주며, 수구에 산이 있으며, 사방이 병풍처럼 둘러싸이고,

---

135) 主客(주객): 주산과 객산, 즉 주산과 안산을 말한다.

136) 蜿蜒(완연): (길게 뻗쳐 있는 모양이)구불구불함.

137) 佳城(가성): '무덤'을 성에 비유(比喩·譬喩)하는 말. 또는 좋은 길지.

모든 좋은 것이 모여 있으면, 이곳이 아름다운 곳이다.

其水之出入 不卦而自吉 裁穴則繫乎人之能否 故有反吉而爲凶者
기수지출입 불괘이자길 재혈즉계호인지능부 고유반길이위흉자
至於單山獨壟 雖無左右輔 而有曲 流之水 遠山之左右①
지어단산독롱 수무좌우보 이유곡 류지수 요산지좌우
若地厚水深 亦不止一代之榮而已
약지후수심 역불지일대지영이이

① 謂作而有水回環 謂之水遠山頭僥出其後 自此以下 凡細字附于正文者 皆諸
本所有不敢輕去// 물이 둥글게 돌아 환포하고 있는 것과, 물이 산머리를
환포하며 뒤로 길게 흐르는 것을 이른다. 이 부분부터 이하의 본문에
덧붙여 작은 글자로 쓴 것은 모두 여러 본에 있는 것으로 함부로 가볍
게 없애지 마라.

그러한 곳에 물이 들어오고 나감은 점쳐보지 않더라도 길하지만,
혈을 정하는 것은 사람의 능력에 달렸으므로 길한 것이 도리어 흉한
것이 될 수도 있다.

외로운 산이나 외줄기의 언덕이 비록 좌우에서 도와주는 지맥이
없더라도 굽이굽이 흐르는 물이 산의 좌우를 둘러싸고 있거나, 혹은
땅이 두텁고 물이 깊다면 또한 한 세대의 번영으로 끝나지는 않을
것이다.

若中下之人 欲求財穀之地 不必皆如前所論
약중하지인 욕구재곡지지 불필개여전소론
但 山有來勢 水朝案近 包密而平衍 亦不必雄拔[138] 尖秀[139]
단 산유래세 수조안근 포밀이평연 역불필웅발   첨수

---

138) 雄拔(웅발): 여럿 중에서 뛰어남.
139) 尖秀(첨수): 산봉우리가 빼어나다.

苟無凶形 亦爲吉地
구무흉형 역위길지

만일 중인 이하의 사람이 재물과 곡식을 얻을 수 있는 땅을 구하려고 한다면 반드시 앞에서 말한 것과 같을 필요는 없다.

단지 산이 뻗어온 기세가 있고, 물이 조공하고 안산이 가까이 있으며, 긴밀하게 싸안고 평평하면 되지, 반드시 힘차게 솟아나고 빼어날 필요는 없다.

단지 흉한 형상만 없으면 또한 길한 땅이 된다.

若長壽之山 以五行所生 與巨文星 推之可也
약장수지산 이오행소생 여거문성 추지가야
主山 或以雄秀 或以平坦 觀其來勢如何耳
주산 혹이웅수 혹이평탄 관기래세여하이
主有情 客不住 審其客 以知其主
주유정 객불주 심기객 이지기주

장수하게 해주는 산은 오행이 생하는 것과 거문성으로 추산하면 된다.

주산은 웅장하고 빼어난 모습이거나 혹은 평탄하며 그 뻗어오는 세력이 어떠한가를 관찰하여야 한다.

주산이 유정한데 안산의 기세가 멈추지 않는다면 그 안산을 살펴서 주산을 알 수가 있다.

凡山勢 數支並下 以中爲主 並長以短者爲勝 並短以長者爲强
범산세 수지병하 이중위주 병장이단자위승 병단이장자위강

並大則小者爲貴 並小則大者爲良
병대칙소자위귀 병소즉대자위양
其曲直肉石雌雄 亦準此爲主
기곡직육석자웅 역준차위주

   무릇 산세는 여러 가지가 함께 뻗어 내려오면, 가운데가 주가 되고, 모든 줄기가 길면 짧은 것이 뛰어난 줄기이며, 모든 줄기가 짧으면 긴 줄기가 강한 것이고, 모두가 크면 작은 줄기가 귀하며, 모두가 작으면 큰 줄기가 좋은 줄기이다.
   굽은 것과 곧은 것, 흙 있는 산과 돌 많은 산, 암컷 산과 수컷 산도 이에 준하여 주를 삼는다.

凡來山 欲磊落特達而遠 不欲其綠繞而多支
범래산 욕뢰낙 특달이원 불욕기료요이다지
多支則精粹不聚 來勢 欲其稍雄 落勢 欲其和順
다지즉정수불취 래세 욕기초웅 낙세 욕기화순
欲端而不欲直 直則人離 欲住而不欲如吐 吐則人亡②
욕단이불욕직 직즉인이 욕주이불욕여토 토즉인망
② 謂如舌之吐也// 혀를 내미는 것 같음을 말한다.

   무릇 뻗어오는 산은 우뚝우뚝 솟아 시원스럽게 멀리 뻗어야지, 산줄기가 얽히고설키면서 많으면 안 된다.
   산줄기가 많으면 산의 순수한 기운이 모이지 않는다.
   뻗어오는 기세는 자못 힘차야 하고, 떨어진 형세는 화순해야 한다.
   (산줄기는) 단정해야지 곧게 뻗으면 안 되는데, 곧으면 사람이 이별하게 되고, 그 형세가 멈춘 듯해야지 혀를 내뱉는 모습이면 안 된다. 혀를 내뱉는 모습이면 사람이 죽을 것이다.

山 雖長而不欲偪側 偪側則安穴不穩

산 수장이불욕핍측 핍측즉안혈불온

雖小而不欲如繩 如繩則多主憂傷

수소이불욕여승 여승즉다주우상

故險側之內 崖石之中 不可置穴

고험측지내 애석지중 불가치혈

如有形者 前迎後擁則吉

여유형자 전영후옹즉길

當一穴之左右 名曰 五鬼官國140)③ **忌凶水衝激 忌崖石尖射**

당일혈지좌우 명왈 오귀관국　　　기흉수충격 기애석첨사

③ 非五奇 所謂五鬼也// 오기가 아니고 오귀를 말한다.

산이 비록 장대하더라도 가까이서 핍박하는 것 같지 않아야 한다. 가까이서 핍박하는 듯하면 혈이 평온하지 못하게 된다.

비록 산이 작더라도 새끼줄 같으면 안 된다. 새끼줄 같으면 우환과 사람이 다치는 일이 많기 때문이다.

그러므로 험준하거나 기울어져 있는 곳이나 깎아지른 벼랑에는 혈을 안치하지 않는다.

형세가 있다면 앞에서 맞이하고 뒤에서는 감싸는 듯한 모습이 길지이다.

한 혈의 좌우를 오귀방 관국방이라고 하는데, 흉수가 거세게 부딪치는 것과 깎아지른 바위나 뾰족한 산이 찌르는 것을 꺼린다.

主山之落 有急如投者④ 有平如臥者 有傾如卸者 有高如崖者

주산지락 유급여투자　　유평여와자 유경여사자 유고여애자

---

140) 五鬼方; 이사(移徙)할 때, 방위(方位)를 보는 구궁수(九宮數)의 하나. 불길(不吉)한 방위(方位)로 침. 官國方; 이사(移徙)할 때, 방위(方位)를 보는 구궁수(九宮數)의 하나. 길(吉)한 방위(方位)로 침. 현재는 관인방(官印方)으로 사용.

有尖如槍者 皆不可用也
유첨여창자 개불가용야
其聚는 欲其不迫 其行 欲其不妄⑤ 其彎 欲其如槃 其住 欲其如伏
기취는 욕기불박 기행 욕기불망　기만 욕기여반 기주 욕기여복
名曰伏勢
명왈복세
④ 投水也// 물이 떨어지는 것을 말한다.
⑤ 不別佳也// 유별나게 아름답지 않은 것이다.

　주산의 낙세는 내던지듯이 급한 경사가 있고, 평평하여 누운 것 같은 것도 있으며, 기울어서 떨어진 듯한 것도 있고, 깎아지른 언덕처럼 높은 것도 있으며, 창처럼 뾰족한 것도 있으니 모두 혈로 쓸 수가 없다.

　(산이) 모이는 것이 급박하지 않아야 하고, (산이) 움직이는 것이 지나치게 크지 않아야 하며, (산이) 굽어지는 곳은 마치 쟁반 같아야 하고, (산이) 멈추는 곳은 엎드린 듯해야 하는데 그런 곳을 복세라고 부른다.

凡山勢結集 有落穴處 亦不問山爲落爲住 以山之不可縶語也
범산세결집 유락혈처 역불문산위락위주 이산지불가개어야
觀山大略 不過如此
관산대략 불과여차
至於平原廣野 茫然數百步⑥之遠 視水所歸 則知來山矣
지어평원광야 망연수백보　지원 시수소귀 즉지래산의
左右岡阜 拱揖分明 可以 藏車隱馬 有盤曲之水 朝向之流
좌우강부 공읍분명 가이 장차은마 유반곡지수 조향지류
此亦第一地也
차역제일지야
⑥ 一作里// 어디에는 '里'로 되어 있다.

무릇 산의 형세가 결집하고 혈을 이룬 곳이 있다면, 산이 떨어지거나 멈춘 것을 크게 따지지 않는다. 산에 대해서는 개괄적으로 말할 수가 없기 때문이다.

산을 보는 것의 대략은 이러함에 불과하다.

평평하고 넓은 들녘이 수백 보나 되어 아득할지라도 물길이 어디로 가는지를 본다면 산이 어디서 왔는지를 알 수 있다.

좌우의 언덕이 공손하게 인사하는 듯하고, 수레를 감추고 말을 숨길 만하고 굽이굽이 서린 물이 모여들고, 알현하는 것 같은 물의 흐름이 있다면, 이곳 역시 으뜸가는 혈지이다.

故高山平原 本無二說 要以形勢爲本
고고산평원 본무이설 요이형세위본
觀其來歷綿遠 氣象環合 無懸崖崩山之害 無斷塋橫塹之絶 乃叶吉卜
관기래역면원 기상환합 무현애붕산지해 무단롱횡참지절 내협길복
故陰陽家 貴於心得意解 不可執一偏之論
고음양가 귀어심득의해 불가집일편지론

이 때문에 높은 산과 평평한 곳은 본래 별개의 학설이 아니다. 중요한 것은 형세로 근본을 삼아야 한다.

그 산이 뻗어온 곳이 멀고, 땅의 기운과 형상이 두루 감싸서 합해지고, 깎아지른 듯한 절벽과 무너질 듯한 산이 없고, 끊어진 용이나 옆으로 갈라진 곳이 없어야 길복의 땅이 된다.

그러므로 음양가는 마음과 뜻으로 얻고 이해해야지 하나의 이론에 집착하면 안 된다.

凡山 有頭有乳 有腰有脚 所當審察也
범산 유두유유 유요유전 소당심찰야

來山 雖非特達⑦ 而其勢 起而伏 首昂而下 一下而中平 平而又起
내산 수비특달   이기세 기이복 수앙이하 일하이중평 평이우기

亦是有力之地
역시유력지지

左右前後 原隰相當 乃可用也
좌우전후 원습상당 내가용야

如相平地之法 四顧 審其土脈 觀其流泉 得水爲上也
여상평지지법 사고 심기토맥 관기유천 득수위상야

⑦ 一作雖非遠來// 어디에는 "비록 먼 곳에서 오지 않았어도"로 되어 있다.

무릇 산이란 머리와 젖이 있고, 허리와 다리가 있으니, 마땅히 잘 살펴야 한다.

뻗어오는 산이 비록 크지 않아도 그 산세가 일어났다가 엎드리고 머리를 들었다가 수그리기도 하며, 한 번 내려갔다가 중간에는 평탄해지고 평탄해졌다가 또 일어나기도 한다면 역시 힘이 있는 땅이니, 전후좌우에 언덕과 물길이 적당하다면 사용할 수 있다.

평지를 보는 법은 사방을 돌아보면서 그 땅의 맥을 살피고, 그 흐르는 물을 잘 관찰하는데, 물을 잘 얻는 것이 최고이다.

九宮篇 第二
구궁편 제이

漢代 張子房①141) 最精於數 每言九宮之法 經天驗地之要
한대 장자방   최정어수 매언구궁지법 경천험지지요

---

141) 張子房(?~B.C. 168): 중국(中國) 전한(前漢) 창업(創業) 공신(功臣). 한(韓)의 세족(世族). 자는 자방(子房). 이름은 장양(張良)이다. 진승(陳勝) 오광(吳廣)의 난이 일어났을 때 유방의 진영에 속하였으며, 고조 유방을 도와 한나라 창업에 힘썼다. 선견지명이 있는 책사(策士)로서 소하, 한신과 함께 한나라 창업의 삼걸(三傑)로 불린다.

予按 易之乾鑿度[142] 曰太乙 取其數 下行九宮 鄭司農[143]
여안 역지건착도　 왈태을 취기수 하행구궁 정사농

謂太乙者[144] 北辰名也
위태을자　 북진명야

下行八卦之宮 每四九還於中央 中央者 地神之所居 故謂之九宮
하행팔괘지궁 매사구환어중앙 중앙자 지신지소거 고위지구궁

① 一作張平子// 어디에는 '장평자'로 되어 있다.

　한나라 때의 장자방은 수리에 가장 정통했는데, 늘 말하기를 구궁
법이 하늘을 다스리고 땅을 증험하는 요점이라고 말하였다.
　『주역』의 『건착도』를 살펴보면, "태을은 그 숫자를 취하니, 아래
에서는 구궁에 행한다"라고 하였는데, 정사농이 말하기를, "태을이
란 북극성의 이름이다. 아래로 팔괘의 궁을 순행하는데 매번 4와 9
의 궁을 거쳐 중앙으로 돌아간다. 중앙은 지신이 거처하는 곳이므로

---

142) 『건착도(乾鑿度)』는 『역위(易緯)』 가운데 대표작이다. 그 가운데 많은 관점은 『경씨역전(京氏
易傳)』을 해석하고 규명하였으며, 중심사상은 괘기설이다. 『건착도(乾鑿度)』의 중요한 역학이
론으로는 역에 대한 세가지설의 존재, 태역설, 팔괘방위설, 구궁설, 효진설 등이 있다.

143) 정사농(鄭司農, 미상~83): 후한(後漢)시대의 유학자인 정중(鄭衆)을 이름. 정중(鄭衆)은 후한
하남(河南) 개봉(開封) 사람. 자는 중사(仲師)고, 정흥(鄭興)의 아들이다. 경학자들은 선정(先
鄭)이라 부르고, 정현(鄭玄)을 후정(後鄭)이라 부른다. 중랑장(中郎將)과 대사농(大司農) 등을
지내 정사농(鄭司農)으로 불리면서 환관이었던 정중과 구별했다. 아버지의 춘추좌씨학을 계
승했고, 『주역』과 『시경』, 『주례』, 『국어(國語)』 및 역산(曆算)에도 밝았다. 명제(明帝) 때 급
사중(給事中)이 되어 흉노(匈奴)에 사신을 다녀왔는데, 배례(拜禮)를 하지 않아 선우(單于)의
화를 촉발해 억류되었다. 이에 칼을 뽑아 들고 맹세하며 굽히지 않았다. 장제(章帝) 때 대사
농이 되었는데, 청렴한 것으로 칭송을 들었다.
　　저서에 『춘추난기조례(春秋難記條例)』와 『춘추산(春秋删)』 등이 있었지만 모두 없어졌다.
현존하는 저서로 옥함산방집일서에 수록된 『주례정사농해고(周禮鄭司農解詁)』와 『정중춘추첩
례장구(鄭衆春秋牒例章句)』와 『정씨혼례(鄭氏婚禮)』, 『국어장구(國語章句)』와 옥함산방집일서
속편에 수록된 『주역정사농주(周易鄭司農注)』, 『모시선정의(毛詩先鄭義)』가 있다.

144) 태을(太乙): ① 별자리 이름. 자미원(紫微垣)에 속하는 태일(太一)의 딴 이름. 도교(道教)에서는
천제(天帝)가 머문다고 믿는 태을성(太乙星: 북극성)을 말하는데, 병란(兵亂)과 재화(災禍) 및
생사(生死)를 관장한다고 함. ② 북극(北極), 즉 천극(天極)의 신(神)을 가리키는 말. 천지만물
의 출현 또는 성립의 근원인 우주의 본체를 인격화한 천제(天帝)·천황대제(天皇大帝)를 뜻하
기도 함. ③ 구궁법(九宮法)에서 길흉을 점칠 때, 배치하는 구성(九星)의 하나. 음양도(陰陽道)
에서는 해와 달은 1년에 12번 서로 만나며 그중 7월에 만나는 곳이 태을로 사방위(巳方位)에
해당함.

그곳을 구궁이라고 부른다"라고 하였다.

天數 以陽出而陰入 陽起于子 陰起于午
천수 이양출이음입 양기우자 음기우오
是以 太乙 行九宮 自坎宮始 自此而行於坤宮 又自此而行於震宮
시이 태을 행구궁 자감궁시 자차이행어곤궁 우자차이행어진궁
又自此而行於巽宮 所行者半矣 還息於中央 旣而從乾宮始
우자차이행어손궁 소행자반의 환식어중앙 기이종건궁시
又自此而行於兌宮 又自此而行於艮宮 又自此而行於離宮 行則周矣
우자차이행어태궁 우자차이행어간궁 우자차이행어이궁 행즉주의
上遊息於太乙之宮 而反於紫極 下行起於坎宮而終於離也
상유식어태을지궁 이반어자극 하행기어감궁이종어이야

천수는 양수에서 나와 음수로 들어가는 것이니, 양수는 자에서 시
작하고, 음수는 오에서 시작한다.

그러므로 태을이 구궁을 행할 때 감궁에서 시작하고, 곤궁으로 순
행하며, 진궁으로 순행하며, 또 손궁으로 순행하면 순행한 곳이 절
반이 되므로 중앙에서 쉰다.

이어서 건궁에서 시작하여 다시 태궁으로 순행하고, 다시 간궁으
로 순행하며, 또 이궁으로 순행하는데, (이궁까지) 순행하면 한 바퀴
를 일주한 것이다.

위로 태을궁으로 올라가 쉬었다가 자궁으로 돌아오고, 아래로 감
궁에서 순행을 시작하여 이궁에서 순행이 끝난다.

嘗以數考之 蓋河圖天地之數也 天地之數十有五 故九宮之數
상이수고지 개하도천지지수야 천지지수십유오 고구궁지수

旁斜横直取之皆十五也

방사횡직취지개십오야

北斗七星之樞機 陰陽之原本 運乎天中 以臨制四方而建四時

북두칠성지추기 음양지원본 운호천중 이임제사방이건사시

均五行也

균오행야

輔則傳乎闓陽而佐斗成功者也 弼則道家者流飛步之躔 以爲當貴人

보즉전호개양이좌두성공자야 필즉도가자유비보지전 이위당귀인

星上一星是也

성상일성시야

貴人則斗星第三星 所謂機星者 雖不經見 要以輔弼 爲斗之使耳

귀인즉두성제삼성 소위기성자 수불경견 요이보필 위두지사이

일찍이 수리로써 고증해보면 대개 하도에 나타난 천지의 숫자와 같다. 천지의 수는 15이다. 그러므로 구궁의 숫자를 사선·횡선·직선으로 더해보면 모두 합이 15가 된다.

북두칠성의 중추는 음양의 근본으로 하늘 한가운데를 운행하여 사방에 임하여 다스리고 사계절을 만들며 오행을 고르게 한다.

보성은 개양성에 전하여 북두칠성을 도와서 성공하게 하는 별이고, 필성은 곧 도가에 속하는 별로 황도를 아주 빨리 지나가는데 귀인성의 위에 있는 별이 이것이다.

귀인성이란 북두칠성의 세 번째 별인데, 이른바 기성이라는 것이다. 비록 보이지는 않지만, 북두칠성을 보필하여 북두칠성의 사신 노릇을 한다.

『黃帝經』曰 北斗 第一天樞星 則陽之魂精也

황제경 왈 북두 제일천추성 즉양지혼정야

第二天璇星　則陰之魂精也
제이천선성　즉음지혼정야
第三天機星　則貴星之魂精也
제삼천기성　즉귀성지혼정야
第四天權星　則玄冥之魂精也
제사천권성　즉현명지혼정야
第五玉衡星　則丹元之魂精也
제오옥형성　즉단원지혼정야
第六闓陽星　則北極之魂精也
제육개양성　즉북극지혼정야
第七瑤光星　則天關之魂精大明也
제칠요광성　즉천관지혼정대명야
第八洞明星　則輔星之魂精陽明也
제팔동명성　즉보성지혼정양명야
第九隱元星　則弼星之魂精明靈也
제구은원성　즉필성지혼정명령야

『황제경』에서 말하였다. 북두칠성의 첫 번째 별은 천추성인데 양의 혼정이다.

　두 번째 별은 천선성인데 음의 혼정이다.

　세 번째 별은 천기성인데 귀성의 혼정이다.

　네 번째 별은 천권성인데 현명의 혼정이다.

　다섯 번째 별은 옥형성인데 곧 단원의 혼정이다.

　여섯 번째 별은 개양성인데 곧 북극의 혼정이다.

　일곱 번째 별은 요광성인데 곧 천관의 혼정이며 대명의 자리이다.

　여덟 번째 별은 통명성인데 곧 보성의 혼정이며 양명의 자리이다.

　아홉 번째 별은 은원성인데 필성의 혼정이며 명령의 자리이다.

故郭璞[145]取河圖天地之數 自太乙而所行之宮寓之

고곽박   취하도천지지수 자래을이소행지궁우지

以貪巨祿文廉武破與輔弼之星 覆①于二十四山 以審向背

이탐거녹문염무파여보필지성 복   우이십사산 이심향배

以斷吉凶焉

이단길흉언

曾楊一丘延翰[146) 亦謂八卦之位

증양일구연한   역위팔괘지위

通乎九宮之氣 因作隱語 而詞氣鄙俚 文不逮意 時師 往往妄意穿鑿

통호구궁지기 인작은어 이사기비리 문불체의 시사 왕왕망의천착

增添句語

증첨구어

以臆說號青囊 不知九宮所屬之宮 果何從而得也

이억설호청낭 부지구궁소속지궁 과하종이득야

故予得備論之

고여득비논지

① 一作臨// 어디에는 '臨'으로 되어 있다.

그래서 곽박은 하도에 나타난 천지의 수를 태을이 운행하는 궁부
터 붙였다.

탐랑성 · 거문성 · 녹존성 · 문곡성 · 염정성 · 무곡성 · 파군성 · 보

---

145) 곽박(郭璞): 자 경순(景純). 문희(聞喜: 山西省) 사람. 원제(元帝: 司馬睿) 때 저작좌랑(著作佐
郎)과 상서랑(尙書郎)을 역임하였으며, 나중에 정남대장군(征南大將軍) 왕돈(王敦)의 기실참군
(記室參軍)이 되었는데, 왕돈이 무창(武昌)에서 반란을 일으켰을 때 반대하였다가 살해당하였
다. 유곤(劉琨: 越石)과 더불어 서진(西晉) 말기부터 동진(東晉)에 걸친 시풍(詩風)을 대표하는
시인이다. 시에는 노장(老莊)의 철학이 반영되어 있으며,『유선시(遊仙詩)』14수가 특히 유명
하다. 부(賦)에서는『강부(江賦)』가 널리 알려져 있다.『이아(爾雅)』,『산해경(山海經)』,『방언
(方言)』,『초사(楚辭)』등에 주(註)를 달았다. 풍수지리에서는『장경(葬經)』일명 금낭경(錦囊
經)』을 저술하였다.

146) 증양일(曾楊一): 중국의 건창인(建昌人)으로『심룡기(尋龍記)』를 저술하였는데 이는 풍수지리
학(風水地理學)에 관한 술서(術書)이다. 현재 전하지 않음. 풍수학에서 용은 산의 정상으로부
터 사방으로 뻗어간 줄기를 말하는 것으로 혈을 찾는 내용일 것으로 추정. 조선시대 지리학
의 과거시험 과목 가운데 하나임. "용례지리학은…… 입시가 심룡기 이순풍…… <이상은 임문
으로 한다.>……을 시험 보인다." (地理學……入試歌 尋龍記 李淳風……<以上臨文>) [경국대전
예전 취재].

성·필성을 24산에 적용하여 산의 향과 배를 살피고, 길흉을 판단하였다.

중양일과 구연한 선생도 또 팔괘의 위치가 구궁의 기와 통한다고 하여 은어를 지었는데, 단어가 비루하고 문장이 뜻에 미치지 않아서, 당시의 지관들이 종종 잘못된 뜻을 천착하고, 구절들을 첨가하여 억지스러운 말로 『청낭』이라고 하였는데, 구궁에 소속되어 있는 궁이 과연 어디에서 얻은 것인지를 알지 못한 것이다.

이 때문에 내가 구궁의 학설을 갖추어서 논한 것이다.

變卦①篇 第三
변괘편 제삼

① 天星訣// 천성결

乾 天也 主乎動 故 向與水 取象焉
건 천야 주호동 고 향여수 취상언
坤 地也 主乎靜 故 坐與山 取法焉
곤 지야 주호정 고 좌여산 취법언
故 天卦 從乾 地卦 從坤
고 천괘 종건 지괘 종곤

건괘는 하늘이니 동을 주관하므로 향은 물과 같은 상을 취한다.
곤괘는 땅이니 정을 주관하므로 좌는 산과 같은 법을 취한다.
그러므로 천괘는 건의 이치를 따르고, 지괘는 곤의 이치를 따르는 것이다.

天卦 從乾
천괘 종건

一變上爲 生氣兌☱ 兌丁巳酉丑 得貪狼 入中宮
일변상위 생기태☱ 태정사유축 득탐랑 입중궁

二變中爲 天醫震☳ 震庚亥卯未 得巨門 入中宮
이변중위 천의진☳ 진경해묘미 득거문 입중궁

三變下爲 絶體坤☷ 坤乙 得祿存 入中宮
삼변하위 절체곤☷ 곤을 득녹존 입중궁

四變中爲 遊魂坎☵ 坎癸申子辰 得文曲 入中宮
사변중위 유혼감☵ 감계신자진 득문곡 입중궁

五變上爲 五鬼巽☴ 巽辛 得廉貞 入中宮
오변상위 오귀손☴ 손신 득염정 입중궁

六變中爲 福德艮☶ 艮丙 得武曲 入中宮
육변중위 복덕간☶ 간병 득무곡 입중궁

七變下爲 絶命離☲ 離壬寅午戌 得破軍 入中宮
칠변하위 절명이☲ 이임인오술 득파군 입중궁

八變中復爲 本宮乾☰ 乾甲 得右弼 入中宮
팔변중복위 본궁건☰ 건갑 득우필 입중궁

천괘는 건괘를 따른다.

첫 번째 상효가 변하면 생기요, 태괘며 태정사축으로, 탐랑으로 중궁에 들고,

두 번째 중효가 변하면 천의요, 진괘며 진경해미로, 거문으로 중궁에 들고,

세 번째 하효가 변하면 절체요, 곤괘며 곤을로, 녹존으로 중궁에 들고,

네 번째 중효가 변하면 유혼이요, 감괘며 되어 감계신진으로, 문곡으로 중궁에 들고,

다섯 번째 상효가 변하면 오귀요, 손괘며 손신으로, 염정으로 중궁에 들고,

여섯 번째 중효가 변하면 복덕이요, 간괘며 간병으로, 무곡으로 중궁에 들고,

일곱 번째 하효가 변하면 절명이요, 이괘며 이임인술로, 파군으로 중궁에 들고,

여덟 번째 중효가 변하면 본궁이요, 건괘며 건갑으로, 우필로 중궁에 든다.

地卦 從坤
지괘 종곤

一變上爲 生氣艮☶ 艮丙 得貪狼 入中宮
일변상위 생기간☶ 간병 득탐랑 입중궁

二變中爲 天醫巽☴ 巽辛 得巨門 入中宮
이변중위 천의손☴ 손신 득거문 입중궁

三變下爲 絶體乾☰ 乾甲 得祿存 入中宮
삼변하위 절체건☰ 건갑 득녹존 입중궁

四變中爲 遊魂離☲ 離壬寅午戌 得文曲 入中宮
사변중위 유혼이☲ 이임인오술 득문곡 입중궁

五變上爲 五鬼震☳ 震庚亥卯未 得廉貞 入中宮
오변상위 오귀진☳ 진경해묘미 득염정 입중궁

六變中爲 福德兌☱ 兌丁巳酉丑 得武曲 入中宮
육변중위 복덕태☱ 태정사유축 득무곡 입중궁

七變下爲 絶命坎☵ 坎癸申子辰 得破軍 入中宮
칠변하위 절명감☵ 감계신자진 득파군 입중궁

八變中復爲 本宮坤☷ 坤乙 得左輔 入中宮
팔변중복위 본궁곤☷ 곤을 득좌보 입중궁

지괘는 곤을 따른다.

첫 번째 상효가 변하면 생기요, 간괘며 간병으로, 탐랑으로 중궁에 들고,

두 번째 중효가 변하면 천의요, 손괘며 손신으로, 거문으로 중궁에 들고,

세 번째 하효가 변하면 절체요, 건괘며 건갑으로, 녹존으로 중궁에 들고,

네 번째 중효가 변하면 유혼이요, 이괘며 이임인술로, 문곡으로 중궁에 들고,

다섯 번째 상효가 변하면 오귀요, 진괘며 진경해미로, 염정으로 중궁에 들고,

여섯 번째 중효가 변하면 복덕이요, 태괘며 태정사축으로, 무곡으로 중궁에 들고,

일곱 번째 하효가 변하면 절명이요, 감괘며 감계신진으로, 파군으로 중궁에 들고,

여덟 번째 중효가 변하면 본궁이요, 곤괘며 곤을로, 좌보로 중궁에 든다.

天卦之乾山 則獨以右弼 臨中宮 地卦之坤山 則獨以左輔 臨中宮 何也
천괘지건산 즉독이우필 임중궁 지괘지곤산 즉독이좌보 임중궁 하야
蓋八九者 老陰陽之數也 數至此而極則變生焉
개팔구자 노음양지수야 수지차이극즉변생언
故天卦 起於九而地卦 起於八也
고천괘 기어구이지괘 기어팔야
二卦旣變而 地理之能事畢矣
이괘기변이 지리지능사필의

故曰乾坤 陰陽之門戶 衆卦之父母也
고왈건곤 음양지문호 중괘지부모야

천괘인 건산은 홀로 우필로써 중궁에 임하고, 지괘인 곤산은 홀로
좌보로써 중궁에 임하게 됨은 어찌 된 것인가?

대개 팔과 구는 노음과 노양의 수로써 수가 여기에 이르면 극해서
변이 생긴다.

그러므로 천괘는 구에서 일으키고 지괘는 팔에서 일으킨다.

두 괘가 이미 변하면 지리의 능사가 끝난다.

그러므로 건곤이라는 것은 음양의 문호이고 모든 괘의 부모이다.

曾楊一之地母 丘延翰之八幹 蓋亦本於此 慳詞隱語 後人皆無師承
증양일지지모 구연한지팔간 개역본어차 간사은어 후인개무사승
復泥於五音
복니어오음
不知二十四山 皆有可用之理 良可嘆也
불지이십사산 개유가용지리 양가탄야

증양일의 지모와 구연한의 팔간이 다 여기에 근거하였는데, 문장
을 감추고 말을 비밀로 하여 후세 사람이 이어받지 못하였고, 또 오
음 설에 빠져서 24산에 쓸 수 있는 이치가 있음을 알지 못하였으니
진실로 탄식할 일이다.

天星篇 第四
천성편 제사

貪狼 在天卦爲兌 在地卦爲艮 爲旺龍 爲一木星 爲天尊 爲生氣①
탐랑 재천괘위태 재지괘위간 위왕룡 위일목성 위천존 위생기

爲小子 爲橫龍
위소자 위횡룡

爲孝友 爲聰明 因公進財 田蚕成熟 登科喜慶之事②
위효우 위총명 인공진재 전천성숙 등과희경지사

其臨水也 黃金如玉 紫茜遶槨 子孫富貴 如居重福 則代代昌榮也
기임수야 황금여옥 자천요곽 자손부귀 여거중복 즉대대창영야

① 萬物受氣之始 故云生氣// 만물이 기를 받는 시작이므로 생기라고 한 것이다.

② 皆主之主發也// 모두 주하고, 주로 발하는 것이다.

탐랑이 천괘에 있어서는 태가 되고 지괘에 있어서는 간이 되니, 왕룡이고, 목성이고, 천존이고, 생기이고, 소자고, 횡룡이고, 효도하고 우애가 있으며 총명하다. 공사로 인하여 재물이 더하고 잠업이 잘되며 과거에 급제하는 경사가 있다.

그 방위에 물이 임하면 황금과 옥 같은 붉은 꼭두서니가 관을 둘러싸며, 자손이 부귀하고, 만일 거듭하여 복을 만나면 대대로 번창한다.

若居兌艮二山③ 或坐或向 得貪狼 故曰重福
약거태간이산 혹좌혹향 득탐랑 고왈중복

又坎山坐艮 坤山坐兌 亦曰重福 他山 觸類以推
우감산좌간 곤산좌태 역왈중복 타산 촉류이추

若兌艮 臨丙丁 曰陰陽相見④ 吉凶 以星主之 山之朝 亦然 此山
약태간 임병정 왈음양상견 길흉 이성주지 산지조 역연 차산

若與廉貞山 齊壯者 亦曰交互 然多成敗也
약여염정산 제장자 역왈교호 연다성패야
若得木旺之方 與年月日時者 爲福甚速 無氣則差緩
약득목왕지방 여년월일시자 위복심속 무기즉차완
然以太歲亥卯未 或寅卯年 爲福應之年也⑤
연이태세해묘미 혹인묘년 위복응지년야

③ 兌在天卦爲貪 艮在地卦爲貪// 태는 천패로 탐이 되고, 간은 지패로 탐이
   된다.
④ 兌山丁 艮山丙 他倣此// 태산에 정이고 간산에 병이니 다른 것도 이와
   같다.
⑤ 木雖主三六九 然 亦用太歲加之 其五兌之星 不異此也// 목은 3·6·9[147)]
   를 주하지만 태세가 가임했으니 오흉의 별이 이와 다르지 않다.

　만일 태와 간 두 산이 혹은 좌가 되고 혹은 향이 되면 탐랑을 얻
은 고로 복이 겹쳐 있다 한다. 또한 감산에 간좌와 곤산에 태좌도 복
이 겹친 것이니 다른 산도 유추할 수 있다.

　만일 태와 간이 병과 정에 임하면 음과 양이 서로 보는 것이다.
길흉은 별로써 주관하니 산의 조함도 그러하다.

　이 산이 만일 염정산과 나란히 성하여도 서로 교제한다 할 수 있
으나 성패가 많을 것이다.

　만일 목이 왕성한 방위나 연·월·일·시를 얻은 자는 발복이 매
우 빠르고, 기운이 없으면 조금 더디다.

　하지만 태세가 해·묘·미거나 혹 인·묘·년이면 복이 응하는
해가 된다.

---

147) 3·6·9 삼합 乾·甲·丁의 구궁 수, 즉 甲궁3·乾궁6·離궁9.

巨門 在天卦爲震 在地卦爲巽 爲生龍 爲一土星 爲地福 爲天醫⑥
거문 재천괘위진 재지괘위손 위생룡 위일토성 위지복 위천의
爲中子 爲神童⑦
위중자 위신동
爲忠信 爲衣食 爲庫藏 爲色衣 爲伎藝 爲長壽 君子進官 小人進財
위충신 위의식 위고장 위색의 위기예 위장수 군자진관 소인진재
其應用之期 常以辰戌丑未之年⑧ 若震巽二山 巨門水 或震巽二水
기응용지기 상이진술축미지년 약진손이산 거문수 혹진손이수
有巨門山朝
유거문산조
長壽聰明 進橫財也
장수총명 진횡재야

⑥ 萬物 賴土發生以全其命 故曰天醫// 만물이 흙에 의지하여 발생하고 목숨
  을 부지하므로 천의라고 한 것이다.
⑦ 十五年大發// 15년 대발이다.
⑧ 一作亥子 須二十年後 大發也// 해자로 되어 있는 곳도 있는데, 20년 후
  에 크게 발한다.

거문이 천괘에 있어서는 진이 되고 지괘에 있어서는 손이 된다.
생룡이고, 토성이고, 지복이고, 천의이며, 중자고, 신동이고, 충신이
고, 의식이고, 고장이고, 색의가 되고, 기예가 되고, 장수하고, 군자
는 벼슬길에 나아가고, 소인은 재물이 생긴다.

   그 소응하는 시기는 항상 진·술·축·미년이다. 만일 진과 손 두
산이 거문수를 얻거나 혹은 진과 손 두 물에 거문산이 조공하면 장
수하고 총명하며 횡재할 것이다.

祿存 在天卦爲坤 在地卦爲乾 爲病龍⑨ 爲二土星 爲天羅 爲絕體
녹존 재천괘위곤 재지괘위건 위병룡 위이토성 위천라 위절체

爲中子 爲焦渴
위중자 위초갈
爲眼病 爲兇頑 爲跛脚 爲虛腫 爲瘦瘠 爲見血⑩ 爲勞嗽 爲項氣
위안병 위흉완 위파각 위허종 위수척 위견혈   위노수 위항기
爲語澁 爲産厄
위어삽 위산액
爲絶嗣 爲妄語 重凶 一代主絶⑪
위절사 위망어 중흉 일대주절
其爲財也 爲退財 爲破敗 其臨水 爲螻蟻 爲螣 爲蛇 爲泥水滿槨
기위재야 위퇴재 위파패 기임수 위루의 위등 위사 위니수만곽
爲狐兎穴居 爲鼠穿棺
위호토혈거 위서천관
山與文曲山相高者 至妖恠蠱毒殺人 三峯齊聳 世代顚邪 其史
산여문곡산상고자 지요괴고독살인 삼봉제용 세대전사 기재
發以辰戌丑未年⑫
발이진술축미년

⑨ 以陰陽極故也// 음양이 극하기 때문이다.
⑩ 一作爲傷風// 상풍으로 되어 있는 곳도 있다.
⑪ 乾坤山祿存水// 건곤산녹존수
⑫ 或作申子 又作申酉戌年巳午未月也// 신자로 되어 있기도 하고, 신유술년
  사오미월도 되어 있는 곳도 있다.

녹존이 천괘에 있어서는 곤이 되고, 지괘에 있어서는 건이 된다.
병룡이고, 토성이고, 천라이고, 절체고, 중자고, 타서 갈증이 되고,
안병이 되고, 흉완이 되고, 다리를 절고, 허종이 되고, 수척하고, 피
를 보게 되고, 노수하고, 항기가 되고, 말이 어눌하고, 산액이 있고,
절사하고, 미친 소리를 한다. 흉이 거듭되면 한 대에 절손된다.

  그것이 재물에 있어서는 퇴재하고, 파패하고, 그것이 물이 임하면
땅강아지와 개미가 있고, 등사나 뱀이 있고, 흙물이 관에 가득하고,
여우 토끼가 구멍을 내고 살고, 쥐들이 관을 뚫고 들어가 산다.

산이 문곡산과 서로 높이를 다투면 요괴와 고독과 살인에 이르고, 세봉이 다 같이 솟았으면 대대로 전사하니, 그 재앙이 진·술·축·미년에 발생한다.

文曲 在天卦爲坎 在地卦爲離⑬ 爲一水星⑭ 爲遊魂⑮ 爲小子
문곡 재천괘위감 재지괘위이 위일수성 위유혼 위소자
爲遊龍 其於子也
위유룡 기어자야
爲第四子 爲離鄕 爲退財 爲失火 爲決脊⑯ 爲淫亂詞訟 爲巧技
위제사자 위이향 위퇴재 위실화 위결척 위음란사송 위교기
爲婢妾 爲虛詐
위비첩 위허사
爲鰥男 爲寡女 爲酒色 爲賭博 爲産厄 爲水疾 爲顚狂 爲勞病
위환남 위과여 위주색 위도박 위산액 위수질 위전광 위로병
爲患眼 爲足疾
위환안 위족질
爲瘰癧 爲瘡疥 爲中風 爲自縊 爲路死 重凶之水 爲兵死⑰
위라력 위창개 위중풍 위자액 위로사 중흉지수 위병사
其臨水也 積水滿棺 白蠟食骨
기임수야 적수만관 백의식골
若臨高猛之山 或走出朝入 又有重凶 則蛇入槨 其災之發
약임고맹지산 혹주출조입 우유중흉 즉사입곽 기재지발
在申子辰年⑱
재신자진년
凡吉山水 稍有文曲山勝者 不免災
범길산수 초유문곡산승자 불면재

⑬ 不失其信而文明爲曲// 신을 잃지 않고 문명이 곡이 된다.
⑭ 又謂地下計都星// 지하의 계도성을 말하기도 한다.
⑮ 火散水便流// 불이 흩어지고 물이 흐른다.
⑯ 陽小男 陰小女也// 양은 소남이고 음은 소녀이다.
⑰ 離坎二山 放文曲水// 이산과 감산에 문곡수가 놓인 것이다.
⑱ 一作亥卯未年// 해묘미년으로 된 곳도 있다.

문곡이 천괘에 있어서는 감이 되고, 지괘에 있어서는 이가 된다. 수성이고 유혼이며, 소자이고, 유룡이고, 넷째 아들이다. 고향을 떠나고, 재물을 잃고, 실화하고, 등뼈를 상하고, 음란하고 사송하고, 재주를 꾸미고, 비첩이 되고, 허사하고, 홀아비나 과부가 되고, 주색과 도박하고, 산액과 수질이 있고, 전광과 노병이 있고, 눈에 질병이 있고, 족질이 있고, 나력과 창개가 생기고, 중풍에 걸리고, 스스로 목을 매고, 길에서 죽는다. 흉수가 거듭되면 전쟁터에서 죽는다.

그것이 물에 임하면 물이 관에 가득 차고 흰개미가 해골을 파먹는다.

만일 높고 사나운 산이 달아나거나 앞으로 들어오고, 또 흉이 거듭되면 뱀들이 관에 들어간다. 그 재앙은 신·자·진년에 나타난다.

대개 길한 산과 물이라도 차츰 문곡산이 우세하면 재앙을 면치 못하리라.

廉貞 在天卦爲巽 在地卦爲震 爲五鬼⑲ 爲獨火星 爲狂龍⑳
염정 재천괘위손 재지괘위진 위오귀　위독화성 위광룡

爲長子㉑ 爲狂疾
위장자　위광질

爲拗執 爲不肖 爲刑獄 爲失火 爲虎咬 爲凶惡 爲欺詐 爲兄弟無義
위요집 위불초 위형옥 위실화 위호교 위흉악 위기사 위형제무의

爲鬼賊 爲女伎
위귀적 위여기

爲伶人[148] 爲自縊 爲悖逆 爲遭官 爲行劫[149] 爲産厄 爲絶後
위령인　위자액 위패역 위조관 위행겁　위산액 위절후

爲瘟黄 爲風病
위온황 위풍병

---

148) 伶人(영인): 악공과 광대.
149) 行劫(행겁): 강도질하다.

爲足疾 爲見血 爲雷傷 爲長病 爲石壓
위족질 위견혈 위뇌상 위장병 위석압

其臨水也 郭有水有鼠 又主蜈蚣入木根 臨山而山射塚 亦然 重凶
기임수야 곽유수유서 우주오공입목근 임산이산사총 역연 중흉

水爲灾深
수위재심

若遇吉星臨救 則殺人遇赦 臨山而與本山齊者
약우길성임구 즉살인우사 임산이여본산제자

小子亡 若與貪狼 齊壯者는 一邊白螘 一邊白茜 水亦然 其灾
소자망 약여탐랑 제장자는 일변백의 일변백천 수역연 기재
發以寅午戌年推之㉒
발이인오술년추지

⑲ 咸而巽順爲五鬼 雷動風 蛇欲忽變化 故曰五鬼也// 함하고 손순하여 오귀가 되니, 우레가 바람을 동하게 하고, 뱀이 빨리 변화하려고 한다. 그래서 오귀라고 한 것이다.

⑳ 狂 一作敗 爲風蛇之卦// 광은 패로 되어 있는 곳도 있는데, 바람과 뱀의 괘이다.

㉑ 坐者 先損長子// 앉은 것은 먼저 장자를 해친다.

㉒ 一作巳午未年灾 申子辰年殺長子// 어떤 곳에서는 사오미년에 재앙이 생기고, 신자진년에 장자가 죽는다고 하였다.

염정이 천괘에 있어서는 손이 되고, 지괘에 있어서는 진이 된다. 오귀이고, 독화성이고, 광룡이고, 장자이고, 광질과 요집이 되고, 불초와 형옥이 되고, 화재가 나고, 범이 물고, 흉악하고, 속이고, 형제 간 의가 없고, 귀적과 기생이 되고, 악공이나 광대가 되고, 스스로 목을 매고, 패역하고, 조관하고, 강도질하고, 산액하고, 절후하고, 온황이 되고, 풍질과 족질이 생기고, 피가 나오고, 벼락에 상하고, 만성병이 들고, 암석에 압사한다.

그것이 물이 임하면 관에 물이 있고 쥐도 있으며, 지네가 있고 목근이 들어간다. 그것이 산에 임하거나 산이 무덤을 쏘아도 그러하다.

흉이 거듭되면 물이 재앙이 된다.

만일 길성이 와서 구해주면 살인을 하여도 사면을 받는다. 산이
본산과 같이 높으면 소자가 망하고, 만일 탐랑과 나란히 강하면 한
편은 흰개미가 있고 한편은 희고 붉은 기가 있으니 물에도 같은 것
으로 본다. 그 재앙은 인·오·술년에 발한다.

武曲 在天卦爲艮 在地卦爲兌㉓ 爲一金星 爲福龍 爲小子㉔ 爲剛敏
무곡 재천괘위간 재지괘위태 위일금성 위복룡 위소자 위강민
爲進財爲大富
위진재위대부
爲入田 爲世官男 爲輔相女 爲命婦[150] **三年發 其發之年**
위입전 위세관남 위보상녀 위명부   삼년발 기발지년
以巳酉丑年也㉕
이사유축년야

㉓ 艮 止而不失其時 兌는 剛中而柔外 故로 能曲成萬物// 간은 그쳐서 그때
   를 잃지 않고, 태는 속이 강하고 밖이 부드러우므로 만물을 곡진하게
   이루는 것이다.
㉔ 一曰長子// 장자라고도 한다.
㉕ 一作申酉亥年也// 신유해년으로 된 곳도 있다.

무곡이 천괘에는 간이 되고, 지괘에는 태가 된다. 금성이고, 복룡
이며, 소자가 된다. 강하고 영민하며, 재물에 나아가고, 큰 부자가 되
며, 전답이 들어오고, 대대로 벼슬하는 남자이고, 보상하는 여자이
며, 명부가 된다. 삼 년에 발복하는데, 그 발복하는 해는 사·유·축
년이다.

---

150) 命婦(명부): 봉작을 받은 부인을 통틀어 이르는 말. 내명부와 외명부의 구별이 있었다.

破軍 在天卦爲離 在地卦爲坎 爲二金星 爲絶命 爲死龍 爲女子㉖
파군 재천괘위이 재지괘위감 위이금성 위절명 위사룡 위여자

陽山 男絶 陰山
양산 남절 음산

女子多㉗ 爲瘟黄 爲風疾 爲決脊 爲缺骨 爲足腫 爲啞吃 爲漏形
여자다   위온황 위풍질 위결척 위결순 위족종 위아흘 위누형

爲耳聾 爲産厄
위이롱 위산액

爲破家 爲畫史 爲木工 爲雷震 爲溺死 爲投軍 爲陰賊 爲行劫
위파가 위화사 위목공 위뇌진 위익사 위투군 위음적 위행겁

爲獄訟 其極也
위옥송 기극야

爲孤寡 爲絶嗣㉘ 其臨水也 若重凶 則主軍兵死㉙ 主白螘 主水入棺
위고과 위절사   기임수야 약중흉 즉주군병사   주백의 주수입관

亦主狐鼠穴塚也 惡石射山 亦然 其發 在巳酉丑年㉚
역주호서혈총야 악석사산 역연 기발 재사유축년

㉖ 一作長子// 장자라고도 한다.
㉗ 一作女絶// 여자가 끊어진다고도 한다.
㉘ 陽終於子 陰終於午// 양은 자에서 끝나고 음은 오에서 끝난다.
㉙ 離坎二山 破軍水也 一作離山坎入文曲也// 이산과 감산에 파군수이다. 어디에는 이산과 감이 문곡으로 들어간 것이라 하였다.
㉚ 一作申子辰年 殺長子// 어디에는 신자진년에 장자가 죽는다고 하였다.

파군이 천괘에는 이가 되고, 지괘에는 감이 된다. 두 금성이고, 절명이며, 사룡이고, 여자가 된다. 양산은 남자가 끊어지고 음산은 여자가 많다. 온황과 풍질에 걸리고, 등을 다치고, 입술이 결손된다. 발에는 종기가 생기고 벙어리가 된다. 형이 새거나 귀머거리가 된다. 산액이 있고 가정을 파괴한다. 그림을 그리는 사람이 되고 목공이 된다. 벼락을 맞고 물에 빠져 죽는다. 군에 가고 도적이 된다. 강도질하고 소송사건이 난다. 그 끝에는 과부나 고아가 되고 자손이 끊

어진다. 그 물이 거듭 흉하면 군에 가서 죽고, 개미가 관에 들고, 여우나 쥐들이 무덤에 구멍을 판다. 악석이 산을 쏘아도 그러하다. 그 발생은 사·유·축년이다.

左輔 於卦爲坤 爲老陰 爲衆卦之母 爲明龍 爲二木星㉛ 於子爲第三
좌보 어괘위곤 위노음 위중괘지모 위명룡 위이목성 어자위제삼
而中子先發福
이중자선발복
也 爲世祿 爲代榮 爲守牧 爲駙馬151) **爲宮嬪 爲命婦 爲慈詳**
야 위세록 위대영 위수목 위부마 위궁빈 위명부 위자상 위효우
爲孝友 遇貪狼同爲
우탐랑동위
用者 子孫昌盛 其發 以亥卯未年㉜ 重福山水 佳
용자 자손창성 기발 이해묘미년 중복산수 가
㉛ 俗師指爲福 非也// 속세에서 복으로 보는 것은 잘못이다.
㉜ 木主三六九 亦爲大歲也// 목은 3·6·9를 주하는데 역시 대세이다.

좌보가 괘에는 곤이 되고, 노음이고, 모든 괘의 모체가 되고, 명룡이 되고, 두 목성이 된다. 아들로는 셋째인데, 가운데 아들이 먼저 발복한다. 대대로 녹을 먹고 살거나 대대로 영달한다. 목민관이 되고 부마가 된다. 궁중 빈이 되고 명부가 된다. 자상하고 효우하다. 탐랑과 함께 작용하면 자손이 창성한다. 발복하는 해는 해·묘·미년이다. 거듭 복 있는 산수면 좋다.

---

151) 駙馬(부마): 원래는 한(漢)나라 때 말을 관리하던 부마도위(駙馬都尉)라는 관직이었으나, 후에 황제의 사위가 이 관직을 제수 받았기 때문에 후대에는 오로지 황제의 사위만을 가리키는 말이 되었음.

右弼 於卦爲乾[152] **爲孝友 爲老陽 爲衆卦之父 爲應龍 爲二火星**
우필 어괘위건　위효우 위노양 위중괘지부 위응룡 위이화성

三子皆主 宜在公
삼자개주 의재공

中㉝ 然 初盛後 皆衰 若遇生旺冠帶之鄕 巽方位五行
중　연 초성후 개쇠 약우생왕관대지향 손방위오행

生順與吉星倂者 則爲喜
생순여길성병자 즉위희

爲祥明經 色衣 武勇 遇凶星 則爲凶尤甚 爲色衣 爲術士 爲武人
위상명경 색의 무용 우흉성 즉위흉우심 위색의 위술사 위무인

爲路死 爲產厄
위로사 위산액

爲師巫 爲壓溺 爲衰敗 爲離鄕 爲刑徒[153] **爲自縊 爲風聲 爲缺脣**
위사무 위압닉 위쇠패 위이향 위형도　위자액 위풍성 위결순

爲兩姓 爲贅婿
위양성 위췌서

爲養子 爲悖逆 爲孤寡 爲大風 爲勞嗽 爲瘟疫 其極也 爲孤寡
위양자 위패역 위고과 위대풍 위노수 위온역 기극야 위고과

其臨水也 藤根入塚
기임수야 등근입총

應以申酉亥子年㉞
응이신유해자년

㉝ 一作宜三子// 어디에는 '宜三子'로 되어 있다.

㉞ 一作在寅午戌年月日時// 어떤 곳에는 '인오술년월일시에 있다'고 되어 있다.

우필이 괘에는 건이 되고, 효우하고, 노양이며, 모든 괘의 아버지이고, 응룡이며, 두 화성이고, 세 아들이 모두 주가 되나, 마땅히 중자가 귀하지만 처음에 성하다가 모두 쇠퇴한다. 생·왕·관·대향을

---

152) 於爲卦乾: 於卦爲乾이라고 해야 옳다.

153) 刑徒(형도): 벌을 받는 무리.

만나거나 아울러 방위오행이 생순 길성을 갖추면 기쁨이 되고 상명
경 색의 무용이 되고, 흉성을 만나면 흉이 더욱 심하여 색의 되고,
술사 되고, 무인 되고, 길에서 죽는다. 산액이 있고 무당이 되고 압
사하거나 익사하고 쇠패한다. 고향을 떠나고 벌을 받거나, 스스로
목매고, 바람 소리가 들리며, 입술이 결손 되고, 성을 2개 갖게 된다.
데릴사위 되고, 양자 되고, 패역하고, 고아나 과부가 되고, 대풍에 걸
리고, 노수가 되며, 온역에 걸린다. 그 끝에는 고아나 과부가 된다.
그 물이 오면 덩굴 뿌리가 묘에 드니 신·유·해·자년에 응한다.

凡凶星 舊說 惟以山配 然 以水斷之 無不中
범흉성 구설 유이산배 연 이수단지 무불중
凡地有善惡而星有吉凶 吉凶之中 又有深淺焉
범지유선악이성유길흉 길흉지중 우유심천언
瘟疫疾病 死亡退財 離鄕淫慾 足疾瘡癘之類 皆其淺者也
온역질병 사망퇴재 이향음욕 족질창이지류 개기천자야
其投軍暴死
기투군폭사
大敗絶嗣赴法之類 皆其深者也
대패절사부법지류 개기심자야
然 皆視山與水 穴三者如何 凡地惡 而水穴雖善
연 개시산여수 혈삼자여하 범지악 이수혈수선
終不免於凶也 地善而水穴皆凶 亦難爲福也
종불면어흉야 지선이수혈개흉 역난위복야

무릇 흉성을 옛말에는 오직 산으로만 배합하여 보지만 물로써 판
단하면 맞지 않음이 없다.

대개 땅에 선과 악이 있고, 성에 길흉이 있는데, 길흉 중에도 깊은

것과 얕은 것이 있다.

온역 질병과 사망 퇴재와 이향 음욕과 족질 창이의 종류는 모두 얕은 것이고, 투군 폭사하거나 대패하고 절사하고 부법의 종류는 모두 깊은 것이다.

그러나 모두 산과 물과 혈 세 가지가 어떠한지를 볼 것이니, 땅이 나쁘면 물과 혈이 비록 좋더라도 결국 흉을 면하지 못하고, 땅이 좋아도 물과 혈이 모두 흉하면 또한 복이 되기 어렵다.

> **大抵重凶之穴 重凶之水 則其灾又甚焉㉟**
> 대저중흉지혈 중흉지수 즉기재우심언
> **又有地善穴吉 水凶 久或禍消者 以凶水 力盡故也**
> 우유지선혈길 수흉 구혹화소자 이흉수 역진고야
> **以步量之流 到吉星 則又吉也**
> 이보량지류 도길성 즉우길야
> **只如一山落頭 穴涉兩路者 水吉者 先受其 吉水凶者 先受其凶**
> 지여일산낙두 혈섭양로자 수길자 선수기 길수흉자 선수기흉
> **若坎山而下雙塚 本皆下穴 坐艮而有坤水二十步 其左穴則全**
> 약감산이하쌍총 본개하혈 좌간이유곤수이십보 기좌혈즉전
> **涉艮山 右穴則坎山而微有艮**
> 섭간산 우혈즉감산이미유간

㉟ 地有與穴善而水凶 雖有財穀官職 終不免灾 況水穴皆凶乎// 혈은 좋은데 물이 흉하면 비록 재곡과 관직이 있더라도 종래에는 재앙을 못 면한다. 하물며 물과 혈이 모두 흉하면 어떻겠는가?

대저 흉이 겹치는 혈과 흉이 겹치는 물은 그 재앙이 더욱 심하다.

또한 땅이 좋고 혈이 길하지만 물이 흉한데, 오랜 뒤에 화가 소멸되는 것은 흉한 물이 힘이 다했기 때문이다.

걸음걸이로 헤아릴 수 있는 물이 길 성에 이르면 또한 길하다.

하나의 산이 떨어진 곳에 혈이 두 길로 볼 때는 물이 길한 것이 먼저 그 길함을 받고, 물이 흉한 것이 먼저 그 흉을 받는다.

가령 감산에 쌍분을 할 때 본래 다 하혈하되 간 좌에 곤방물이 이십 보에 있으면 그 왼편 혈은 전부 간산이고 오른편 혈은 감산에 약간의 간이 있는 것이다.

蓋右穴 後吉初災 左穴 下則絶嗣 右穴則坎山坐艮 可以爲吉
개우혈 후길초재 좌혈 하즉절사 우혈즉감산좌간 가이위길
微有艮山者 初損長子也
미유간산자 초손장자야
坤水二十步則十年災 及坎山坤水則右受福矣
곤수이십보즉십년재 급감산곤수즉우수복의
左則全艮坤水而無子 然 二穴 皆有衣食
좌즉전간곤수이무자 연 이혈 개유의식
以形吉也 他 倣此
이형길야 타 방차

대개 우혈은 뒤에는 길하나 처음에는 재앙이 있고 좌혈을 하면 절사한다. 우혈을 하면 감산에 간 좌여야 길하고, 조금이라도 간산에 있으면 초년에 장자를 잃는다.

곤수 이십 보면 십 년 내 재앙 있고, 감산에 곤수면 우측이 복을 받고 좌측은 모두 간에 곤수라 자식이 없다. 그러나 두 혈이 모두 의식은 있으니, 형이 길하기 때문이다. 다른 것도 여기에 준한다.

納甲篇 第五
납갑편 제오

八山所配之干 其說不一 其要 在知日月所合 以分天地之配而已
팔산소배지간 기설불일 기요 재지일월소합 이분천지지배이이

팔산에 배합하는 천간은 그 설이 일치하지 않는데, 요점은 일월이
합하는 것을 알아서 천지에 나누어 배합하는 것일 뿐이다.

衆卦 皆父乾而母坤 震爲長子 繼乾父之體 因坤母而兆 故 月之三日
중괘 개부건이모곤 진위장자 계건부지체 인곤모이조 고 월지삼일
變坤初六爲震
변곤초육위진
日初入時 月在庚上 故 震管六庚
일초입시 월재경상 고 진관육경

모든 괘가 다 건이 부가 되고 곤이 모가 된다. 진은 장자라 건부
의 체를 이어받고 곤 모로 인하여 점을 치므로 달의 초삼일에 곤괘
의 초 육효가 변하여 진이 되고, 일에 초입하는 시간에 달이 경방위
에 있으므로 진이 육경을 다스린다.

上弦 變震六二爲兌 日初入時 月在丁上 故 兌管六丁
상현 변진육이위태 일초입시 월재정상 고 태관육정

상현(초파일)에 진괘 육이 효를 변하여 태괘가 되고, 해가 초입시
간에 달이 정방에 있으므로 태가 육정을 다스린다.

十五日爲望 兌變六三爲乾 日初入時 月在甲上 故 乾管六甲
십오일위망 태변육삼위건 일초입시 월재갑상 고 건관육갑

15일이 보름인데, 태의 육삼효가 변하여 건이 되고, 해가 처음 들어갈 때 달이 갑방에 있으므로 건이 육갑을 다스린다.

十六日則月盈極而虧 乾轉變爲巽 故 日出時 月在辛上 故 巽管六辛
십육일칙월영극이휴 건전변위손 고 일출시 월재신상 고 손관육신

16일은 달이 가득 찼다가 기우니, 건이 손으로 변한다. 그러므로 해가 나올 때 달이 신방에 있으므로 손이 육신을 다스린다.

二十三日爲下弦 變巽爲艮 日將出時 月在丙上 故 艮管六丙
이십삼일위하현 변손위간 일장출시 월재병상 고 간관육병

23일은 하현인데 손이 변하여 간이 된다. 해가 나올 무렵 달이 병방에 있으므로 간이 육병을 다스린다.

月之三十日爲晦 變艮爲坤 月與日合 在乙上 故 坤管六乙
월지삼십일위회 변간위곤 월여일합 재을상 고 곤관육을
以日月所合而配之也
이일월소합이배지야

달의 30일이 그믐인데 간이 변하여 곤이 된다. 달과 해가 합하여 을방에 있으므로 곤이 육을을 다스린다. 이는 해와 달이 합하는 것으로 짝을 지은 것이다.

乾之六位 三甲三壬 係之 坤之六位 三乙三癸 配之 盖此四干
건지육위 삼갑삼임 계지 곤지육위 삼을삼계 배지 개차사간
係於乾坤之內外也
계어건곤지내외야

건괘 여섯 자리에 삼갑 삼임을 붙이고, 곤의 여섯 자리에 삼을 삼
계를 붙인다. 이 네 개의 천간은 건과 곤의 내외에 관계된다.

離爲中女而外則陽也 故 乾之壬 配焉 坎爲中男而外則陰也 故
이위중녀이외즉양야 고 건지임 배언 감위중남이외즉음야 고
坤之癸 配焉
곤지계 배언

이 괘는 중녀로서 바깥이 양이므로 건에 임을 붙이고, 감괘는 중
남으로 밖이 음이므로 곤에 계를 붙인다.

此 推離坎之分天地之道 而配之以類也 故 伯陽[154] 參同契 自主
차 추이감지분천지지도 이배지이류야 고 백양 참동계 자주
壬癸配甲乙
임계배갑을
乾坤相終[155] 不如是 何以盡陰陽之合也
건곤상종 불여시 하이진음양지합야

---

154) 위백양(魏伯陽, 출생~사망 미상) 위고(魏翱)라고도 한다. 후한 회계(會稽) 상우(上虞) 사람. 자
호는 운아자(雲牙子)다. 천성이 도술(道術)을 좋아해서 일찍이 제자 세 사람과 함께 산속으로
들어가 신단(神丹)을 만들었다. 신단이 완성되자 제자들의 마음이 곡진(曲盡)하지 않은 것을
알고, 그들을 떠보기 위해 직접 신단을 입에 넣고 죽은 척했다. 한 제자가 다시 신단을 취하
여 복용하니 또한 죽었다. 그러자 나머지 두 제자는 신단을 복용하지 않고 드디어 함께 산을
내려가 버렸다. 두 제자가 산을 내려간 뒤 죽은 제자를 일으켜 세우고, 이후 오행(五行)이 서
로 통한다는 등의 내용을 담은 『주역참동계(周易參同契)』를 지었다. 학설은 『주역』과 유사해,
『주역』에 나오는 효상(爻象)의 원리를 그대로 빌려와 신단을 만드는 방법과 과정을 논했다.
……『중국역대인명사전』, 2010, p.1267.

155) 『周易參同契·天符進退』에는 "壬癸配甲乙 乾坤括始終"으로 되어 있다.

이것은 감리를 천지로 나눈 이치를 미루어 배합한 종류이다. 그래서 위백양이 『참동계』의 자주에서 임계는 갑을에 배당되고 건곤은 시종을 총괄한다고 하였으니, 이와 같지 않다면 어찌 음양의 합을 다할 수 있겠는가?

龍虎篇 第六

용호편 제육

龍虎者 輔相之任也
용호자 보상지임야
左爲龍爲震 震者 男位也 右爲虎爲兌 兌者 女位也
좌위용위진 진자 남위야 우위호위태 태자 여위야
居來山之 左右 猶人身之臂肘 欲其如拱如揖如盤如環 皆吉也
거래산지 좌우 유인신지비주 욕기여공여읍여반여환 개길야
如投如走如槍如刀 皆凶也
여투여주여창여도 개흉야

용호란 서로 도와주는 임무가 있다. 좌편이 용이 되고 진괘가 되니 진괘는 남자 자리이고, 우편이 호가 되고 태괘가 되니 태괘는 여자 자리이다. 내려온 산의 좌우에 있는 것이 사람 몸의 팔꿈치 같으니 껴안은 듯, 읍한 듯하고, 서린 듯 둘러준 듯하면 모두 길하고, 버린 듯 달아난 듯하거나 창이나 칼날 같으면 모두 흉하다.

大抵臂 欲相饒 長短高下相襲 而不欲齊壯
대저비 욕상요 장단고하상습 이불욕제장
壯則勢競而彊 謂之交互兄弟不和之象也
장즉세경이강 위지교호형제불화지상야

又不欲其尖 尖者 刑徒之象也
우불욕기첨 첨자 형도지상야
不欲其出 出者 流離之象也
불욕기출 출자 유리지상야

대저 어깨는 서로 넉넉하여 장단과 고하가 서로 맞아야지, 같이 성하지 않아야 한다.

성하면 세력을 다투고 강하며, 형제가 화목하지 못한 형상이다.

또한, 뾰족하지 않아야 하는데, 뾰족하면 벌을 받는 상이다.

나가지 않아야 하는데, 나가는 것은 흘러 떠나는 상이다.

臂生支出者 亦然 凡出而外有遮者 離鄕復回 不欲其有石 石者
비생지출자 역연 범출이외유차자 이향복회 불욕기유석 석자
瘟火之象也
온화지상야
右虎有石 主火燒宅 不欲其細 細者 如繩自縊之象也①亦不欲其射
우호유석 주화소택 불욕기세 세자 여승자액지상야　역불욕기사
射者 殺傷之象也
사자 살상지상야
① 有路交其上 亦然也// 길이 그 위에서 교차해도 그렇다.

어깨에 가지가 나온 경우도 그렇다. 나갔지만 밖에서 막아주는 것이 있으면 고향을 떠났다가 다시 돌아온다. 돌이 있으면 안 되는데, 돌이란 온역과 불의 상이다.

백호에 돌이 있으면 집에 화재가 난다. 가늘지 말아야 하는데, 가는 것은 줄로 목을 매는 상이다. 쏘지 말아야 하는데, 쏘는 것은 살상의 상이다.

青龍起乳 白虎登對者 長男食祿也 左腰起乳者 中子科名[156]也

청룡기유 백호등대자 장남식록야 좌요기유자 중자과명　야

左尾有峯者

좌미유봉자

小子富貴也

소자부귀야

白虎 不可以有峯顧塚 法主子孫退落失業②

백호 불가이유봉고총 법주자손퇴락실업

② 謂無左也// 좌청룡이 없음을 말한다.

　청룡이 유방같이 일어나서 백호와 대등하게 솟으면 장남이 녹을
먹고, 왼쪽 허리에 젖무덤 같으면 중자가 과거에 급제하여 이름을
날리고, 왼쪽 꼬리에 봉이 있으면 소자가 부귀 한다.
　백호에는 무덤을 돌아보는 봉우리가 없어야 하는데, 자손이 퇴락
하고 실직하게 된다.

白虎膞起而無水者 主瘟黃之病 田園退敗 牛羊疫死 骨肉分離

백호전기이무수자 주온황지병 전원퇴패 우양역사 골육분리

白虎膞費卓峯者 長男遭殺 白虎中心起峯者 小子因官退財

백호전협탁봉자 장남조살 백호중심기봉자 소자인관퇴재

白虎腰高臨塚者 夫婦分離

백호요고임총자 부부분리

白虎尾高者③ 年年瘟黃 不可令生惡形木 隨形而生災也④

백호미고자　연연온황 불가령생악형목 수형이생재야

③ 一无尾字// 어디에는 尾 자가 없다.

④ 形如車盖者 佳// 형태가 수레덮개와 같은 것이 좋다.

　백호가 조각으로 솟고 물이 없는 자는 온황 병에 걸리거나 전원이

---

156) 科名(과명): 과거에 합격하고 나서 얻은 명성.

퇴패하고, 소와 양이 병들어 죽으며, 골육이 분산되어 떠난다.

백호 다리와 옆구리에 높은 봉이 있으면 장남이 살을 만나고, 백호 중심에 봉이 일어나면 소자가 벼슬로 인해서 재물이 나가고, 백호 허리가 높고 무덤에 임하면 부부간 이별하고, 백호 꼬리가 높은 자는 해마다 온황 병이 들고, 악한 형상의 나무가 자라지 못하게 할 것이니, 모양 따라 재앙이 생긴다.

凡臂內抱圓峰者 生淫亂 外抱者 亦然 左右相過者 順 相背者逆⑤
범비내포원봉자 생음란 외포자 역연 좌우상과자 순 상배자역
虎忌乎猛龍忌乎弱⑥ 虎不可以欺龍 龍不可以凌虎 惟相應者爲勝
호기호맹용기호약　호불가이기룡 용불가이능호 유상응자위승
龍虎帶水而直出者 亡敗之象也 而外有以抱之則免
용호대수이직출자 망패지상야 이외유이엄지칙면
　⑤ 逆 來者反而不來之義¹⁵⁷⁾// 역은 오던 것이 배반하여 오지 않는다는 뜻이다.
　⑥ 左右皆大 不妨// 좌우가 다 크면 무방하다.

대개 팔뚝이 안으로 둥근 봉을 감싸주면 음란한 일이 생기고, 밖을 감싸주어도 그러하다. 좌우로 서로 지나가면 순이고, 서로 등지면 역이다.

호는 사나움을 꺼리고 용은 약함을 꺼리는데, 백호는 청룡을 업신여기지 않아야 하고, 청룡은 백호를 깔보지 말아야 한다. 서로 상응해야 좋다.

용호가 물을 띠고 곧게 나가는 자는 패망할 상이지만, 밖에서 가려주는 것이 있으면 면한다.

---

157) 義: 義로 해석하였다.

青龍 不可以有足⑦ 白虎 不可以呻尸⑧

청용 불가이유족　백호 불가이함시

凡龍虎二臂 不可有社廟 子孫 爲鬼所害 復出孤寡也

범용호이비 불가유사묘 자손 위귀소해 복출고과야

凡有龍無虎則家無母 有虎無龍則家無翁

범유룡무호칙가무모 유호무룡칙가무옹

凡靑龍 主文才官業 白虎 主田宅雄豪

범청룡 주문재관업 백호 주전택웅호

故 右抱而無左者 謂之退官 第二重曰敗官 愈外則愈衰也⑨

고 우포이무좌자 위지퇴관 제이중왈패관 유외칙유쇠야

⑦ 謂陷坑// 음푹 들어간 것을 말한다.

⑧ 戴石視塚之謂// 돌이 무덤을 보는 것을 말한다.

⑨ 右有抱 與左相對 第一重進田 二重橫材 三重主積者也// 오른쪽에 감싸주는 것이 있어서 왼쪽과 서로 대가 되는 것인데, 한 번 감싸면 밭이 진척되고, 두 번 감싸면 횡재가 생기고, 세 번 감싸면 쌓이게 된다.

청룡은 발이 있으면 안 되고, 백호는 시체를 물은 듯하면 안 된다.

무릇 청용이나 백호의 두 팔에 사당이나 신사가 있으면 안 되는데, 자손이 귀신의 피해를 보고 고아나 과부가 나온다.

무릇 청룡은 있고 백호가 없으면 가정에 여자가 없고, 백호는 있고 청룡이 없으면 집에 남자가 없다.

무릇 청룡은 주로 문재와 관직을 주관하고, 백호는 주로 전택과 웅호를 주관한다.

그러므로 우편은 감싸주고 좌편이 없으면 퇴관이라고 하고, 두 번을 거듭하면 패관이라고 하니, 밖으로 갈수록 쇠잔해진다.

白虎尾低而風入者 少亡 雙行而視穴者 火燒倉

백호미저이풍입자 소망 쌍행이시혈자 화소창

白虎如槍劒者 子孫作賊 白虎雄而抱龍者 主女寡男夭折⑩
백호여창검자 자손작적 백호웅이포룡자 주여과남요절
白虎攢身縮小而向塚者 損傷誼訟
백호찬신축소이향총자 손상훤송
有龍而虎不登者 富於文章而乏財食 龍頭長小者 出病勞人⑪
유룡이호불등자 부어문장이핍재식 용두장소자 출병노인
龍競入者 虎傷婦女 右臂高 左臂低 陰人寡 左高右低 陽人鰥
용경입자 호상부녀 우비고 좌비저 음인과 좌고우저 양인환
⑩ 一作女子主家// 어디에는 '女子가 집안을 주관한다'로 되어 있다.
⑪ 本山도 亦然// 본산도 그렇다.

백호의 꼬리가 낮고 바람이 들어오면 젊은이가 죽고, 쌍으로 와서 혈을 보는 자는 불이 나서 창고를 태운다.

백호가 창검과 같은 자는 자손이 도적되고, 백호가 강하고 용을 감싸주면 여자는 과부가 되고 남자는 요절한다.

백호가 몸을 움츠려 작게 하여 무덤을 향한 자는 상처입고 송사한다. 청룡은 있고 백호가 대등하지 못하면 문장은 풍부하되 재물이 없고, 용의 머리가 길고 작으면 병든 사람이 생긴다.

청룡이 다투어 들어오면 범이 부녀를 해친다. 우측 어깨는 높고 좌측 어깨가 낮으면 여자가 과부가 되고, 좌측은 높고 우측이 낮으면 남자가 홀아비 된다.

又龍虎有交加路者 皆凶也 水衝白虎者 失明 白虎高猛
우용호유교가로자 개흉야 수충백호자 실명 백호고맹
又凶星臨之者 子孫多寡⑫
우흉성임지자 자손다과
龍虎高大而主低小朱雀又低小者 多病人 左右不相接者 男不孝
용호고대이주저소주작우저소자 다병인 좌우불상접자 남불효

虎帶水而入者 出官
호대수이입자 출관
若定穴太高 則左右朝山 幷皆偃伏而在下 若群麓之臥者 凶
약정혈태고 즉좌우조산 병개언복이재하 약군록지와자 흉
不可不愼也
불가불신야
⑫ 一云不吉// 불길하다고도 한다.

또한, 용호에 교차하는 길이 있는 자는 모두 흉하다. 물이 백호를 충돌하면 실명한다. 백호가 높고 사나우며 또 흉성이 임하면 자손 중에 과부가 많고, 용호는 높고 큰데 주인이 낮고 작으며 주작이 또 낮고 작으면 병든 사람이 많다. 좌우가 서로 접하지 못하면 남자가 불효하고, 용호가 물을 끼고 들어오면 벼슬이 나온다.

만일 혈을 너무 높은 곳에 정한, 즉 좌우조산이 모두 엎드려 밑에 있고, 만일 여러 산줄기가 누워 있으면 흉하니 삼가지 않으면 안 된다.

血脈篇 第七
혈맥편 제칠

水之出入於明堂 猶人之有血脉往來也
수지출입어명당 유인지유혈맥왕래야
世之論者 欲水入而不欲出者 非也①
세지논자 욕수입이불욕출자 비야
今世 有以卦發水也② 有以五音言水者 有以向塚用水者
금세 유이괘발수야   유이오음언수자 유이향총용수자
有以鬼卦定水者
유이귀괘정수자
有以坐下放水者 有以八貴言水者 有以騰雲太陽盖水者
유이좌하방수자 유이팔귀언수자 유이등운태양개수자

有以陰陽逆順論水者③

유이음양역순논수자

是數家者　各有禍福之應

시수가자　각유화복지응

① 一云惟知其水之而不知其出非也// 어디에는 '물이 들어오는 것만 따지고 함께 나가는 것은 따지지 않으니 잘못된 것이다'라고 하였다.

② 三陰三陽 是也// 삼음삼양이 그것이다.

③ 陽左陰右// 양은 왼쪽, 음은 오른쪽이다.

물이 명당에 출입하는 것은 사람의 혈맥이 왕래하는 것과 같다. 세상에 논하는 자가 물은 들어와야 하고 나가면 안 된다고 하는 것은 잘못된 것이다.

요즘 세상에 괘상으로 물을 말하는 자가 있고, 오음으로 물을 말하는 자가 있으며, 무덤 방향으로 물을 말하는 자가 있고, 오귀 괘로 물을 정하는 자가 있으며, 앉은 좌로 물을 말하는 자가 있고, 팔귀로 물을 말하는 자가 있으며, 등운 태양으로 물을 말하는 자가 있고, 음양역순으로 물을 논하는 자가 있는데, 이 여러 가지는 모두 화복의 응함이 있다.

至於五姓　徵音世所重者　其三序三停　火音　巳丙　長男　午丁　中男

지어오성　징음세소중자　기삼서삼정　화음　사병　장남　오정　중남

未坤　小男

미곤　소남

六建④　天柱　金櫃　穀將　官國　傳送⑤　印笏　華蓋　積財　驛馬等水

육건　　천주　금궤　곡장　관국　전송　　인홀　화개　적재　역마등수

入明堂則大吉

입명당즉대길

破則大凶⑥　刑劫　衰絕　胞胎　二墓　皆不可流出⑦

파즉대흉　　형겁　쇠절　포태　이묘　개불가유출

④ 衰病爲天建 養生爲地健 長生沐浴爲人建 冠帶臨官爲祿建 帝旺爲財建 墓
絶爲馬建// 쇄병이 천건이 되고 양생은 지건이 되고 장생목욕은 인건이
된다. 관대임관은 건록이 되고 재왕은 재록이 되며 묘절은 마건이 된다.
⑤ 四孟// 정월과 사월과 칠월과 시월이다.
⑥ 水流其方者 大凶// 물이 그 방위로 흘러가면 크게 흉하다.
⑦ 流出其方者 大凶// 물이 그 방위로 흘러나가면 크게 흉하다.

다섯 성에 치음(火音)을 세상에서 중하게 여기는 것은 세 가지가
차례로 화음인데, 사와 병은 장남이고, 오와 정은 중남이고, 미와 곤
은 소남이다.

육건과 천주와 금궤와 곡장과 관국과 전송과 인흘과 화개와 적재
와 역마 등의 물이 명당으로 들어오면 대길하고 나가면 대흉하다.
형겁과 쇄절과 포태와 이묘방은 모두 흘러나가면 안 된다.

如此之類 考之 災傷之應 或中或否 曾不知天星所臨 與山形之善惡也
여차지류 고지 재상지응 혹중혹부 증불지천성소임 여산형지선악야
至於水曲折之狀 亦猶山形有善惡之別 此又不可不愼也
지어수곡절지상 역유산형유선악지별 차우불가불신야

이러한 종류를 살펴보면 재앙이나 손상의 응험이 혹은 맞고 혹은
맞지 않으니, 일찍이 천성이 임하는 것과 산형의 선악을 알지 못하
는 것이다.

물이 굽이쳐 흐르는 형상은 산의 형태에 선악의 구별이 있는 것과
같으니 삼가지 아니할 수 없다.

大字水⑧ 帶劍水⑨ 非字水⑩ 之字玄字水 皆佳妙也⑪ 八字水⑫
대자수   대검수   비자수   지자현자수 개가묘야   팔자수

川字水⑬
천자수

井字水⑭ 人字水⑮ 丁字水⑯ 品字水⑰ 凹字水⑱ 直流不回者
정자수　인자수　정자수　품자수　요자수　직류불회자

亡去之象也
망거지상야

⑧ 流於四畔者 耗散遊湯 言不聚也// 사방으로 흘러서 소모되어 없어지는 것이니 모이지 않는다는 말이다.

⑨ 自右繞出 主刑劫血光之事// 오른쪽에서 돌아나가는 것인데,

⑩ 四方朝塚者 主瘟疫// 사방에서 무덤으로 조회하면 온역을 주한다.

⑪ 一作主富貴// 부귀를 주한다고도 한다.

⑫ 流至塚前 分兩路作兩畔去 主少孤寡// 무덤 앞까지 흘러왔다가 두 갈래로 갈려서 나가면 어려서 고아나 과부가 된다.

⑬ 主宅內凶// 집안이 흉하게 된다.

⑭ 損小口158)// 적은 식구에 손해가 된다.

⑮ 出官 然 出少亡// 벼슬에 나아가지만 얼마 되지 않아 없어진다.

⑯ 主破家// 집안이 깨진다.

⑰ 四方照塚 主瘟 已上諸水 亦可取星吉凶// 사방에서 무덤을 비추면 온역이 된다. 이상 모든 물도 별의 길흉을 취할 수 있다.

⑱ 主殺傷 一作兕字// 살상을 주한다. '兕' 자로 된 곳도 있다.

대자수, 대인수, 비자수, 지자 현자수는 모두 좋다. 팔자수, 천자수, 정자수, 인자수, 정자수, 품자수, 요자수가 곧게 흐르고 돌아보지 아니하는 것은 도망가는 상이다.

水急如弦 其聲如怨如慕 哭泣悲鳴者 貧苦孤寡之象也
수급여현 기성여원여모 곡읍비명자 빈고고과지상야

如環佩劒履雜遝之聲 而曲折流者 公卿之象也
여환패검이잡환지성 이곡절유자 공경지상야

腥膻臭穢者 子孫虧損之象也
성전취예자 자손휴손지상야

---

158) 小口(소구): 약간 열린 틈. 적은 식구. 적은 액, 적은 양.

泓澄洄澓者 門戶清明之象也
홍징회복자 문호청명지상야

  물이 급하기가 활시위 같고 그 소리가 원망하거나 사모하고 곡소리, 우는 소리 같은 것은 가난하고 고아나 과부의 상이다.

  패검 소리, 칼 소리가 섞여 나고 굽이쳐 흐르는 자는 공경이 나올 상이다.

  비린내와 악취가 나는 것은 자손이 상할 상이고, 깊고도 맑으며 빙빙 둘러 흐르는 물은 문호가 청명할 상이다.

山之兩旁 有池溏 男女吉祥之象也⑲
산지양방 유지당 남녀길상지상야
大川四流 墳處其中 其左右深坑者 早亡之象也
대천사류 분처기중 기좌우심갱자 조망지상야
左右交流迅急者 災傷之象也
좌우교류신급자 재상지상야
逆流天門者 忤逆之象也
역류천문자 오역지상야
順去地戶者 和美之象也⑳
순거지호자 화미지상야
左右斜割射塚者 傷亡自縊之象也㉑
좌우사할사총자 상망자액지상야

⑲ 左曰硯池 男吉 右曰王鑒 女吉// 좌측은 현지이니 남자가 길하고, 우측은 왕함이니 여자가 길하다.
⑳ 亦視天星吉凶// 역시 천성의 길흉을 봐야 한다.
㉑ 如有峯遮則非 或自高而下向外則不爲射 宜察之// 차단하는 봉우리가 있으면 그렇지 않고, 높은 곳에서 아래로 내려오면서 밖을 향하면 쏘는 것이 아니니 잘 살펴야 한다.

  산의 양옆에 연못이 있으면 남녀가 길한 상이다.

큰 하천이 사방으로 흐르고 무덤이 그 가운데에 있고 좌우로 깊은 골이 있으면 일찍 죽을 상이다.

좌우로 물이 급하게 흐르는 것은 재앙과 손상의 상이다.

천문으로 역류하는 것은 오역의 상이다.

지호로 순류하는 것은 화미의 상이다.

좌우로 비스듬히 끊어져 무덤을 쏘아오는 것은 상망하고 스스로 목매는 상이다.

凡凶水 復有凶星臨之 災立應
범흉수 복유흉성임지 재입응
水或三折 或如新月 雖爲吉 如無吉星臨之 亦不免災
수혹삼절 혹여신월 수위길 여무길성임지 역불면재
故 星吉者 水欲其長 星凶者 水欲其短㉒
고 성길자 수욕기장 성흉자 수욕기단
然 水 尤忌重凶 重凶者 本山凶 水所臨之星又凶者 是也㉓
연 수 우기중흉 중흉자 본산흉 수소임지성우흉자 시야
㉒ 凶力盡 反爲吉// 흉한 힘이 다해서 도리어 길이 된다.
㉓ 如乾山得祿存水 坎山得破軍之類// 예를 들어 건산이 녹존수를 얻거나 감산이 파군을 얻는 것을 말한다.

무릇 흉한 물에 다시 흉한 성이 임하면 재앙이 즉시 임한다.

물이 혹 세 번 꺾이고 혹 초승달 같으면 비록 길하지만 만일 길성이 임하지 아니하면 또한 재앙을 면치 못한다.

그러므로 성이 길한 자는 물이 길어야 하고, 성이 흉한 자는 물이 짧아야 한다.

그러나 물은 특히 거듭 흉함을 꺼리는데, 거듭 흉함이란 본산이 흉하고 물에 임하는 성이 또 흉한 것이다.

水流有長短 勢有緩急 水峻 星凶者 災不可追 水平而星吉者 禍無終作
수류유장단 세유완급 수준 성흉자 재불가추 수평이성길자 화무종작
水凶而明堂不見者 無咎 水高而入者 亦然㉔
수흉이명당불견자 무구 수고이입자 역연
水凶而來朝者 財穀暴集而終凶 水之緩者 一步三年 急者는 一步一年
수흉이래조자 재곡폭집이종흉 수지완자 일보삼년 급자는 일보일년

㉔ 謂水在明堂之左右 從高而下 及流至明堂而橫入 卽與高之處 異 故 此不同
也 水若從左 右 直來至明堂 橫流則吉// 물이 명당의 좌우에서 높은 곳
에서 내려오는 것과, 명당에 이르러 옆으로 들어가는 경우는 높은 곳과
다르기 때문에 이것과 다르다. 물이 좌우에서 곧장 명당에 이르러 옆으
로 흐르면 길하다.

물은 흐름이 길고 짧음이 있고 형세도 더디고 급함이 있는데, 물
이 높고 성이 흉한 자는 재앙을 구할 수 없고, 물이 평평하고 성이
길한 자는 화가 끝내 생기지 않는다.

물이 흉하더라도 명당에서 보이지 않으면 허물이 없고, 물이 높은
데서 들어오는 경우도 그러하다.

물이 흉하면서 와서 모일 때에는 재곡은 많이 모이지만 결국 흉한
데, 물이 느린 경우는 한 걸음에 삼 년을 보고 급한 경우는 한 걸음
에 일 년을 본다.

雙墳 則明堂之水 各以其來去 斷之 如此 最得精要
쌍분 즉명당지수 각이기래거 단지 여차 최득정요
然 水之來朝者 長短遠近 亦須折後山 以消吉凶 不可止取坐下之山
연 수지래조자 장단원근 역수절후산 이소길흉 불가지취좌하지산
便斷災福
편단재복
餘折水篇
여절수편

쌍분은 명당의 물이 각각 오고 가는 것으로 판단하는데, 이와 같이 하면 가장 정밀하다.

하지만 와서 조회하는 물의 장단과 원근, 또 뒷산을 따져보고 길흉을 살펴야지, 좌하의 산만을 취해서 재앙과 복을 판단하면 안 된다.

나머지는 절수 편에 있다.

明堂篇 第八
명당편 제팔

明堂之水出入 視山之善惡焉①
명당지수출입 시산지선악언
其大小는 無尺寸 遠近之準 隨穴而已矣
기대소는 무척촌 원근지준 수혈이이의
假如地有三穴 明堂 亦各有主 大抵要在寬平而不險狹
가여지유삼혈 명당 역각유주 대저요재관평이불험협
所謂險者 巖峻而石傾側也
소위험자 암준이석경측야
狹者 案近而主逼迫也
협자 안근이주핍박야
險者 難以圖官 近者 可以謀富
험자 난이도관 근자 가이모부
故 明堂 寬平則印笏 旗鼓 排衙 擁從 樓臺가 森列于前
고 명당 관평즉인홀 기고 배아 옹종 누대가 삼열우전
明堂 險狹則種種無所容 非所謂善地也
명당 험협즉종종무소용 비소위선지야
① 以明堂所見爲吉凶// 명당에서 보이는 것으로 길흉을 삼는다.

명당의 물이 나가고 들어오는 것으로 산의 선악을 볼 수 있다.

그 크기는 척촌이 없고, 원근의 기준은 혈을 따를 뿐이다.

가령 땅에 세 혈이 있으면 명당 또한 각각 주함이 있는데, 대체로 넓고 평평해야지 험하고 협소하면 안 된다.

험하다는 것은 바위가 높고 돌이 경사진 것이다.

협소하다는 것은 안대가 가까워 주혈을 핍박하는 것이다.

험하면 벼슬을 도모할 수 없고, 가까우면 부를 꾀할 수 있다.

그러므로 명당이 관평하면 인홀과 기고와 배아와 옹종과 누대가 앞에 빽빽하게 벌려 서 있다.

명당이 험하고 좁으면 이러한 것들을 용납하지 않으니, 이른바 좋은 땅이 아니다.

明堂所見者가 如毬仗② 如笏③ 如旗 如鼓 如屛 如華表捍門④
명당소견자가 여구장　여홀　여기 여고 여병 여화표한문

如幕 如樓臺
여막 여누대

如覆鍾 如旗節 如印 如貫珠 如靴 如排衙 如拜狀 如獻送 如揖
여복종 여기절 여인 여관주 여화 여배아 여배장 여헌송 여읍

如玉案 如劍首
여옥안 여검수

如銅魚 如偃月⑤ 如勒馬⑥ 如鼓角 如帽 如幞頭 如硯池 如引馬
여동어 여언월　여늑마　여고각 여모 여복두 여연지 여인마

如引旗 如驛馬⑦
여인기 여역마

已上 皆出官之象也 又要六甲 三停 六建 三陽 貴人 文筆 森然秀麗
이상 개출관지상야 우요육갑 삼정 육건 삼양 귀인 문필 삼연수려

但以明堂見者
단이명당견자

不問遠近也 又三停六建之類 當以山家五音爲主
불문원근야 우삼정육건지류 당이산가오음위주

② 一作隊仗// 대장으로 되어 있는 곳도 있다.

③ 非五音之笏也// 오음의 홀은 아니다.
④ 水口有雙 是也// 수구에 쌍으로 있는 것이다.
⑤ 外有羅城// 밖에 있는 나성이다.
⑥ 左右橫入// 좌우에서 횡으로 들어온다.
⑦ 向者是也. 或有形如馬在前 曰欄頭馬 亦吉// 향하는 것이 이것이다. 혹은 형태가 말이 앞에 있는 것 같은 것을 란두마라고 하는데 역시 길하다.

명당에서 보이는 것이 구장 같고, 홀 같으며, 깃발 같고, 북 같으며, 병풍 같고, 화표와 한문 같으며, 막과 같고, 누대 같으며, 종지를 엎어놓은 것 같고, 깃발의 마디 같으며, 도장 같고, 구슬을 꿰어놓은 것 같으며, 가죽신 같고, 배아 같으며, 절하는 모습 같고, 바치고 보내는 것 같으며, 읍하는 것 같고, 옥안 같으며, 칼머리 같고, 동어 같으며, 언월 같고, 륵마 같으며, 고각 같고, 모자 같으며, 두건 같고, 연지 같으며, 말을 끄는 것 같고, 깃발을 당기는 것 같으며, 역마와 같으면 이상은 모두 관이 나올 상이다. 또한 육갑과 삼정과 육건과 삼양과 귀인과 문필 등이 우뚝하고 수려하고, 명당에서만 보이면 원근을 따지지 않는다. 또 삼정과 육건의 유는 마땅히 산가 오음을 주로 삼아야 한다.

四神篇 第九
사신편 제구

四神者 地下股肱之神也
사신자 지하고굉지신야
凡相地 先視其神備足然後 安穴
범상지 선시기신비족연후 안혈
大忌四神全而有惡狀者
대기사신전이유악장자

如玄武藏頭而無位① 青龍坑陷而無足② 白虎高尖而唧尸③

여현무장두이무위   청룡갱함이무족   백호고첨이함시

朱雀有水而悲泣④

주작유수이비읍

四者俱備 滅族之象也

사자구비 멸족지상야

四神 貴夫祗對迎集相顧 不欲其走竄而不相顧也

사신 귀부지대영집상고 불욕기주찬이불상고야

① 謂山無來歷也// 산에 내력이 없음을 말한다.
② 崗有支引 非无足得// 언덕에 가지가 있어서 다리가 없지 않은 것이다.
③ 高不射塚 非唧尸// 높아도 무덤을 쏘지 않으면 시체를 문 것이 아니다.
④ 深坑斗瀉作悲泣之聲// 깊은 구덩이에 말을 쏟아 우는 소리를 만든다.

사신이란 땅에서 팔다리와 같은 신이다.

무릇 땅을 살필 때에는 먼저 그 신이 구비된 것을 본 다음에 혈을 앉힌다.

사신이 온전하더라도 악한 상이 있는 것은 크게 꺼린다.

가령 현무가 머리를 감추어 자리가 없고, 청룡이 구덩이에 빠져 발이 없고, 백호가 높고 날카로워 시체를 삼킬 듯하고, 주작이 물에 있어서 슬피 우는 듯한 것이다.

네 가지를 구비하면 멸족할 상이다.

사신은 그 공손히 대하고 맞아 모이고 서로 돌아보아야지, 서로 돌아보지 않고 달아나면 안 된다.

玄武 欲豊壯而住 青龍 欲雍容而繞 白虎 欲遲而厚 朱雀 欲峻而秀

현무 욕풍장이주 청룡 욕옹용이요 백호 욕지이후 주작 욕준이수

青龍位明 子孫才智 白虎位明 子孫果烈 朱雀位明則詞學之子

청룡위명 자손재지 백호위명 자손과열 주작위명칙사학지자

富貴之士⑤

부귀지사

玄武位明 則人性 溫良調和

현무위명 즉인성 온양조화

⑤ 水流去破陷 無山屛翰者 反之// 물이 터진 곳으로 흘러가서 산을 두르지
않으면 반대가 된다.

현무는 풍요롭게 멈추고, 청룡은 조용히 두르고, 백호는 머문 듯
후하고, 주작은 높은 듯 수려하여야 한다.

청룡 자리가 밝으면 자손이 재주 있고, 백호 자리가 밝으면 자손
이 과단성과 열의가 있고, 주작 자리가 밝으면 글 잘하는 자손과 부
귀한 선비가 나고, 현무 자리가 밝으면 사람 성품이 온량하고 화목
하다.

青龍 坑陷而無支引者 嚚頑惡劣 左山不回 敗官失財 右山不抱

청룡 갱함이무지인자 효완악열 좌산불회 패관실재 우산불포

財帛虛耗

재백허모

前缺案迤 羇旅無家 來龍惡弱 坐見銷鑠 此 不易之論

전결안차 기여무가 내룡악약 좌견소삭 차 불역지론

청룡이 함하고 가지가 없으면 어리석고 악랄하고, 왼편(청룡) 산
이 돌아보지 않으면 벼슬에 실패하고 재물을 잃으며, 우편(백호) 산
이 감싸주지 않으면 재물이 헛되게 소비된다.

앞이 허물어지고 안산이 막혔으면 나그네 생활이요, 내룡이 험하
거나 허약하면 앉아서 망하는 것을 볼 것이니, 이는 바꿀 수 없는 이
론이다.

主客篇 第十
주객편 제십

山川 以形勢爲本 主客 是也
산천 이형세위본 주객 시야
不審形勢 據非其所 雖得天星 無益也
불심형세 거비기소 수득천성 무익야
盖山形星卦二者 不可缺一
개산형성괘이자 불가결일
客山 一名案 一名伏勢 勢之最貴者 三十有六焉
객산일명안 일명복세 세지최귀자 삼십유육언

산천은 형세가 근본인데, 주객이 그것이다.

형세를 살피지 아니하고 마땅한 곳이 아닌데 웅거하면 비록 천성을 얻더라도 이로움이 없으리라.

대개 산형과 성괘 두 가지는 하나라도 없으면 안 되기 때문이다.

객산은 한편에서 안산이라 하고 한편으로 복세라 하는데, 가장 귀한 세는 36개가 있다.

驪龍玩珠 逢珠則住 穴居頭上
여룡완주 봉주즉주 혈거두상

여룡이 구슬을 희롱하는 형국은 구슬을 만나면 머무르니 혈은 두상에 있다.

生蛇過水 逢水則住 穴居七寸
생사과수 봉수즉주 혈거칠촌

산 뱀이 물을 건너는 형국에서는 물을 만나면 머무르니 혈은 칠촌에 있다.

波沙探寶 逢珠則住 穴居胸上(一作心腹)
파사채보 봉주즉주 혈거흉상(일작심복)

물결로 모래를 헤쳐 보배를 채취하는 형국은 구슬은 만나면 머무르니 혈은 가슴 위에 있다(어느 본에는 '심장이나 배'라고 되어 있다).

穿珠入穴 逢月則住 穴居珠上
천주입혈 봉월즉주 혈거주상

구슬을 꿰어 굴로 들어가는 형국은 달을 만나면 머무르니 혈은 구슬 위에 있다.

躍馬赴敵 逢鼓則住 穴居脇上(一作脊背)
약마부적 봉고즉주 혈거협상(일작척배)

말이 달려 적진으로 가는 형국은 북을 만나면 머무르니 혈은 옆구리 위에 있다(어느 본에는 '등의 척추'라고 되어 있다).

仰月 逢珠則住 穴居心上
앙월 봉주즉주 혈거심상

달은 우러러보는 형국은 구슬을 만나면 머무르니 혈은 심장 위에 있다.

橫龍障水 逢潭則住 穴居腹上
횡룡장수 봉담즉주 혈거복상

횡룡이 물을 가로막는 형국은 웅덩이를 만나면 머무르니 혈은 배
위에 있다.

仙人舞袖 逢鼓則住 穴居腹下
선인무수 봉고즉주 혈거복하

신선이 춤을 추는 형국은 북을 만나면 머무르니 혈은 배 아래에
있다.

舞鳳騰空 逢印則住 穴居膻上(一作觜上)
무봉등공 봉인즉주 혈거억상(일작자상)

춤추는 봉황이 하늘로 날아오르는 형국은 도장을 만나면 머무르
니 혈은 가슴 위에 있다(어느 본에는 '부리 위'로 되어 있다).

覆月 逢珠則住 穴居月心
복월 봉주즉주 혈거월심

복월의 형국은 구슬을 만나면 머무르니 혈은 달의 중심에 있다.

半月 逢雲則住 穴居月角
반월 봉운즉주 혈거월각

반달의 형국은 구름을 만나면 머무르니 혈은 월각에 있다.

蓮花出水 逢池則住 穴居花心
연화출수 봉지즉주 혈거화심

연꽃이 물 밖으로 나오는 형국은 못을 만나면 머무르니 혈은 꽃의 중심에 있다.

胡馬飲泉 逢湖則住 穴居頭上
호마음천 봉호즉주 혈거두상

호마가 물을 마시는 형국은 호수를 만나면 머무르니 혈은 머리 위에 있다.

飛鸞出洞 逢僊幢羽蓋則住 穴居頂間
비란출동 봉선당우개즉주 혈거정간

날아가는 난새가 둥지에서 나가는 형국은 신선을 표시하는 깃발이나 덮개를 만나면 머무르니 혈은 정상 부위에 있다.

伏獅 逢祥獜則住 穴居臆上
복사 봉상린즉주 혈거억상

사자가 엎드린 형국은 상서로운 기린을 만나면 머무르니 혈은 가슴 위에 있다.

伏虎 逢獅子則住 穴居虎頭

복호 봉사자즉주 혈거호두

호랑이가 엎드린 형국은 사자를 만나면 머무르니 혈은 호랑이의 머리에 있다.

伏兔 逢偃月則住 穴居頂間(一作兔背)

복토 봉언월즉주 혈거정간(일작토배)

토끼가 엎드린 형국은 언월을 만나면 머무르니 혈은 정상 부위에 있다(어느 본에는 '토끼의 등'으로 되어 있다).

金釵 逢粧臺則住 穴居釵曲

금채 봉장대즉주 혈거채곡

금으로 된 비녀는 화장대를 만나면 머무르니 혈은 비녀가 굽은 곳에 있다.

蜈蚣 逢蜒蚰則住 穴居口中(一作鉗中)

오공 봉연유즉주 혈거구중(일작겸중)

지네의 형국은 구불거리는 그리마를 만나면 머무르니 혈은 입 부위에 있다(어느 본에는 '겸중'으로 되어 있다).

臥牛 逢原濕則住 穴居腹間

와우 봉원습즉주 혈거복간

소가 엎드린 형국은 평원의 습한 곳을 만나면 머무르니 혈은 배
부위에 있다.

老蚊出穴　逢群燕則住　穴居頭上
노문출혈　봉군연즉주　혈거두상

늙은 모기가 굴을 나가는 형국은 제비 떼를 만나면 머무르니 혈은
머리 위에 있다.

武公端坐　逢旗節則住　穴居腹下(一作兩手間)
무공단좌　봉기절즉주　혈거복하(일작양수간)

무장이 단정히 앉아 있는 형국은 깃발이나 부절을 만나면 머무르
니 혈은 배 아래에 있다(어느 본에는 '두 손 사이'로 되어 있다).

木蘭花　逢檻則住　穴居花心
목란화　봉함즉주　혈거화심

목련꽃은 난간을 만나면 머무르니 혈은 꽃의 중심에 있다.

單珠　逢箱則住　穴居珠心
단주　봉상즉주　혈거주심

구슬이 한 알만 있는 형국은 상자를 만나면 머무르니 혈은 구슬의
중심에 있다.

玉女散花 逢群仙出隊則住 穴居兩手間
옥녀산화 봉군선출대즉주 혈거양수간

옥녀가 꽃을 뿌리는 형국은 여러 신선이 대오를 지어 나오면 머무르니 혈은 두 손 사이에 있다.

白象捲湖 逢水則住 穴居頤頷
백상권호 봉수즉주 혈거이함

하얀 코끼리가 호수에서 코를 말아 올리는 형국은 물을 만나면 머무르니 혈은 끄덕거리는 턱에 있다.

眠犬乳兒 逢母則住 穴居腹上
면견유아 봉모즉주 혈거복상

잠자는 개의 형국과 젖 먹는 아이의 형국은 어미를 만나면 머무르니 혈은 배 위에 있다.

蒼龍出洞 逢雲則住 穴居龍耳
창룡출동 봉운즉주 혈거용이

푸른 용이 동굴에서 나오는 형국은 구름을 만나면 머무르니 혈은 용의 귀에 있다.

鳳凰曬翼 逢網則住 穴居頭上
봉황쇄익 봉망즉주 혈거두상

봉황이 햇볕에 날개를 쪼이는 형국은 그물을 만나면 머무르니 혈은 머리 위에 있다.

瓜藤 逢金刃則住 穴居瓜節
과등 봉금인즉주 혈거과절

오이 넝쿨의 형국은 쇠칼을 만나면 머무르니 혈은 오이 넝쿨 마디에 있다.

鴻鵠搏風 逢祥鸞則住 穴居頂上
홍곡박풍 봉상란즉주 혈거정상

기리기와 고니가 바람을 맞는 형국은 상서로운 난 새를 만나면 머무르니 혈은 머리에 있다.

橫琴 逢絃則住 穴居背上
횡금 봉현즉주 혈거배상

가로놓인 거문고의 형국은 거문고 줄을 만나면 머무르니 혈은 등 위에 있다.

仙人翹足 逢臺則住 穴居臍上
선인교족 봉대즉주 혈거제상

선인이 다리를 뻗은 형국은 좌대를 만나면 머무르니 혈은 배꼽 위에 있다.

渴鹿奔崖 逢張網則住 穴居頭上
갈록분애 봉장망즉주 혈거두상

목이 마른 사슴이 절벽으로 달리는 형국은 펼친 그물을 만나면 머무르니 혈은 머리 위에 있다.

遊魚弄波 逢獺則住 穴居魚腹(一作魚背)
유어농파 봉달즉주 혈거어복(일작어배)

헤엄치는 물고기가 파도를 희롱하는 형국은 수달을 만나면 머무르니 혈은 물고기의 배에 있다(어느 본에는 '물고기 등'으로 되어 있다).

奔牛 逢伏虎則住 穴居角上(一作耳鼻)
분우 봉복호즉주 혈거각상(일작이비)

달리는 소의 형국은 엎드린 호랑이를 만나면 머무르니 혈은 뿔 위에 있다(어느 본에는 '귀와 코'로 되어 있다).

又

攢星 逢雲月則住 穴居星心
찬성 봉운월즉주 혈거성심

별이 무리 지은 형국은 구름과 달을 만나면 머무르니 혈은 별의 중심에 있다.

臥龍 逢湖則住 穴居腹上
와룡 봉호즉주 혈거복상

와룡은 호수를 만나면 머무르니 혈은 배 위에 있다.

貫珠① 逢龍則住 穴居珠心
관주　봉룡즉주 혈거주심

꿰어진 구슬은 용을 만나면 머무르니 혈은 구슬의 중심에 있다.

浮槎 逢江漢則住② 穴居頭上
부사 봉강한즉주　혈거두상

물 위에 떠가는 뗏목은 강물을 만나면 머무르니 혈은 머리 위에 있다.

靈龜洩尾 逢蛇則住 穴居肩上③
영구설미 봉사즉주 혈거견상

신령한 거북이가 꼬리로 끄는 형국은 뱀을 만나면 머무르니 혈은 어깨 위에 있다.

浮鵝 逢江則住 穴居鵝觜④
부아 봉강즉주 혈거아자

물 위에 떠 있는 거위의 형국은 강을 만나면 머무르니 혈은 거위의 부리에 있다.

浮排 逢陣雲則住 穴居牌中
부배 봉진운즉주 혈거패중

이동식 관아의 형국은 군진의 구름을 만나면 머무르니 혈은 간판 내부에 있다.

穴形非一不可罄擧 言其大略. 在智者 觸類而長之 以類占形.
혈형비일불가개거 언기대략. 재지자 촉류이장지 이류점형.
前後相應 或以所畏
전후상응 혹이소외
或以所愛 皆足爲案 欲觀案 各以其類 卽主山推之
혹이소애 개족위안 욕관안 각이기류 즉주산추지

① 形如車蓋 連珠十數 至相連也// 형태가 수레덮개 같고, 구슬을 10여 개 꿴 것같이 서로 연결된 것이다.
② 又云見龍則住 謂四山如龍也// 용을 보면 멎는다고 하였으니 4개의 산이 용과 같음을 말한다.
③ 須有足 乃生龜 無足 死龜也 更有長流 是也// 다리가 있어야 살아 있는 거북이고, 다리가 없으면 죽은 거북이다. 또 길게 흐르는 것이다.
④ 又見龍財住// 또 용을 보면 재물이 머문다.

혈의 형국은 하나가 아니어서 모두 거론하는 것은 불가능하여 그 대략만을 말하였다. 지혜가 있는 사람이면 유형을 익히어 적용을 확대하여 유형으로써 형국을 점지한다. 전후가 상응하면, 더러는 두려운 바가 있고 혹은 사랑하는 바가 있는데, 모두 안산을 삼을 수 있다. 안산을 살피려면 각각 그 유형으로써 하나니, 즉 주산으로 추측한다.

『地理全書 洞林照膽 卷下』
지리전서 동림조담 권하

近案篇 第十一
근안편 제십일

案山 勢貴近 如坐之有几 非近 不可 不欲其太遠 過數百步外
안산 세귀근 여좌지유궤 비근 불가 불욕기태원 과수백보외
則力微矣
즉역미의
惟忌太近而逼 謂之無明堂
유기태근이핍 위지무명당
故近止連臂 遠或隔水 皆不佳也 欲大 不欲凌主 凌主 雖榮必敗
고근지연비 원혹격수 개불가야 욕대 불욕능주 능주 수영필패
主山 欲厚而高 高則不害 欲垂 不欲去 欲橫 不欲射 欲平 不欲臥①
주산 욕후이고 고즉불해 욕수 불욕거 욕횡 불욕사 욕평 불욕와
① 如人臥倒// 사람이 엎어진 것 같은 것이다.

안산은 세가 가까운 것을 귀하게 여기니 좌석에서 책상이 있는 것 같다. 가깝지 않으면 안 된다. 너무 멀지 않아야 하는데 수백 보 밖에 있으면 힘이 약하다. 특히 너무 가까워서 핍박함을 꺼리는데, 명당이 없다고 한다. 그러므로 가까이 팔뚝에 연했거나, 멀리 물과 떨어져 있으면 모두 좋지 않다.

커야 하지만 주인을 능멸치 않아야 하니, 주인을 능멸하면 비록 번영해도 바로 실패한다. 주산은 후덕하고 높아야 하니 높으면 해가 없고, 수그려야지 달아나면 안 되고, 가로놓이고 쏘아오지 않아야 하고, 평평해야지 누우면 안 된다.

故 案山 如玉案 如金箱 如樻庫① 如印 如笏 如覆笠 如覆鍾釜
고 안산 여옥안 여금상 여궤고　여인 여홀 여복립 여복종부
如滿月 其橫如琴
여만월 기횡여금
如偃月 如仰月 如群羊 如仰櫓 如臥蚕 如銀帶 如勒馬 如虎步
여언월 여앙월 여군양 여앙첨 여와천 여은대 여늑마 여호보
其來如龍行 如聚米
기래여용행 여취미
如辮錢 如龍盤 如鳳擧 如舞鶴 如連鴻 如臥犬 如坐犬 其伏如臥牛
여변전 여용반 여봉거 여무학 여연홍 여와견 여좌견 기복여와우
如伏虎 如獅子
여복호 여사자
如連珠 如旌旗 如照鏡 其聚如堆米 如列屏 如屯軍 其曲如半月
여연주 여정기 여조경 기취여퇴미 여열병 여둔군 기곡여반월
如幞頭 如張弓
여복두 여장궁
如毬仗 如靴 如硯 其圓如書筒 如獨筆 其犖如儸掌 凡此皆吉也
여구장 여화 여연 기원여서통 여독필 기용여선장 범차개길야
① 形圓// 둥근 형태이다.

　　그러므로 안산이 구슬 책상 같고, 금상자 같으며, 궤짝창고 같고,
도장 같으며, 홀 같고, 엎은 삿갓 같으며, 엎은 종이나 솥 같고, 보름
달 같으며, 누운 거문고 같고, 누운 달 같으며, 쳐든 달 같고, 양 떼
같으며, 들린 처마 같고, 엎드린 누에 같으며, 은띠 같고, 굴레 쓴 말
같으며, 범의 걸음 같고, 오는 것이 용 같으며 가는 것은 쌀더미 같
고, 돈 꾸러미 같으며, 용이 서려 있는 것 같고, 봉황이 일어나는 것
같으며, 춤추는 학 같고, 기러기 떼 같으며, 누워 있는 개 같고, 앉아
있는 개 같으며, 엎드린 것이 누운 소 같고, 엎드린 범 같으며, 사자
같고, 구슬꾸러미 같으며, 깃대 같고, 거울 같으며, 모여 있는 것이

쌀더미 같고, 병풍을 나열한 것 같으며, 주둔한 군대 같고, 반달처럼 굽었으며, 두건 같고, 당긴 활 같으며, 공 치는 막대 같고, 장화 같으며, 벼루 같고, 둥근 것이 책통 같으며, 붓과 같고, 춤추는 손처럼 솟았다면, 이런 것은 모두 길하다.

如刀槍 如棒 如繩 如覆舟 如管 如隱 如臥屍 如人倒 如人口 如人頭
여도창 여봉 여승 여복주 여관 여은 여와시 여인도 여인구 여인두
如尾 如眉
여미 여미
如蝦蟆 如雞觜 如瓜瓠② 如提蘿 如斬指 如傾亂花 如杖 如鎚
여하마 여계자 여과호　여제라 여참지 여경란화 여장 여추
如探③凡此皆凶也
여탐　범차개흉야

② 小也라 大則不妨// 작은 것이다. 크면 상관없다.
③ 微露者如手探 半隱爲賊// 약간 드러난 것이 손으로 더듬는 것 같고, 반쯤 숨긴 것이 도적이 된다.

칼과 창 같고, 몽둥이 같으며, 줄 같고, 엎어진 배 같으며, 대롱 같고, 숨은 것 같으며, 누운 시체 같고, 넘어진 사람 같으며, 사람 입 같고, 사람 머리 같으며, 꼬리 같고, 눈썹 같으며, 두꺼비 같고, 닭 부리 같으며, 오이나 박 같고, 들린 무 같으며, 잘린 손가락 같고, 흐트러진 꽃 같으며, 단장 같고, 쇠망치 같으며, 손으로 더듬는 것 같으면 이것은 모두 흉하다.

夫玉案 金箱 櫃庫者 足衣食之象也 印笏 公卿之象也 品字 文武也
부옥안 금상 궤고자 족의식지상야 인홀 공경지상야 품자 문무야
照鏡 美妻也
조경 미처야

滿月 邑宰也 覆笠 居財也 覆鍾 富室也 覆釜 又有四域使相也
만월 읍재야 복립 거재야 복종 부실야 복부 우유사역사상야

琴者 士大夫也
금자 사대부야

幞頭 貴人也④ 銀帶 世爵也 仰檐 獲利也 群羊 貴仕也 偃月 淸顯也
복두 귀인야　은대 세작야 앙첨 획이야 군양 귀사야 언월 청현야

席帽 貴達也
석모 귀달야

幞頭 神童子也⑤ 龍行虎步 將相也 聚米辨錢 鉅萬也 龍盤鳳擧
복두 신동자야　용행호보 장상야 취미변전 거만야 용반봉거

世貴也 舞鶴連鴻
세귀야 무학연홍

公侯也 伏虎 武人也⑥ 臥牛 安逸也 眠犬 孝廉也 坐犬 有守不散也
공후야 복호 무인야　와우 안일야 면견 효렴야 좌견 유수불산야

堆禾 富足也
퇴화 부족야

張弓 出武人也 毬杖 貴人也 書筒 士子也 連珠 多珍也梳齒
장궁 출무인야 구장 귀인야 서통 사자야 연주 다진야소치

官庭也⑦
관정야

列象159) 家貴也 屯軍 摠戎也 仙掌旌旗 使相也 獨筆 聰明也⑧
열상　가귀야 둔군 총융야 선장정기 사상야 독필 총명야

獅子 權貴也
사자 권귀야

旗鼓 節制也⑨
기고 절제야

④ 須在案頭上秀也// 책상머리가 수려한 것이다.
⑤ 在低處見者 非// 낮은 곳에서 보이면 안 된다.
⑥ 不可如瘦如餓也// 말랐거나 굶어 보이면 안 된다.
⑦ 又云列排衙也// '列排衙'라고도 한다.
⑧ 无遮 有文才 主貧// 막는 것이 없으면 글재주는 있으나 가난하다.

---

159) 列象(열상): 위에는 列屛으로 나오는데…… 象으로 되어 있음.

⑨ 不解臥蠶勒馬列屛半月靴研六項 亦皆富貴象也// 臥蠶 勒馬 列屛 半月 靴 硯 6개는 풀이하지 않았는데 모두 부귀한 상이다.

옥안과 금상과 궤고는 의식이 풍족한 상이고, 도장과 홀은 공경의 상이고, 품자는 문무의 상이고, 비추는 거울은 아름다운 아내이고, 보름달은 고을의 재상이고, 삿갓을 엎어놓은 것은 재물이고, 종지를 엎어놓은 것은 부자이고, 솥을 엎어놓은 것은 사방의 재상이고, 비파는 사대부이고, 모자는 귀인이고, 은띠는 세작이고, 우러른 처마는 이로움을 얻는 것이고, 양 떼는 귀한 벼슬이고, 누운 달은 맑게 드러남이고, 자리와 모자는 부귀영달이고, 두건은 신동이고, 용이 행하고 호랑이가 걷는 것은 장상이고, 쌀이 모이고 돈이 꿰인 것은 만석꾼이고, 용이 서리고 봉황이 일어난 것은 대대로 귀함이고, 학이 춤추고 기러기가 이어진 것은 공후이고, 호랑이가 엎드린 것은 무인이고, 소가 누운 것은 편안함이고, 개가 잠을 자는 것은 효렴이고, 앉아 있는 개는 흩어지지 않고 지킴이고, 벼를 쌓은 것은 부가 충분한 것이고, 활을 당긴 것은 무인이 나오는 것이고, 공을 치는 막대기는 귀인이고, 책통은 선비이고, 구슬을 이어놓은 것은 보배가 많은 것이고, 빗살무늬는 관청의 뜰이고, 나열된 상은 집이 귀한 것이고, 주둔한 군대는 병기를 지배함이고, 신선의 손바닥과 깃발은 사신과 재상이고, 붓은 총명함이고, 사자는 권세와 귀함이고, 깃발과 북은 절제이다.

刀槍 傷亡也⑩ 亂棒 決殺也 如繩 自縊也 如射者 陣亡也 屍倒者 도창 상망야 난봉 결살야 여승 자액야 여사자 진망야 시도자 **外亡也** 외망야

側邊探者 逃亡也⑪ 探而半隱者 曰賊⑫入爲內賊也 倒走
측변탐자 도망야　탐이반은자 왈적　입위내적야 도주
離散之象也
이산지상야

尾者 亡屍也 蝦蟆者 項氣也 瓜瓠者 腫氣也⑬ 雞嘴而射者
미자 망시야 하마자 항기야 과호자 종기야　계자이사자
自縊也⑭ 又主割喉也
자액야　우주할후야

提蘿 乞食也⑮ 如眉 內亂也 亂花 淫慾也 倒傾反側 皆非安樂也
제라 걸식야　여미 내란야 난화 음욕야 도경반측 개비안락야
弓而出者 抱子也
궁이출자 포자야

⑯ 兩山連而坐 徒刑也 如槍如繩 路死也 斜倒 絞死也 一峯如等子
　양산연이좌 도형야 여창여승 로사야 사도 교사야 일봉여산자
文武也⑰
문무야

如班馬如瘠馬 折本之象也⑱ 三峯圓小 賭博也⑲ 鼓槌 相杻也⑳
여반마여척마 절본지상야　삼봉원소 도박야　고퇴 상뉴야
呈杖 因官退財也㉑ 案如有磋呀之石 主瘟火也 面前兩山 射過心
정장 인관퇴재야　안여유차하지석 주온화야 면전양산 사과심
又向外者 徒刑也 龍虎 亦然 塚前 有雙壟者 徒杖也㉒
우향외자 도형야 용호 역연 총전 유쌍롱자 도장야

形如猪牙 害人也㉓ 雙壟幷頭 如瓜射者 絞徒也㉔ 生小支而走 歲疫也
형여저아 해인야　쌍롱병두 여과사자 교도야　생소지이주 세역야
支隨水去者 離鄕也 生支六七尺長尖射者 決殺也 山露水脚
지수수거자 이향야 생지육칠척장첨사자 결살야 산로수각
雖富而淫也
수부이음야

如遊魚上灘 勞病也 雙峯小者 産難也 有缺 爆晴也㉕ 尖射
여유어상탄 노병야 쌍봉소자 산난야 유결 폭청야　첨사
傷死也㉖
상사야

懸針 刺面也 籤箕 貧窮孤寒也 橫如瓜瓠 腫氣之象也㉗
현침 랄면야 파기 빈궁고한야 횡여과호 종기지상야

頭小尾大者 檢屍上有石 患勞走出 而四顧脫良也
두소미대자 검시상유석 환로주출 이사고랄양야

有石尖倒者 投軍 屈來而肥如瓠 爲送酒之人 直入者 如斜倒落水也
유석첨도자 투군 굴내이비여호 위송주지인 직입자 여사도락수야

送而繚亂淫死之象也 送而左右入者 雙進田地
송이료란음사지상야 송이좌우입자 쌍진전지

雙圓峯不交而缺者 呪詛患目也 前山相趄而去 又有斜峯者 瘟病也
쌍원봉불교이결자 주저환목야 전산상간이거 우유사봉자 온병야

倒而中心大者 招恠之象也 波浪者 水魔之象也㉘ 覆船者 失水也
도이중심대자 초괴지상야 파랑자 수마지상야 복선자 실수야

奮拳者 奮拳成家也㉙ 墓槃者 遊逸也 秤斗者 居富也
분권자 분권성가야 기반자 유일야 칭두자 거부야

如圓箕如天虹 貴祿之象也 案有惡石狀 避之 使塚不可見也
여원기여천홍 귀녹지상야 안유악석상 피지 사총불가견야

⑩ 不射 主不殺死// 쏘지 않으면 죽음을 주하지 않는다.

⑪ 探如手探也// 손으로 더듬듯이 탐하는 것이다.

⑫ 出□軍이라

⑬ 若肥厚而大者 富也// 비후하면서 크면 부자다.

⑭ 出田中水臨繪則不死// 밭에서 나온 물이 임하면 목을 매도 죽지 않는다.

⑮ 田中圓峯高大則非 或如人頭 斬頭也// 밭에 둥근 봉우리가 높고 크면 그렇지 않다. 사람 머리 같으면 참수를 당한다.

⑯ 長爲弓 短爲月// 길면 활이고, 짧으면 달이다.

⑰ 有別峯 又佳// 다른 봉우리가 있으면 또 좋다.

⑱ 空勞力// 공연히 헛수고한다.

⑲ 二峯亦然 如人坐而缺失明// 2개의 봉우리도 그러한데, 사람이 앉아 있는 것 같으면서 눈을 잃는다.

⑳ 有橫石 主投軍// 횡석이 있으면 군대에 들어간다.

㉑ 有遮則非// 막는 것이 있으면 그렇지 않다.

㉒ 其形如杖勢小// 형태가 좁고 세력이 작은 것이다.

㉓ 曲向多案上有三五者 傷也 隨男女位就來者 不放也// 급어서 향하는 것이 안산의 위로 3~5개가 있으면 상하는 것이다. 남녀의 위치에 따라 오는 것은 무방하다.

㉔ 肥厚者 承案也// 비후하면 안산을 받든다.
㉕ 厚肥者 佳// 비후하면 좋다.
㉖ 不射而厚者 佳// 쏘지 않고 후하면 좋다.
㉗ 肥厚者 富// 비후하면 부자가 된다.
㉘ 小者 離鄕// 작으면 고향을 떠난다.
㉙ 謂大而秀// 크고 수려함을 말한다.

칼과 창은 다쳐서 죽고, 어지러운 몽둥이는 살상이 생기고, 줄 같은 것은 스스로 목을 매고, 쏘는 자는 진중에서 망하고, 시체가 누워 있으면 외지에서 죽고, 변죽을 더듬으면 도망가고, 더듬고 반은 숨어 있으면 적이 들어와 내적이 되고, 도주는 흩어지는 상이다.

꼬리란 죽은 시체요, 하마(두꺼비)는 목덜미 기운이요, 박이란 종기요, 닭의 부리 같이 쏘아오면 스스로 목매고 또 목을 자르고, 밥통을 팔에 걸고 걸식하고, 눈썹 같으면 내란이요, 흩어진 꽃은 음욕이 있고, 도경반측은 다 편치 못하고, 활을 벌림은 자손을 감싸줌이요, 두 산이 연하여 앉아 있으면 형벌을 받고, 창이나 줄 같으면 길에서 죽고, 옆으로 넘어지면 목매어 죽고, 한 봉우리가 산가지 같으면 자손이 문무이고, 얼룩말 같거나 마른 말 같으면 근본이 꺾이는 상이고, 세 봉우리가 둥글고 작으면 도박하고, 북채는 고랑 찰 것이고, 단장을 받치면 벼슬로 재물이 나가고, 안산에 차아한 돌이 있으면 주로 돌림병이고, 전면에 두 산이 쏘아 오거나 또는 밖을 향한 자는 형벌 받고 용호가 외면해도 그러하다. 무덤 앞에 두 언덕이 있으면 매 맞는다. 형상이 돼지의 어금니 같으면 사람을 해하고, 쌍룡이 머리를 들고 손가락 찌르듯 하면 목매고 벌 받는다. 작은 가지가 생겨서 달아나면 해마다 병들고, 가지가 물 따라 흘러가면 고향을 떠난다. 가지가 6~7척 거리에서 쏘아오면 반드시 죽는다. 산이 물속에

다리를 드러내면 비록 부자이나 음란하고, 노는 고기가 여울로 올라가면 노채병이 있다. 쌍봉이 조그마하면 난산하고, 폭발이 있으면 개이고, 삐죽이 쏘아오면 다쳐서 죽는다. 침을 달아놓은 듯하면 안면이 상하고, 키로 까불 듯하면 빈궁하고 외롭다. 옆으로 오이나 박 같으면 종기의 상이고, 머리가 작고 꼬리가 크면 시체 위에 돌이 있어서 달아날까 걱정되어 사방으로 돌아본다.

뾰족한 돌이 있으면 군인 가고, 굽어 와서 살찐 호박 같으면 술 보내는 사람 되고, 곧게 들어오면 넘어져 물에 빠지고, 보내고 요란하면 음하고 죽을상이고, 보내고 좌우로 들어오면 쌍으로 땅이 생긴다.

두 개의 둥근 봉이 사귀지 못하고 망가지면 저주받아 눈병을 앓고, 앞산이 서로 달려가고 또 옆 봉이 있으면 온병에 걸린다. 넘어지고도 중심이 크면 괴물 부를 상이고, 물결 같은 것은 수마 볼 상이다. 엎어진 배는 물에 빠지고, 주먹을 뽐냄은 주먹으로 집을 일으킨다. 바둑판은 편함이고, 저울과 말박은 부자 된다. 둥근 키나 하늘 무지개는 귀하고 녹을 먹을 상이다. 안대에 험한 돌이 있으면 피해서 묘에서 보이지 않게 해야 한다.

其間 有以色取者 有以形取者 有以聲取者 有以氣取者 有以勢取者
기간 유이색취자 유이형취자 유이성취자 유이기취자 유이세취자
有以方取者
유이방취자
有以意取者 亦在達者 變以通之耳
유이의취자 역재달자 변이통지이

그간에 색깔로 취하는 경우가 있고, 형으로 취하는 경우가 있고,

소리로 취하는 경우가 있고, 기운으로 취하는 경우가 있고, 세력으로 취하는 경우가 있고, 방향으로 취하는 경우가 있고, 뜻으로 취하는 경우가 있는데, 통달한 자가 변통함에 있는 것이다.

遠朝篇 第十二
원조편 제십이

凡山來朝 皆吉也①
범산래조 개길야
以天星斷之 吉山 不可以低弱 惡山 不可以凶頑 凶山
이천성단지 길산 불가이저약 악산 불가이흉완 흉산
雖凶 而秀麗姸巧 四吉之山 高秀層獻相當 則無不吉也
수흉 이수려연교 사길지산 고수층헌상당 칙무불길야
五凶之山 矗惡嶮恠來射 而四吉山 反低弱 則凶也②
오흉지산 추악험괴래사 이사길산 반저약 즉흉야

① 三停六建三陽朝者 有官 又看五行生旺山高 無氣山低 謂本山五音也// 삼정, 육건이나 삼양이 내 조하면 관록이 있고, 오행으로 생왕한 산은 높고 무기력한 산은 낮은데, 이는 본산 오음을 말한다.

② 貪巨武輔爲四吉 祿文廉破爲四凶 弼 與吉倂卽吉 如凶倂卽凶 故 爲五凶// 탐랑, 거문, 무곡, 좌보 는 사길이고, 녹존, 문곡, 염정, 파군은 사흉이며, 우필은 길성과 같이 있으면 길하고, 흉성과 같이 있으면 흉하므로 오흉이다.

모든 산이 와서 조공하면 길하다. 천성으로 판단할 때 길한 산은 낮거나 약하면 안 되고, 악산은 흉악하면 안 된다.

산이 비록 흉하더라도 수려하고 예쁘고 사길 방위의 산이 높이 수려하고 층층이 들어 상당하면 길하지 않음이 없다.

다섯 가지 흉한 산은 추하고, 악하고, 험하고, 괴상하여 쏘아오고,

사길 방위의 산이 도리어 낮거나 약한 것으로 흉하다.

故 武破齊者 雖富而遇毒 或有癭瘤之病③ 貪巨齊者 壽而富
고 무파제자 수부이우독 혹유영류지병   탐거제자 수이부
文破齊者 主破敗也
문파제자 주파패야
文廉齊者 邪毒落水④ 巨獨高者 出長年 祿貪齊者 世祿而貴
문염제자 사독락수   거독고자 출장년 녹탐제자 세녹이귀
貪獨秀者 富而有官
탐독수자 부이유관
③ 武低 亦少子也 // 무곡이 낮으면 또한 자손이 적다.
④ 凡言齊者 高猛也 // 보통 나란하다고 말하는 것은 높고 용맹하다.

고로 무곡과 파군이 가지런하면 비록 부자라도 독을 만나거나 혹은 혹 달린 병이 있고, 탐랑과 거문이 가지런하면 장수하고 부할 것이고, 문곡과 파군이 가지런하면 주로 파 패한다. 문곡과 염정이 가지런하면 사독하고 물에 빠지고, 거문이 홀로 높은 자는 장년이 나오고, 녹존과 탐랑이 가지런하면 대대로 녹을 먹고 귀하고, 탐랑이 홀로 빼어나면 부하고 관운이 있다.

凡朝山 又得重福之山 此爲至吉也 重福者 若艮山而得貪狼山朝
범조산 우득중복지산 차위지길야 중복자 약간산이득탐랑산조
巽山而得巨門山朝 兌山而得武曲山朝 坤山而得左輔山朝
손산이득거문산조 태산이득무곡산조 곤산이득좌보산조
其餘重凶之山 遇恠惡之形 灾也可知
기여중흉지산 우괴악지형 재야가지

무릇 조산이 거듭 중복된 산을 얻으면 이는 지극히 길하니, 중복

이란 간산에 탐랑산이 조회함을 얻고, 손산이 거문산이 조회함을 얻고, 태산이 무곡산의 조공을 얻고, 곤산이 좌보산의 조공을 얻음이다. 기타 거듭 흉한 산이 괴악한 형체를 만나면 재앙 있는 줄 알 것이다.

凡朝對之山 最要陰陽相應⑤ 設或重重相接 雖非陰陽相應而吉星臨之
범조대지산 최요음양상응　　설혹중중상접 수비음양상응이길성임지
亦是佳處
역시가처
若非左抱右掩 朝揖排衙之類而直來前衝射塚 其形恠惡 名曰賊山
약비좌포우엄 조읍배아지류이직래전충사총 기형괴악 명왈적산
則主殺傷劫盜也
즉주살상겁도야

⑤ 乾坎艮震爲陽 坤巽離兌爲陰 又以支干陽爲奇 陰爲耦也// 건감간진은 양이 되고 곤손이태는 음이 된다. 또 간지로써 양은 홀수가 되고 음은 짝수가 된다.

조산은 음양이 서로 응하는 것이 가장 중요한데, 설혹 중첩되게 접하면 비록 음양이 상응하고 길 성이 임하지 아니해도 역시 좋은 곳이다.

만일 좌우로 감싸주고 조공하며 배알하지 아니하고 곧게 앞으로 와서 무덤을 쏘아주고 그 형상이 괴악하면 적산이라 부르니, 살상하고 도적이 나온다.

水口篇 第十三
수구편 제십삼

水口 欲其塞而狹 有山故也 水口 不可安宅 安宅則衰敗
수구 욕기색이협 유산고야 수구 불가안택 안택칙쇠패
山如銅魚 如覆釜 富也
산여동어 여복부 부야
覆鍾 貴也 如筆 文官也
복종 귀야 여필 문관야
如簾幕 如屛風 如勒馬는 大吉也① 如交刀② 有惡石③ 如拖槍
여렴막 여병풍 여늑마는 대길야   여교도   유악석   여타창
如伏屍 皆凶也
여복시 개흉야
圓峰聚者 佳④如卓槍不倒而伏者 佳也 不然則凶
원봉취자 가   여탁창불도이복자 가야 불연칙흉
有雙峯則曰扞門 大吉也 水口如牛頭 主中毒藥 有繩 自縊 如交刀者
유쌍봉칙왈한문 대길야 수구여우두 주중독약 유승 자액 여교도자
傷死也
상사야

① 凡此皆吉// 대개 이러한 것은 길하다.
② 四山射塚 水口有如交刀 傷死也// 사방 산이 쏘아오고 수구 교도가 있으면 상사를 당한다.
③ 墳不見 可用 如峯活 又斜倒 退地也// 무덤에서 보이지 않으면 쓸 수 있고, 봉우리가 꿈틀대고 경사지고 넘어지면 패지다.
④ 不交刀也// 교도가 아니다.

수구는 막아주고 좁아야 하니 산이 있기 때문이다. 수구에는 집을 짓지 말아야 하니 집을 지으면 쇠패한다. 산이 동어나 복부와 같으면 부자가 되고, 종을 엎어놓은 듯하면 귀하고, 붓 같으면 문관이다.
장막 같고 병풍 같고 굴레 쓴 말 같으면 대길하고, 칼이 엇갈린 듯하고 악석이 있고 창과 같고 시체 같으면 모두 흉하다.

둥근 봉이 모여 있으면 좋고, 큰 창이 거꾸로 있지 않고 엎드린 경우는 좋다. 그렇지 않으면 흉하다.

쌍 봉우리가 있으면 한문이라 하는데 대길하고, 수구가 소머리 같으면 독약에 중독되고, 줄 끈이 있으면 목매고, 칼이 겹치면 상사하게 된다.

大凡擇地 惟當謹於水口 盖山水結聚 皆歸於此
대범택지 유당근어수구 개산수결취 개귀어차
將入一州邑 一鄕里 一原奧 此皆爲先
장입일주읍 일향리 일원오 차개위선
則其間 有無陰陽美惡 什矣得七八矣
즉기간 유무음양미악 십의득칠팔의

대개 자리를 가리려면 당연히 수구를 조심해 보아야 하는데, 대개 산의 물이 모여서 모두 여기에 모이기 때문이다.

장차 한 고을과 한 마을과 한 지역에 들어갈 때 이것을 우선으로 하면, 그 사이에 음양과 미악이 있고 없고가 십중팔구이다.

風入篇 第十四
풍입편 제십사

凡穴 欲有屛翰 無屛翰則風入而凶
범혈 욕유병한 무병한즉풍입이흉
故 天門風入 主無官 又死不歸葬
고 천문풍입 주무관 우사불귀장
艮風吹坤 主狂邪妖魅及盲病
간풍취곤 주광사요매급맹병

震風吹兌 主貧及婦人狂病

진풍취태　주빈급부인광병

兌風吹震 主女亡男賤　且有鬼魅

태풍취진　주여망남천　차유귀매

乾風吹巽 主去鄕邑田宅無主及有官事

건풍취손　주거향읍전택무주급유관사

巽風吹乾 主貧窮劫賊　不利子孫

손풍취건　주빈궁겁적　불이자손

坤風吹艮 主男子不安　婦人長病産死客欺　主及市死

곤풍취간　주남자불안　부인장병산사객기　주급시사

離風吹坎 主火災傷人

이풍취감　주화재상인

坎風吹離 主賤病困苦

감풍취이　주천병곤고

혈에는 병풍과 날개가 있어야 하니, 병풍과 날개가 없으면 바람이 들어와 흉하기 때문이다.

그러므로 천문풍이 들어오면 주로 관운이 없고 또 죽은 뒤 장사할 곳이 없다.

간풍이 곤방으로 불어오면 주로 광질과 요괴에 홀리고 눈이 먼다.

진풍이 태방으로 불어오면 가난하고 부인이 광병이 있다.

태풍이 진방으로 불어오면 주로 여자는 죽고 남자는 천하며 또 귀신병이 있다.

건풍이 손방으로 불어오면 주로 고향을 떠나고 토지 집이 주인이 없고 관청일이 있다.

손풍이 건방으로 불어오면 가난과 도적맞고 자손에게 불리하다.

곤풍이 간방으로 불어오면 주로 남자는 불안하고 부인은 오랜 병과 산액이 있고 손님이 주인을 속이고 시장에서 죽는다.

　이풍이 감방으로 불어오면 주로 화재로 사람이 다친다.

　감풍이 이방으로 불어오면 주로 천하고 병들고 고생한다.

　　坎爲廣莫風　主路死水死火灾　內亂連死常雙
　　감위광전풍　주로사수사화재　내란연사상쌍
　　艮爲條風　主鬼魅 及虎咬死者
　　간위조풍　주귀매 급호교사자
　　震爲明庶風　主奴婢凌主 及樹死兵死絶後
　　진위명서풍　주노비능주 급수사병사절후
　　巽爲淸明風　主縣官言詞及樹死癲狂
　　손위청명풍　주현관언사급수사전광
　　離爲景風　主火灾子孫兵亡
　　이위경풍　주화재자손병망
　　坤爲凉風　主絶戸
　　곤위량풍　주절호
　　兌爲閶闔風　主子孫兵亡妻妾瘟病産死　兼害男及貧乏
　　태위창합풍　주자손병망처첩온병산사 겸해남급빈핍
　　乾爲不周風　主離鄕
　　건위불주풍　주이향

　감방은 광전풍이니 주로 노사 수사 화재 내란으로 항상 쌍으로 죽고,

　간방은 조풍이니 주로 귀신병과 범에 물려 죽고,

　진방은 명서풍이니 주로 노비가 주인을 능멸하고 나무에서 죽고 군대 가서 죽고 후손이 끊긴다.

　손은 청명풍이니 주로 고을 관리에게 말 듣고 나무에서 죽고 광질이 있다.

　이는 경풍이니 주로 화재와 자손이 군대 가서 죽고,

곤은 량풍이니 대가 끊기고,

태는 창합풍이니 자손이 전생으로 죽고 처첩이 온병에 걸리거나
출산하다가 죽고, 겸하여 남자가 해롭고 가난하다.

건은 불주풍이니 주로 고향을 떠난다.

有子無午 門戶衰 三子盲 有火災
유자무오 문호쇠 삼자맹 유화재

有午無子 絶嗣 主落水
유오무자 절사 주낙수

有丑無未 無貴勢 主勞嗽
유축무미 무귀세 주노수

有未無丑 主赴法而奴婢害主 及投軍
유미무축 주부법이노비해주 급투군

有寅無申 男貴女貧 主逃亡
유인무신 남귀여빈 주도망

有申無寅 女貴男貧 主虎傷
유신무인 여귀남빈 주호상

有酉無卯 婦女不順而多盲
유유무묘 부녀불순이다맹

有卯無酉 孤獨 主野雞之疾 腰背之病
유묘무유 고독 주야계지질 요배지병

有辰無戌 主男賤
유진무술 주남천

有戌無辰 主女賤
유술무진 주여천

有巳無亥 無官
유사무해 무관

有亥無巳 乏財 又主蛇傷
유해무사 핍재 우주사상

자는 있고 오가 없으면 가문이 쇠하고 삼자가 눈멀고 화재가 발생
한다.

오는 있고 자가 없으면 대가 끊기고 물에 빠지고,

축은 있고 미가 없으면 귀한 세력이 없고 해수병이 생기고,

미는 있고 축이 없으면 법망에 걸리고 노비가 주인을 해하며 군대
가고,

인은 있고 신이 없으면 남자가 귀하고 여자는 가난하며 주로 도망
가고,

신은 있고 인이 없으면 여자가 귀하고 남자는 가난하며 범에게 다
친다.

유는 있고 묘가 없으면 부녀가 순종하지 않으며 봉사가 되고,

묘는 있고 유가 없으면 고독하고 야계 병(치질)과 허리 병이 있고,

진은 있고 술이 없으면 주로 남자가 천하고,

술은 있고 진이 없으면 주로 여자가 천하다.

사는 있고 해가 없으면 벼슬이 없고,

해는 있고 사가 없으면 재물이 없고 또는 뱀에게 상한다.

風 由丙入者 女人爲伎
풍 유병입자 여인위기
由丁入者 主瘡痍
유정입자 주창이
由庚入者 痔病
유경입자 치병
由辛入者 病舌
유신입자 병설

由壬入者 女淫
유임입자 여음
由癸入者 主毒藥
유계입자 주독약
子午有風入 多殘疾惡逆
자오유풍입 다잔질악역
寅午戌俱有風入者 主兵死
인오술구유풍입자 주병사
丑未辰戌具有風入者 主衰微
축미진술구유풍입자 주쇠미
卯酉俱有風入者 主瘖瘂無後
묘유구유풍입자 주음아무후
未坤俱有風入者 主子孫無賴爲偸市死 家有火災
미곤구유풍입자 주자손무뢰위투시사 가유화재
巳酉丑俱有風入者 主死
사유축구유풍입자 주사

바람이 병방으로 들어오면 여인이 기생 되고,

정으로 들어오면 창질이요,

경으로 들어오면 치질 병이요,

신으로 들어오면 혀의 병이요,

임으로 들어오면 여자가 음란하고, 계로 들어오면 독약이요,

자·오방에 바람이 들어오면 잔질과 악질이요,

인·오·술방에 함께 바람이 들어오면 주로 군에서 죽고,

진·술·축·미방에 함께 바람이 들어오면 주로 쇠미하고,

묘·유방에서 바람이 들어오면 벙어리요, 후사가 없고,

미·곤방에서 바람이 들어오면 자손이 의지할 곳 없이 도적질하
고 시장에서 죽게 되며 집에는 화재가 발생하고,

사 · 유 · 축에 바람이 들어오면 주로 사망한다.

大抵四圍裹抱緊密 掩映層疊 則風無自入
대저사위과포긴밀 엄영층첩 칙풍무자입
凡風之所入 皆由山有缺陷
범풍지소입 개유산유결함
故 棺倒屍側 人魂不安 生人受禍 坐向雖得吉星臨之 而災不免矣
고 관도시측 인혼불안 생인수화 좌향수득길성임지 이재불면의

대저 사방에서 싸주고 긴밀하게 가려주어 층층이 겹치면 바람이
들어오지 못한다.

대개 바람이 들어오는 것은 모두가 산에 결함이 있기 때문이다.

그러므로 관이 뒤집히고 시체가 기울어져 혼령이 불안하고 산 사
람이 환란을 받으니 좌향에 비록 길성이 임한다 해도 재앙을 면키
어려우니라.

應龍篇 第十五
응룡편 제십오

應龍 乃八山相剋之山
응룡 내팔산상극지산
假如乾山 以離爲應龍
가여건산 이이위응룡
坎山 以坤爲應龍
감산 이곤위응룡
艮山 以巽爲應龍
간산 이손위응룡
震山 以兌爲應龍
진산 이태위응룡

巽山 以乾爲應龍
손산 이건위응룡
坤山 以巽爲應龍
곤산 이손위응룡
癸山 用坤 辛山 用丁 甲山 用庚 乙山 用辛 丙山 用癸 丁山 用壬
계산 용곤 신산 용정 갑산 용경 을산 용신 병산 용계 정산 용임
凡山 以案山所見之方來朝而秀者 爲應龍
범산 이안산소견지방래조이수자 위응룡
星吉用此爲官 星凶用此爲鬼也
성길용차위관 성흉용차위귀야

응룡이란 팔산이 서로 극하는 산이다.

가령 건산은 이가 응룡이요, 감산은 곤이 응룡이요,

간산은 손이 응룡이요,

진산은 태가 응룡이요,

손산은 건이 응룡이요,

곤산은 손이 응룡이다.

계산은 곤을 쓰고, 신산은 정을 쓰고, 갑산은 경을 쓰고, 을산은 신을 쓰고, 병산은 계를 쓰고, 정산은 임을 쓴다.

무릇 산은 안산으로 보이는 방위가 조회하고 수려한 자가 응룡이니, 성이 길하면 이것이 관이 되고 성이 흉하면 이것이 귀가 되느니라.

裁穴篇160) 第十六
재혈편　　제십육

下穴之法 山有老嫩①故 大山 用麓② 小山 用腹 支用其巓 壟用其足

하혈지법 산유노눈 고 대산 용록　소산 용복 지용기전 롱용기족

凡裁穴 不可於山之胸 則人不安 於山之頭 則子孫暴滅 於山之腰

범재혈 불가어산지흉 즉인불안 어산지두 즉자손폭멸 어산지요

則子孫頑鈍

즉자손완둔

於山之爪 則子孫貧寒

어산지조 즉자손빈한

要之 能審形勢 知穴之所在則佳 故 東望則西高 西望則東起

요지 능심형세 지혈지소재즉가 고 동망즉서고 서망즉동기

南望則北障 北望則南仰

남망즉북장 북망즉남앙

此名四會之地 其吉莫有加者

차명사회지지 기길막유가자

① 土多爲嫩 石多爲老 忌土浮不實 頑枯無肉// 흙이 많으면 어린 산이고, 돌

---

160) 재혈편에서는 혈을 잡는 법에서 산의 위치 따른 길흉을 설명하고, 형세적 판단에서는 음래양수 또는 양래음수의 원칙에 따르고 있다. 또한 혈 자리의 깊이와 얕은 것은 혈중 구성과 자백법을 설명하고 있다. 즉, 척(尺)은 구궁으로 순비(順飛)하고 촌(寸)은 자백법(紫白法)으로 순비한다. 척수(尺數)를 재는 데는 乾山은 巨門에서, 艮山은 文曲에서, 坤山은 破軍에서, 離山은 廉貞에서, 坎山은 武曲에서, 兌山은 祿存에서, 震山은 左輔에서, 巽山은 右弼에서 시작하여 尺마다 1星식 순비 하여 貪狼 武曲 巨門 左輔 右弼을 얻으면 길하고 破軍 廉貞 祿存 文曲은 흉하다. 촌수(寸數)를 재는 데는 乾山은 四綠에서, 巽山은 五黃에서, 艮山은 六白에서, 震山은 七赤에서, 離山은 八白에서, 兌山은 九紫에서, 坎山은 二黑에서, 坤山은 三碧에서 每寸마다 1宮식 진행한다. 이를 표시하면 아래 표와 같다.

巽 右弼 五黃	離 廉貞 八白	坤 破軍 三碧
震 左輔 七赤	中 貪狼 一白	兌 祿存 九紫
艮 文曲 六白	坎 武曲 二黑	乾 巨門 四綠

이 많으면 늙은 산이다. 흙이 떠서 부실하면 안 되고, 살이 없이 말라도 안 된다.

② 麓者 本山之足 土石相半 色澤滋潤者 佳 忌焦頑不可穿// 산기슭은 본산의 다리인데, 흙과 돌이 반씩 섞이고 색택이 자윤한 것이 좋고, 뚫을 수 없 이 마른 것은 좋지 않다.

혈을 잡는 법은 산이 늙고 어림이 있어서 큰 산은 산기슭에 쓰고 작은 산은 배를 사용한다. 가지에는 그 이마에다 쓰고 언덕은 그 발 에다 쓴다.

무릇 재혈을 산의 가슴에 하면 사람이 불안하고, 산의 머리에 하 면 자손이 난폭하고 멸망하고, 산의 허리에 하면 자손이 우둔하고, 산의 발톱에 하면 자손이 빈한하다.

요컨대 능이 형세를 살펴서 혈 자리를 알면 좋은 것이다. 동에서 바라보면 서쪽이 높아 보이고, 서에서 바라보면 동편이 일어나 보이 고, 남에서 바라보면 북쪽이 막아주고, 북에서 바라보면 남쪽이 우 러러 보이면, 이러한 것을 사방에서 모여드는 땅이라 하는데, 더할 수 없이 길한 것이다.

凡山 蓋有自然之穴 非得於心目之妙者 莫能知 不論高下左右也
범산 개유자연지혈 비득어심목지묘자 막능지 불론고하좌우야
對山 有高有低 有小有大 主山 有緩有急 有曲有直
대산 유고유저 유소유대 주산 유완유급 유곡유직
故 對山 高峻 則穴宜上 對山 平衍 則穴宜低 秀在左 則宜左對
고 대산 고준 즉혈의상 대산 평연 즉혈의저 수재좌 즉의좌대
秀在右則宜右對
수재우즉의우대
至山有惡狀 水有惡星 或高或下 或左右 或進退顧 可趨而避之
지산유악장 수유악성 혹고혹하 혹좌우 혹진퇴고 가추이피지

不可拘常無變

불가구상무변

　대개 산에는 자연으로 된 혈이 있는데, 마음과 안목의 묘리를 얻은 사람이 아니면 알 수 없으니, 높거나 낮거나 좌우를 논하지 않는다.

　상대하는 산은 높고 낮은 것이 있고 작고 큰 것이 있으며, 주산은 느리고 급한 것이 있고 굽고 곧은 것이 있다.

　그러므로 상대하는 산에 높으면 높은 혈이 마땅하고 평평하면 낮은 혈이 마땅하다. 수려함이 왼편에 있으면 왼편을 대하고 수려함이 오른편에 있으면 오른편을 대하라.

　산에는 흉한 상이 있고, 물에도 흉한 성이 있으면, 혹은 높고 혹은 낮으며, 혹은 왼쪽에 혹은 오른쪽에 있고, 혹은 나가고 물러나면서 살펴보아 피해야지, 통상에 얽매여서 변화가 없으면 안 된다.

凡地土之陷缺者　可塡之　滯者　可鋤之　如人有贅疣可去者　去之

범지토지함결자　가전지　체자　가서지　여인유췌우가거자　거지

有病可醫者醫之

유병가의자의지

謂之報恩之地　子孫獲福

위지보은지지　자손획복

　무릇 땅이 함하거나 무너진 곳은 채울 수 있고, 막힌 데는 파내면 되는 것이다. 사람이 없앨 수 있는 사마귀가 있으면 제거하고, 치료할 수 있는 병이 있으면 치료하는 것과 같은데, 이것을 보은하는 땅은 자손이 복을 얻는다고 한 것이다.

凡一山 有三穴 曰官曰富曰泥 不可不愼

범일산 유삼혈 왈관왈부왈니 불가불신

其或有急山急水 可以裁穴於慢處 慢山慢水 則裁穴於急處

기혹유급산급수 가이재혈어만처 만산만수 즉재혈어급처

山直 宜裁穴於曲處 山曲 宜裁穴於直處

산직 의재혈어곡처 산곡 의재혈어직처

猛則安之偎側處 酌然無害 則當心爲當也

맹즉안지외측처 작연무해 즉당심위당야

凡山頭 或微下兩支 於兩頭爲穴 三支齊下 則穴處其中 此 下穴之變也

범산두 혹미하양지 어양두위혈 삼지제하 즉혈처기중 차 하혈지변야

대체로 산에 세 가지 혈이 있는데 '관'과 '부'와 '이'이니 삼가지 않으면 안 된다.

혹시 급한 산이나 급한 물이 있으면 느슨한데 혈을 재혈하고, 느슨한 산과 물에는 급한 곳에 재혈한다.

산이 곧으면 굽은 곳에서 재혈하고, 산이 구불구불하면 곧은 곳에 재혈 한다.

사나우면 어렴풋한 곁에 안치하고 무해하다고 짐작되면 중심이 마땅하다.

대개 산봉우리에 혹시 작은 두 가지가 뻗었으면 두 봉우리가 혈이 되고, 세 가지가 가지런하면 혈은 그 가운데에 있다. 이는 하혈의 변 법이다.

蓋不知水 不可以言穴 知水之所趨 則知穴矣

개불지수 불가이언혈 지수지소추 즉지혈의

凡下穴落路 當二辰之向者 水犯其一 進退左右 選之 可也 不偏

범하혈낙로 당이진지향자 수범기일 진퇴좌우 선지 가야 불이

則不能無灾

즉불능무재

今人 有學山水 用龍虎九六之步 量穴 又有五音之忌

금인 유학산수 용용호구육지보 양혈 우유오음지기

此盖不知天星之要

차개불지천성지요

물을 알지 못하면 가히 혈을 말할 수 없고, 물의 가는 바를 알면 혈을 안다.

대개 혈을 잡을 때 두 방향의 향할 바를 당하여 물이 그 한 방위를 범하면 진퇴나 좌우를 잘 선택하라. 그렇지 아니하면 능히 재앙이 없을 수 없다.

요즘 사람들이 산수를 배울 적에 용호 간에 9와 6의 보수로 혈을 헤아리고 또 오음을 싫어하니, 이는 대개 천성의 중요함을 모르기 때문이다.

爾下墳一山 卽不可下三穴 何則 地移一寸則山移 山移則水移 吉星

이하분일산 즉불가하삼혈 하즉 지이일촌즉산이 산이즉수이 길성

從之變矣

종지변의

至明堂 又各有所占 盖不能皆吉 而禍福之來 不能無差別也③

지명당 우각유소점 개불능개길 이화복지래 불능무차별야

③ 經云十步換形 是也// 경에 이르기를, 십 보면 모습이 바뀐다는 것이 그 것이다.

한 산에 한 묘를 쓰고 세 혈을 쓰지 않을지니 어찌함인가? 자리가 한 치를 옮기면 산이 옮겨지고, 산이 옮기면 물길이 옮겨져서 길 성이 따라 변하게 된다.

명당에 이르러서 각각 점치는 바가 있으니, 대개 모두 길할 수가 없고, 화복이 오는 것에도 차별이 없을 수 없다.

凡兩新夾故 則故墳敗 兩故夾新 則新墳亡
범양신협고 즉고분패 양고협신 즉신분망
兩女夾男 則男疾 兩男夾女 則女傷
양여협남 즉남질 양남협여 즉여상
夫婦同葬 則原於配合 尊卑相厠 則陰陽和 失其道理 則生淫亂
부부동장 즉원어배합 존비상측 즉음양화 실기도리 즉생음난

대개 두 자리 새로운 묘가 고묘를 끼워놓으면 고분이 패하고, 두 자리 고분에 하나의 새로운 묘를 끼고 있으면 새로운 묘가 망한다.

두 여자가 남자를 끼고 있으면 남자가 병들고, 두 남자가 한 여자를 끼고 있으면 여자가 상한다.

부부를 함께 장사하면 배합이 맞아야 하고, 높은 자 낮은 자가 곁에 있으면 음과 양이 화합됨이니, 그 도리를 잃으면 음란함이 발생하리라.

下穴深淺則依穴中九星 乾山起巨門 艮山起文曲 坤山起破 離山起廉
하혈심천즉의혈중구성 건산기거문 간산기문곡 곤산기파 이산기염
坎山起武
감산기무
兌山起祿 震山起輔 巽山起弼
태산기록 진산기보 손산기필
假如艮山起文 則五尺得輔 六尺得弼 七尺得貪 但握指下飛也
가여간산기문 즉오척득보 육척득필 칠척득탐 단악지하비야
其序 以貪巨祿文廉武破輔弼 凡九星而貪不係起例也
기서 이탐거녹문염무파보필 범구성이탐불계기례야

혈 자리의 깊이와 얕은 것은 혈중 구성에 의하는 것이니 건산에서 거문을 일으키고, 간산에 문곡, 곤산에 파군, 이산에 염정, 감산에 무곡, 태산에 녹존, 진산에 보성, 손산에 필성을 일으킨다.

가령 간산에 문곡을 일으키면 다섯 자에 보성을 얻고 여섯 자에 필성을 얻고 일곱 자에 탐랑을 얻으니 단지 손가락을 잡고 움직인다.

그 순서는 탐랑, 거문, 녹존, 문곡, 염정, 무곡, 파군, 보필이니 모두 구성이지만 탐랑은 일으키는 예와 관계없다.

其寸 用穴白之法 乾起四綠 巽起五黃 坎起二黑 震起七赤 離起八白
기촌 용혈백지법 건기사록 손기오황 감기이흑 진기칠적 이기팔백
艮起六白
간기육백
坤起三碧 兌起九紫 假如艮山 起六白則一寸得六白 三寸得八白
곤기삼벽 태기구자 가여간산 기육백칙일촌득육백 삼촌득팔백
五寸得一白矣
오촌득일백의
如艮山 當用六尺五寸爲吉 餘 不須用也
여간산 당용육척오촌위길 여 불수용야

그 치수는 혈의 자백법을 사용하니 건에 사록을 일으키고, 손에 오황, 감에 이흑, 진에 칠적, 이에 팔백, 간에 육백, 곤에 삼벽, 태에 구자를 일으키니, 가령 간산에 육백을 일으키면 한 치가 육백이요, 세 치가 팔백이요, 다섯 치가 일백을 얻는다.

간산이라면 마땅히 여섯 자 다섯 치가 길하니 나머지는 모름지기 쓰지 못한다.

折水篇 第十七
절수편 제십칠

裁穴折水理 最微妙
재혈절수이 최미묘

假如乾山來短 來山却是亥
가여건산래단 내산각시해

今俗師 爲見所坐乾山短 便以亥山爲主 更不將乾山折水 此一病也
금속사 위견소좌건산단 편이해산위주 갱부장건산절수 차일병야

或有只將所入乾山折水 却不將亥山折前面水 此二病也
혹유지장소입건산절수 각부장해산절전면수 차이병야

재혈하고 절수하는 이치가 가장 미묘하다.

가령 건 산이 짧게 뻗어오면 뻗어오는 산을 해산으로 본다.

속사들은 건 산이 짧은 것만 보고 문득 해산으로 위주해서 건 산을 가지고 절수하지 않으니 이것이 한 가지 병이요, 혹은 단지 들어온 건 산만 가지고 절수하고 해산의 전면수를 절수하지 않으니 이것이 두 가지 병이다.

假如乾山來落 從坐山而逆量 只有十丈 卽從墳前 順折乾山十丈水
가여건산내락 종좌산이역량 지유십장 즉종분전 순절건산십장수

如後山二十丈是亥 更須相接絶亥水二十丈 各以本山折水也
여후산이십장시해 경수상접절해수이십장 각이본산절수야

如壬寅午戌① 乙坤② 辛巽③ 皆折亥水也
여임인오술 을곤 신손 개절해수야

① 亥山之武曲水也// 해산에 무곡수이다.
② 亥山之左輔水也// 해산에 좌보수이다.
③ 亥山之貪狼水也// 해산에 탐랑수이다.

가령 건 산으로 떨어져서 좌산에서 거슬러 헤아려 열 길이 되면 묘지 앞으로 건 산 열 길 물을 절수하고, 후룡 이십 장이 해가 되면 다시 상접한 곳에 해수 이십 장을 꺾으니 각각 본산으로 절수함이다. 가령, 임인오술, 을곤, 신손은 모두 해수를 절함이다.

後若更有戌山　則取戌山下折水
후약갱유술산　즉취술산하절수
更有壬山　則取壬山下折水　他山倣此
갱유임산　즉취임산하절수　타산방차
而又二十四山　其來　多帶他山來
이우이십사산　기래　다대타산래
假如艮山則有寅　艮山　有一二分寅　則不妨
가여간산즉유인　간산　유일이분인　즉불방
若及三四分以上　各以本山折水　如此則吉
급삼사분이상　각이본산절수　여차즉길

후에 만일 다시 술산이 있은즉 술산 하에 절수하고,
임산이 있은즉 임산하에 절수하는데, 다른 것도 이와 같다.
또 이십 사산이 오는데 다른 산을 많이 대동하고 온다.
가령 간산은 인이 있는데, 간산에 1~2분의 인이 있으면 무방하지만,
만일 3~4분 이상이면 각각 본산으로 절수해야 하니, 이와 같으면 길하다.

凡折水　須以塚宅前而量起
범절수　수이총택전이양기
假如乾山來不雜　或十里二十里　則自從塚宅前
가여건산래불잡　혹십리이십리　즉자종총택전

量起折乾山合用水
량기절건산합용수
若甲④丁巳酉丑⑤ 乙坤⑥ 辛巽⑦ 是也
약갑 정사유축 을곤 신손 시야
④ 貪水라 ⑤ 巨水라 ⑥ 武水라 ⑦ 輔水라

무릇 물을 따지는 것은 모름지기 무덤이나 집 앞에서 헤아리는데, 가령 건산으로 내려와 섞이지 아니하고 혹 십 리나 이십 리가 되면 무덤이나 집 앞으로부터 계산해서 건산과 합하는 물을 따진다. 갑이나 정·사·유·축이나 을·곤이나 신·손 같은 것이 이것이다.

平地水 亦自然流勢 謂之乾辰水⑧ 不必盡拘溝港
평지수 역자연류세 위지건진수 불필진구구항
若要平地發水分明 則須開溝港 通水路 縱使大河 行亦須要合本山
약요평지발수분명 즉수개구항 통수로 종사대하 행역수요합본산
⑧ 乾 음干// 乾은 음이 '건'이다.

평지 물은 자연이 흐르는 기세이니 '건진수'라고 하는데, 도랑에 반드시 구애받지는 않는다.

평지에서 발한 물을 분명하게 하려면 모름지기 도랑을 파서 수로와 통하게 해야 하는데, 비록 큰물이라도 본산과 합하게 흘러야 하는 것이다.

凡平地 三年行一步 若折得一里 是三百年灾福 不必更遠
범평지 삼년행일보 약절득일리 시삼백년재복 불필갱원
假如水流高峻 一年折一步 亦有百許年灾福
가여수류고준 일년절일보 역유백허년재복

凡主山 來長 只要有力 如是 難得回抱 只得特達

범주산 래장 지요유력 여시 난득회포 지득특달

一山前面 有一道分明水 合天星 所謂單山獨水 貴地也

일산전면 유일도분명수 합천성 소위단산독수 귀지야

평지에서 3년에 한 걸음씩 가는데, 1리를 얻었다면 300년 재복을 받으니 반드시 멀 필요는 없다.

가령 물이 높은 데서 흐르면 1년에 1보씩 가니, 또한 100년쯤 재복이 있다.

무릇 주산이 길게 오면 힘이 있어야 하는데, 이와 같다면 둘러 싸주기 어려우니 단지 특달하면 된다.

하나의 산이 전면에 한 가닥 분명한 물이 있어서 천성과 합하면 이른바 '단산독수'이니 귀한 자리다.

惡石篇 第十八
악석편 제십팔

石者 山之骨也 山不可無骨 惟忌其露耳

석자 산지골야 산불가무골 유기기로이

凡帶土者 非露也

범대토자 비로야

露 猶未足深忌 有惡狀者 山家大畏也

로 유미족심기 유악상자 산가대외야

不惟本山如此 諸山 亦不可有惡狀之石

불유본산여차 제산 역불가유악장지석

故 有石如獸如人 如口如牙 如刀槍鉅釰者 最凶

고 유석여수여인 여구여아 여도창거일자 최흉

塚所不見 不爲災也 安穴 不可不避

총소불견 불위재야 안혈 불가불피

돌이란 산의 뼈이다. 산에는 뼈가 없을 수 없지만, 오직 드러남을 꺼린다.

무릇 흙을 갖고 있으면 드러난 것이 아니다. 드러남은 크게 꺼릴 것이 아니지만, 흉악한 형상은 산가에서 크게 두려워한다.

본산뿐 아니라 모든 산에 흉악한 형상의 돌이 있으면 안 된다.

그러므로 돌이 짐승 같거나 사람 같거나 입이나 이빨 같고 창과 칼 같은 것은 가장 흉하다.

무덤에서 보이지 아니하면 재앙이 되지 않으니 혈에서 피하지 않을 수 없다.

夫案山 有磋峨之石者 遭論訟①驛馬 有薄雲之石者 遭論入公②
부안산 유차아지석자 조론송 역마 유부운지석자 조론입공
劫山起石者 傷殘血光 因官賣田園
겁산기석자 상잔혈광 인관매전원
東西南北 大石 望塚而射者 出人行劫③
동서남북 대석 망총이사자 출인행겁
前山及龍虎 有亂石者 瘟灾火燒屋
전산급용호 유란석자 온재화소옥

① 一云連年入獄// 어디에는 해마다 감옥에 들어간다고 되어 있다.
② 雖爲朝官 又有倉庫 亦敗也// 비록 조관이 되고 창고가 있더라도 역시 패한다.
③ 一云人貧行劫// 어디에는 사람이 가난해지고 도적질을 한다고 되어 있다.

안산에 차아한 돌이 있으면 송사나 역마를 만나고, 얇은 구름 같은 돌이 있으면 논란으로 공사에 든다.

겁산에 돌이 일어나면 혈광을 상하고 관재로 전원을 잃는다.

동서남북에 큰 돌이 무덤을 바라보고 쏘는 자는 겁박하는 사람이

태어나고,

앞산과 용호에 어지럽게 돌이 있으면 병들고 집에 불난다.

凡石 有形而又斑駁者 皆凶
범석 유형이우반박자 개흉
積石如山 青翠肥圓 秀而大者 吉
적석여산 청취비원 수이대자 길
來山 有巉岩惡惟之石 來射 名曰虎啣金 主刀兵死
래산 유참암악지석 래사 명왈호함금 주도병사
墳左右 有亂石射者 曰龍啣骨 主男女貧
분좌우 유란석사자 왈용함골 주남녀빈

무릇 돌이 형상이 있고 얼룩이 있는 자는 모두 흉하다.

돌무더기가 산 같고 푸르고 살찌고 둥글고 수려하고 큰 자는 길하다.

뻗어오는 산에 추한 돌 괴상한 돌이 있어서 쏘아오면 이는 범이
쇠를 문 것이라 칼이나 병기에 죽고,

무덤 좌우에 어지러운 돌이 쏘아오면 용이 뼈를 물고 있는 것으로
주로 남녀가 가난하다.

申酉 有惟石者 多殃禍 墓邊 有蟲石狀 如虎來之牀 曰石獸 主獄死
신유 유괴석자 다앙화 묘변 유추석상 여호래지상 왈석수 주옥사
官國五鬼 有石而射 主徒刑④
관국오귀 유석이사 주도형
大石 如虎而露鼻者 劫盜刑傷
대석 여호이로비자 겁도형상
白虎起石者 獸傷子孫⑤
백호기석자 수상자손

白虎 生雙石 射塚者 代終于市

백호 생쌍석 사총자 대종우시

④ 在墳左右之謂// 봉분의 좌우를 말한다.

⑤ 非主音也// 주음이 아니다.

신·유방에 있는 괴석은 재앙이 많고, 묘 주변 추한 돌이 쏘아오고 범의 상을 하였으면 석수라 하는데 주로 옥사한다.

관국 방 오귀 방에서 돌이 쏘아오면 주로 형벌 받는다.

큰 돌이 범 같고 코를 드러내놓으면 도적이 나오고 상해를 입는다.

백호방에 돌이 서 있으면 짐승한테 자손이 상해를 입고,

백호방 두 바위가 무덤을 쏘아오면 대대로 시장에서 죽게 된다.

浮砂黑石者 客死他鄕

부사흑석자 객사타향

凡石形 惟惡尖射者 無問五凶四吉之方 皆非吉兆

범석형 괴악첨사자 무문오흉사길지방 개비길조

若秀美峻拔 雖在凶方 亦主富彊也

약수미준발 수재흉방 역주부강야

觀其所在之方 一年一步折之 太歲衡臨 則灾發⑥

관기소재지방 일년일보절지 태세형임 즉재발

餘見圖

여견도

⑥ 惟忌崖嶷之石 平厚者 不忌// 벼랑의 높은 돌만 꺼리는 것이지 평탄하고 후하면 꺼리지 않는다.

푸석한 모래와 검은 돌은 타향에서 객사한다.

무릇 돌 모양이 괴상하고 추하고 뾰족하게 쏘면 오흉방이나 사길방을 불문하고 모두 길조가 아니다.

만일 수려하고 빼어나면 비록 흉방에 있어도 부강 한다.

그 있는 방위를 봐서 1년에 1보씩 계산해서 태세가 임하면 재앙이 생긴다. 나머지는 그림에 나온다.

開地篇 第十九
개지편 제십구

凡穿地 見五色土 皆吉也
범천지 견오색토 개길야
紅粉黃勝 雜以 雲母 餘粮 金砂 石膏 紫石 華翠碧 爲佳
홍분황승 잡이 운모 여량 금사 석고 자석 화취벽 위가
大忌浮砂 黑土 上堅下虛 先彊後困①
대기부사 흑토 상견하허 선강후곤
土重而息者 吉 土輕而耗者 凶
토중이식자 길 토경이모자 흉
① 俱實則佳// 모두 實하면 좋다.

무릇 땅을 파서 오색토를 보면 길하다.

분홍색과 황색이 많고, 운모·여량·금모래·석고·자석이 섞여서 비취색이면 좋다.

푸석한 모래, 검은 흙, 위층은 단단하나 밑은 허하고, 먼저는 강하고 뒤는 곤한 것을 크게 꺼린다.

흙이 무겁고 기름지면 길하고, 흙이 가볍고 토박하면 흉하다.

若得 眞珠 玉石 神龜 龍 蛇 生氣 吉
약득 진주 옥석 신구 용 사 생기 길
古鏡光明潤澤之物 主子孫賢明 當爲侯伯
고경광명윤택지물 주자손현명 당위후백

若得古印及器物寶劒利刃　主世爲將軍

약득고인급기물보검이인 주세위장군

若得魚龍屈穴及犀象　主子孫爲九卿

약득어룡굴혈급서상 주자손위구경

若得狐狸鼠蝟　瓦礫水蟻[161]　皆凶

약득호리서위 와력수의　　개흉

若得古器神異寶玉　皆吉

약득고기신이보옥 개길

若得灰炭及穿陷孔穴

야득회탄급천함공혈

故陶冶廢竈者　主後有長病人

고도야폐조자 주후유장병인

若得五穀金錢　大富

약득오곡금전 대부

만약 진주, 옥석, 신령스러운 거북, 용, 사를 얻으면 생기를 발하여 길하고,

거울같이 밝고 윤택한 물건은 자손이 현명하고 마땅히 제후나 공후가 된다.

만일 옛날 도장이나 그릇, 보검, 예리한 칼 같은 것을 얻으면 대대로 장군이 된다.

만일 물고기나 용의 굴, 물소나 코끼리를 얻으면 주로 자손이 구경이 되고, 만일 여우, 삵, 쥐, 고슴도치, 깨진 기와 조각, 물개미 등을 얻으면 모두 흉하다.

만일 옛날 그릇이나 신기한 보옥은 다 길하고,

만일 석탄과 뚫린 구멍, 옛날 불가마, 쓰러진 부엌을 얻으면 주로

---

161) 水蟻(수의): 물개미.

뒷날 긴 병이 생기고,

만일 오곡이나 금전을 얻으면 크게 부자가 된다.

若得盤石 出印綬 若得白石 主子孫聰明②
약득반석 출인수 약득백석 주자손총명
紫石 出封死 侯 靑石 出貴女也
자석 출봉사 후 청석 출귀녀야
碎石黑石③ 主疾病離鄕客死
쇄석흑석　주질병이향객사
若得活物神異 皆精選也
약득활물신이 개정선야
若得腐棺枯骸骨 主流亡客死
약득부관고해골 주류망객사
② 細膩者// 가늘고 미끈미끈한 것이다.
③ 一作黑炭// 어디에는 흑탄으로 되어 있다.

만일 반석을 얻으면 인수가 나오고, 백석을 얻으면 자손이 총명하다.

자석은 봉후가 나오고 청석은 귀녀가 나온다.

쇄석과 흑석은 질병을 얻고, 고향을 떠나며, 객사한다.

만일 살아 있는 동물이나 신기하고 기이한 것을 얻으면 모두 특별히 좋은 것이다.

만일 썩은 관 마른 해골을 얻으면 주로 떠돌이 생활을 하다 객사한다.

凡刊山鑿地則有龍會④ 子年一 丑寅八 卯三 辰巳四 午九 未申二
범간산착지칙유룡회　자년일 축인팔 묘삼 진사사 오구 미신이
酉七 戌亥六
유칠 술해육

山家進旺氣之類 起攢掩壙 卽有亡運⑤

산가진왕기지류 기찬엄광 즉유망운

④ 谷本山起甲子及山頭白// 골짜기는 본산이 시작되고, 갑자와 산두는 하얗다.

⑤ 男順女逆 從鬼門道起 九宮求甲子 所在不見亡者年月// 남자는 순행하고 여자는 역행한다. 귀문에서 시작하여 구궁에 갑자가 떨어지는 곳을 찾으며, 공망이 없는 연월이다.

무릇 산을 깎고 자리를 팔 때는 회룡법이 있으니, 자년은 일백, 축인은 팔백, 묘는 삼벽, 진사는 사록, 오는 구자, 미신은 이흑, 유는 칠적, 술해는 육백이니, 산가에서 왕기를 가리는 종류다. 광중을 가리는 것이 있으면 즉시 망운이다.

凡於立宅營居 則有身任大小之運

범어입택영거 즉유신임대소지운

各有名家 此不重述 但向背之法 不出天星之大要

각유명가 차불중술 단향배지법 불출천성지대요

山川之妙 盖以形勢爲主也

산천지묘 개이형세위주야

무릇 집을 짓고 거주하는 데도 크고 작은 운이 있다.

각기 명가들이 있기 때문에 여기에 중복해서 기술하지는 않지만, 향배하는 법은 천성의 대요와 산천의 오묘함을 벗어나지 않으니, 대개 형세가 주가 되기 때문이다.

凶忌篇 第二十
흉기편 제이십

凡塚宅 形勢雖佳 若遇十凶 亦不堪用也

범총택 형세수가 약우십흉 역불감용야

무릇 묏자리나 집은 형세가 비록 좋더라도 10가지 흉을 만나면 또한 감히 사용하지 못한다.

一曰天敗 謂其地嘗經洪水 龍神已去 主後世衰敗 不可用也
일왈천패 위기지상경홍수 용신이거 주후세쇠패 불가용야

첫째는 천패니 그 땅이 일찍이 홍수를 겪어서 용신이 이미 떠났으므로 후세에 쇠패할 것이니 사용하지 못한다.

二曰天殺 謂其地嘗經雷霆震裂 龍神驚散 主子孫貧賤 不可用也
이왈천살 위기지상경뇌정진열 용신경산 주자손빈천 불가용야

두 번째는 천살이니 그 자리가 일찍이 천둥과 지진을 겪어서 용신이 놀라 흩어졌으므로 자손이 가난하고 천하게 되니 쓰지 못한다.

三曰六窮 謂其落處 只有孤峯如舌 左右各有坑陷 案不相應接
삼왈육궁 위기락처 지유고봉여설 좌우각유갱함 안불상응접
或處孤峯嶮峻
혹처고봉험준
臨大川澤 地勢迫窄 而遠取隔江爲案 設或用之 雖暫富貴 終亦衰絶
임대천택 지세박착 이원취격강위안 설혹용지 수잠부귀 종역쇠절
不可用也
불가용야

세 번째는 육궁이니 그 떨어진 곳에 단지 외로운 봉우리가 혀와 같고, 좌우에 구덩이와 웅덩이가 있고, 안산이 서로 응접하지 아니하고, 혹은 외로운 봉우가 험준하고, 큰 내나 연못가에 임하고, 세력

이 협착하며 멀리 강물을 격하여 안산이 된 것이니, 만약 사용하면 잠시는 부귀하더라도 나중에는 쇠절하므로 쓰지 못한다.

四曰八風 謂其地中高仰 四面低垂 八風來吹 子孫離散 不可用也
사왈팔풍 위기지중고앙 사면저수 팔풍래취 자손이산 불가용야

네 번째는 팔풍이니 그 땅이 가운데가 높고 사면이 낮아서 팔방풍이 불어오는 것이다. 자손이 떠나고 흩어지니 쓰지 못한다.

五曰九弱① 謂明堂傾側 不通倚立 子孫貧耗 朝聚暮哭 不可用也
오왈구약   위명당경측 불통의입 자손빈모 조취모곡 불가용야
① 一作若// 어디에는 '若'으로 되어 있다.

다섯 번째는 구약이니 명당이 기울어져서 편하게 서기가 어려운 것이다. 자손이 가난하고 아침에는 모였다가 저녁에는 곡을 하니 쓰지 못한다.

六曰受死 謂明堂中 有泉水 地面絶薄 四時常濕 主子孫疫癘及瘡癰
육왈수사 위명당중 유천수 지면절부 사시상습 주자손역려급창이
不可用也
불가용야

여섯 번째는 수사이니 명당 가운데에 샘물이 있고 지면이 절박해서 사시에 항상 습한 것이다. 자손이 역질이나 종기가 생기므로 쓰지 못한다.

七日天獄 謂明堂有坑陷及天井 傷斷地脈 主有腫病② 不可用也

칠왈천옥 위명당유갱함급천정 상단지맥 주유종병　불가용야

② 一作廢疾// 어디에는 '廢疾'로 되어 있다.

일곱 번째는 천옥이니 명당에 구덩이나 천정(광중)이 있어서 지맥이 끊긴 것이다. 종기 병이 생기니 쓰지 못한다.

八日天狗 謂其地掘深一尺 有惡石堅彊 不可掘鑿 不合尺度

팔왈천구 위기지굴심일척 유악석견강 불가굴착 불합척도

主子孫病渴 不可用也③

주자손병갈 불가용야

③ 若紫擅通穿鑿則吉// 자색이 뚫었으면 길하다.

여덟 번째는 천구니 그 땅을 일 척만 파면 악석이 강해서 굴착할 수 없고, 척도에도 불합한 것이다. 자손들에게 병이 발생하니 쓰지 못한다.

九日天都 謂其地嘗經屯兵下營 及古獄地 掘深一尺

구왈천도 위기지상경둔병하영 급고옥지 굴심일척

下有細砂浮虛不緊

하유세사부허불긴

主腫病及傳屍骨蒸 不可用也

주종병급전시골증 불가용야

아홉 번째는 천도니 그 땅에 일찍이 군대가 진을 치고 병영를 꾸미거나 옛날 감옥이 있던 곳으로 땅을 일 척만 파도 잔모래가 들떠 단단하지 못한 것이다.

주로 종기나 전시·골 증이 발생하여 쓰지 못한다.

十日天竈 謂草木不生 雨不成泥
십왈천조 위초목불생 우불성니
主子孫飢乏 不可用也
주자손기핍 불가용야

열 번째는 천조니 초목이 자라지 아니하고 비가 와도 젖지 아니한 곳이다.
자손이 배를 주리고 궁핍하여지니 쓰지 못한다.

凡案山及左右 回環歸向明堂 下墳處 並須平整 肥滿堅實 土色堅潤
범안산급좌우 회환귀향명당 하분처 병수평정 비만견실 토색견윤
草木暢茂不犯凶忌 則後無疾病
초목창무불범흉기 칙후무질병

무릇 안산과 좌우사격이 돌아보아 명당을 향하고 무덤 자리가 아울러 평평하고 살찌고 견실하며 토색이 윤택하고 초목이 무성하여 흉하거나 거리낌이 없으면 훗날에 질병이 없을 것이다.

明堂 有臭穢不潔之水 悖逆凶殘之象也
명당 유취예불결지수 패역흉잔지상야
墳之左右 有恠石射塚者 戩傷之象也④
분지좌우 유괴석사총자 수상지상야④
葬居古墳之下者 家長侵凌之象也⑤
장거고분지하자 가장침능지상야⑤
居佛後神前者 暴卒苦卒
거불후신전자 폭졸고졸

④ 名石獸// 석수를 말한다.
⑤ 一云屈辱之象// 굴욕의 상이라고 한 곳도 있다.

명당에 악취와 불결한 물이 있으면 역적이나 흉한 상이다.
무덤 좌우에 괴석이 무덤을 쏘아오면 짐승에게 상해를 입을 상이다.
옛 무덤 밑에 장사하면 가장이 능멸당할 상이다.
절 뒤나 신당 앞에는 불의의 사고나 고생으로 죽는다.

聚水不出 癌瘂盲聾 後闊前狹 塚居中央 子孫打獵 浮遊異鄉
취수불출 음아맹롱 후활전협 총거중앙 자손타엽 부유이향
水去不回 主乏錢財
수거불회 주핍전재
水流而散 法主墮胎 水流急速 歲歲泣哭
수류이산 법주타태 수류급속 세세읍곡

물이 고이고 흐르지 아니하면 벙어리, 장님 등이 나고, 뒤편이 허
하고 앞이 좁으면서 무덤이 중앙에 있으면 자손이 사냥으로 타향에
떠돈다.
물이 흘러나가고 돌아오지 않으면 주로 돈과 재물이 떨어지고,
물이 흘러서 흩어지면 주로 낙태하고, 물이 급하게 흐르면 해마다
곡소리가 난다.

青龍無頭 水不長流 白虎折足 路有傷觸
청룡무두 수불장류 백호절족 로유상촉
朱雀御屍 石向塚基 玄武愁泣
주작함시 석향총기 현무수읍
後闊水入 四凶並見 不久族滅
후문수입 사흉병견 불구족멸

청룡이 머리가 없고 물이 길게 흐르지 아니하며 백호가 발이 잘리면 길에서 사고를 당한다.

주작이 시체를 물고 돌은 무덤을 바라보며 현무는 울고 뒤로는 물소리가 들리는 네 가지 흉상이 같이 나타나면 오래지 아니하여 집안이 망한다.

斷山之足　名曰鬪岡　主死虎狼　鰥寡孤獨
단산지족　명왈투강　주사호랑　환과고독
岡如急箭　逃走貧賤　地平無勢　筋骨枯瘁
강여급전　도주빈천　지평무세　근골고췌

산의 발목을 자르면 이를 투강이라 하는데 주로 호랑이와 이리에게 물려 죽고, 홀아비와 과부가 되어 고독하다.

산언덕이 급한 화살 같으면 자손들이 도망가고 빈천하다. 땅이 평평하고 세가 없으면 근골이 여위고 병든다.

草木禿焦　家計蕭條　兩旁無抱　狀如涸陂　夜連賊黨　坐遭箠笞
초목독초　가계소조　양방무포　장여학피　야연적당　좌조수태
岡勢披靡　形作燕尾　暫富後貧　終作餓鬼
강세피미　형작연미　잠부후빈　종작아귀

풀과 나무가 없고 마르면 가계가 쓸쓸하고, 양편에 싸준 것이 없고 형상이 메마른 언덕 같으면 밤에 도적이 이어지고 앉아서 채찍을 맞는다.

산언덕이 찢어지고 기울어서 형상이 제비 꼬리 같으면 잠시 부유하다가 뒤에 가난하여 결국에는 굶어 죽는다.

後望如顚 深視如谷 三光不照 定主滅族⑥ 山來刺塚 名曰伏虎
후망여전 심시여곡 삼광불조 정주멸족　산래자총 명왈복호
主戮朝市 及多貧苦
주륙조시 급다빈고
山如牛角 子孫零落 岡如聚土 有祿而瞽 地高無水 團欒無尾
산여우각 자손영락 강여취토 유록이고 지고무수 단란무미
名曰枯鼈 貧困絶嗣
명왈고별 빈곤절사
⑥ 一云誓不可卜// 어디에는 '誓不可卜'으로 되어 있다.

뒤에서 보면 넘어진 것 같고 깊어서 골짜기 같으며 삼광(해, 달,
별)이 비치지 아니하면 집안이 멸족하고, 산이 뻗어 와서 무덤을 찌
르면 이는 엎드린 범으로 주로 저잣거리서 살육을 당하고 가난하다.
　산이 소뿔 같으면 자손이 영락하고, 산언덕이 흙을 모은 것 같으
면 녹은 있되 소경이 되고, 지대가 높아 물이 없고 둥글둥글하여 꼬
리가 없으면 이를 마른자리라고 하는데 가난하고 대가 끊긴다.

地勢三角 悖逆凶惡 砂壇側流 貧賤懷憂
지세삼각 패역흉악 사단측유 빈천회우
斷岡之首 法主死獸 亂葬之岡 名曰鬼市
단강지수 법주사수 란장지강 명왈귀시
崖石射塚 謂之劫舍
애석사총 위지겁사
大路衝墳 謂之交刀
대로충분 위지교도
龍虎交路 繩索自遵 前件所忌
용호교로 승색자조 전건소기
雖得吉星臨照 而災變 猶未免也
수득길성임조 이재변 유미면야

땅 모양이 삼각형으로 생기면 역적과 악인이 나오고, 모래 단이 기울어 흐르면 빈천하고 근심이 많다.

산줄기의 머리가 끊어지면 법에 걸려 죽고, 어지럽게 장사 지낸 산은 귀신의 땅이라 한다.

절벽의 돌이 무덤을 쏘면 집이 겁탈당한다.

큰길이 무덤을 충살하면 얽혀 있는 칼이라 이른다.

청룡이나 백호에 교차로가 있으면 줄로 스스로 묶어 있는 것이며 앞의 여러 가지 꺼리는 것은 비록 길성이 임하여도 재앙과 변란을 면하지 못한다.

道路篇 第二十一
도로편 제이십일

凡安墳立宅 開門入路 由吉方卽吉
범안분입택 개문입로 유길방즉길
蓋路者 人所履踐之處
개로자 인소이천지처
亦忌衝破 則塚宅 有不安矣
역기충파 즉총택 유불안의
四神 有交路者 傷亡① 如井字者 子孫貧窮疾病
사신 유교로자 상망 여정자자 자손빈궁질병
大路直來 衝塚宅 則難住 兩路交橫 名曰杠屍 主虎傷刑徒
대로직래 충총택 즉난주 양로교횡 명왈강시 주호상형도
① 不交則可라// 교차하지 않으면 괜찮다.

대개 묘를 쓰고 집을 지을 때 출입문이나 드나드는 길은 길 방이어야 길하다.

길이란 사람이 밟고 다니는 곳이다.

또한, 충파를 꺼리는, 즉 무덤이나 집이 불안하다.

동서남북에 교차로가 있으면 상해를 입고 사망하고, 우물정자와 같은 길은 자손이 가난하고 질병이 발생한다.

큰길이 곧게 와서 무덤이나 집을 충하면 살기가 어렵고, 두 길이 교차하여 교횡하면 이를 강시라 하니 호상을 당하거나 형벌을 받는다.

路北路東 卽可近住 路南路西 則可遙居
로북로동 즉가근주 로남로서 칙가요거
天劫 有路者 刑傷之兆 四維 有路者 貧苦之兆
천겁 유로자 형상지조 사유 유로자 빈고지조
坤上路交者 多淫 艮方路交者 子死②
곤상로교자 다음 간방로교자 자사
四方有路圍塚者 出惡風人
사방유로위총자 출악풍인
故 主山與靑龍白虎 皆不可有交路③ 陰陽家之所最忌也
고 주산여청룡백호 개불가유교로   음양가지소최기야
② 乃鬼門方// 귀문방이다.
③ 不交者 亦可// 교차하지 않으면 괜찮다.

북쪽 길과 동쪽 길은 가까워야 좋고, 남쪽 길, 서쪽 길은 멀리 떨어져야 좋다.

천겁에 길이 있으면 형벌 받을 징조이고, 사방에 길이 있으면 가난하고 고생할 징조이다.

곤방에서 길이 교차하면 음란함이 많고, 간방에서 길이 교차하면 자손이 죽는다.

사방에서 길이 무덤을 둘러싸면 악한 풍병이 생긴다.

그러므로 주산이나 청룡·백호가 모두 교차된 길이 있으면 안 된
다. 음양가가 가장 꺼리는 바이다.

五音篇 第二十二
오음편 제이십이

五音162)**之論 呂才**163) **辨之詳矣 傳者 謂起於一行**164) **非也**
오음   지론 여재   변지상의 전자 위기어일행   비야

才之論 以爲近代師巫 加五音之說 謂張王等爲商 武庚等爲羽
재지론 이위근대사무 가오음지설 위장왕등위상 무유등위우

---

162) 궁(宮)·상(商)·각(角)·치(徵)·우(羽) 다섯 음을 오음이라고 하는데, 오음(五音)이라는 용어
는『맹자(孟子)』의「不以六律 耳不能正五音"에서 처음 쓰였는데, 각각 그 주(注)에 "五音, 宮·
商·角·徵·羽'라 되어 있다. 또『장자(莊子)』의「亂五聲, 淫六律"의 석문(釋文)에는 "五聲,
本亦作五音"이라 하여 오성(五聲)과 오음(五音)이 같은 뜻으로 쓰였던 것임을 밝히고 있다. 오
성이라는 용어는『상서(尙書)』익직(益稷)에 "予欲聞六律五聲八音"이라 한 것이 처음으로 같
은 책 순전(舜典)의 "聲依永, 律和聲"의 소(疏)에 "文之以五聲 宮商角徵羽言, 五聲之淸濁有五
品, 分之爲五聲"이라 하였고, 전(傳)에는 "聲謂五聲 宮商角徵羽'라 되어 있다. 오성의 구분에
대해서는 『관자(管子)』지원(地員)에 "凡聽徵如負猪豕覺而駭 凡聽羽如鳴馬在野 凡聽宮如牛鳴
窌中 凡聽商如離郡羊 凡聽角如雉登木以鳴音疾而淸"이라 한 풀이가 있다. 즉, '궁(宮)'은 굴속
에서 우는 소의 울음소리 같다 하였으니 저화음(低和音)이요, '상(商)'은 무리를 떨어진 양(羊)
의 울음소리 같으니 비애감(悲哀感)을 주는 소리요, '각(角)'은 나뭇가지에 날아 올라간 꿩의
울음소리 같다 하였으니 청질(淸疾)한 소리라 하겠고, '치(徵)'는 등에 진 돼지가 깨어나 놀라
우는 소리 같으니 격월(激越)한 된소리라 하겠으며, '우(羽)'는 들에서 우는 말 울음소리 같다
하니 적료(寂廖)한 소리임을 짐작할 수 있다.
　　전국(戰國)시대에 이르러 오성은 십이율(十二律)로 발전하면서 십이율과 오성의 관계는 악
률과 음계의 관계를 이루었다. 십이율은 황종(黃鍾)·대주(大簇)·고선(姑洗)·유빈·이칙(夷
則)·무역(無射)의 6양률(陽律)과 임종(林鍾)·남려(南呂)·응종(應鍾)·대려(大呂)·협종(夾鍾)·
중려(中呂)의 6음률(陰律)로 분류되었다. 한대(漢代)에는 오성·오음 다 같이 쓰였으며,『한
서(漢書)』율력지(律歷志)에 보면 "五聲和八音 諧而音成"이라 있고, 동 예악지(禮樂志)에는
"習六舞五聲八音之和"라 있으며, 교사가(郊祀歌)에는 "靈已坐, 五音紛" 또는 "五音六律依常饗
和'라 하였다.
　　한대(漢代)에 와서는 또 음양가(陰陽家)에 부회(附會)된 오행오성설(五行五聲說)이 유행되었
으니 예를 들면「악기(樂記)」에서는 '궁(宮)'은 '군(君)', '상(商)'은 신(臣)', '각(角)'은 '민(民)', '치
(徵)'는 '사(事)', '우(羽)'는 '물(物)'로 배비(配比)하였고, 혹은 오행에 맞추어 궁·상·각·치·우
를 각각 '토(土)·금(金)·목(木)·화(火)·수(水)'로 풀었으며, 또는 '신(信)·의(義)·인(仁)·예
(禮)·지(智)'의 오상(五常)이나 '사(思)·언(言)·모(貌)·시(視)·청(聽)'의 오사(五事), '동·서·
남·북·중(中)'의 오위(五位)와 결부시키기도 하였다. 이보다 앞서『좌전(左傳)』치위오성(徵爲
五聲)조(條)의 주(注)에 보면 "白聲商, 靑聲角, 黑聲羽, 赤聲徵, 黃聲宮"이라 하여 궁·상·각·
치·우의 오성을 각각 황(黃)·백(白)·청(靑)·적(赤)·흑(黑)의 다섯 색상과 배비(配比)시키고
있다. 그 후 불교의 전래로 범협풍송의 풍이 생기자 다시 새로운 내용을 지니게 되어 순(脣)·설
(舌)·아(牙)·치(齒)·후(喉)의 각 음(音)으로 배당하기도 하였다. …… 네이버 지식백과, 이응
백·김원경·김선풍 교수 감수,『국어국문학자료사전』, 한국사전연구사, 1998, 발췌.

其間 亦有同是一姓 分屬宮商 復有姓數字 徵羽不別
기간 역유동시일성 분속궁상 복유성수자 징우불별
驗於經典 本無斯說 諸陰陽書 亦無此語 眞是野俗口所傳耳
험어경전 본무사설 제음양서 역무차어 진시야속구소전이

오음의 논설은 여재가 자세히 변론했다. 전하기를 일행에게서 나왔다고 하나 그렇지 않다.

여재의 논설에 근대 사무들이 오음의 설을 더해서 장씨 왕씨는 상이요, 무씨 유씨 등은 우가 된다 하고,

그 사이에 또한 한 성이 궁과 상에 나뉘어 속하고, 다시 성의 숫자가 있어 치와 우를 분별 못 하니,

경전을 살펴봐도 이런 말이 없고 모든 음양 서적에 또한 이런 말이 없으니 진실로 이는 야인들의 저속한 입에서 전해진 것이다.

---

163) 여재(呂才, 600 추정~665) 당나라 초기 박주(博州) 청평(淸平) 사람. 음양(陰陽)과 방기(方伎), 여지(輿地), 역사에 정통했고, 음률에 특히 밝았다. 정관(貞觀) 3년(629) 불려 홍문관(弘文館)에 있으면서 악사(樂事)에 관한 논의에 참여했다. 황제가 주무제(周武帝)의 『삼국상경(三局象經)』을 읽고 뜻을 이해할 수 없어 문의하자 물러나 하루 만에 풀이하고는 그림으로 갖추어 아뢰니, 이때부터 이름이 알려졌다. 또 일찍이 「진왕파진악(秦王破陳樂)」의 음률을 조율했고, 「백설(白雪)」 등의 악곡을 수정했다. 태상박사(太常博士)로 옮겨 황명으로 음양가(陰陽家)의 책을 산정(刪定)하여 천하에 반포했다. 또 「방역도(方域圖)」와 「교비기전진도(敎飛騎戰陣圖)」를 만들어 여러 차례 황제의 뜻을 흡족하게 하여 태상승(太常丞)에 발탁되었다. 고종(高宗) 영휘(永徽) 초에 『문사박요(文思博要)』와 『성씨록(姓氏錄)』을 편찬했다. 용삭(龍朔) 연간에 태자사경대부(太子司更大夫)가 되었다. 저서에 『수기(隋記)』 등이 있다. …… 임종욱의 앞의 책. p.969.

164) 일행(一行, 673(683 추정)~727) 당나라 때의 승려. 밀교(密敎) 계열의 승려. 천문학자. 본명은 장수(張遂)로, 위주(魏州, 하남성) 창락(昌樂)에서 태어났다. 어려서부터 총명하여 경사(經史)와 역상(曆象), 음양오행의 학문에 정통했다. 출가하여 숭산(嵩山)의 보적선사(普寂禪師)에게 선요(禪要)를 배웠고, 형주(荊州) 상양산(常陽山)의 오진(悟眞)에게서 율장(律藏)을 익혔다. 선무외(善無畏)로부터 밀교를 전수받아 그를 도와 『대일경(大日經)』을 번역하고, 그의 지도로 『대일경소(大日經疏)』 20권을 완성시켰다. 개원(開元) 11년(723)부터는 남궁열(南宮說)과 더불어 대규모의 자오선 측정을 실시하여 1도가 당나라의 척도로 351리 80보(123.7㎞)에 해당한다는 결과를 얻었다. 12년(724) 역법 개편작업을 시작하여 역법에 역(易)의 형이상학을 결부시킨 『대연력(大衍曆)』 52권을 완성했다. 시호는 대혜선사(大慧禪師)다. …… 임종욱의 앞의 책. p.1449.

黃帝 對天姥 乃有五姓之言 且黃帝之時 不過姬姜數姓

황제 대천모 내유오성지언 차황제지시 불과희강수성

洎後代賜族者多

계후대사족자다

至於管蔡邢霍魯衛毛聃郜雍曹滕畢原豐郇 並是姬姓

지어관채형곽노위모담고옹조등필원풍순 병시희성

孔殷華向蕭亳皇甫 並是子姓

공은화향소호황보 병시자성

商自餘諸國 准例皆然 未知此等姓氏雖配屬 又驗春秋 以陳衛及秦

상자여제국 준예개연 미지차등성씨수배속 우험춘추 이진위급진

並是水姓齊鄭及宋 皆爲火姓

병시수성 제정급송 개위화성

或承所出之祖 或係所屬之星 或從所居之地 亦非宮商角徵羽所管攝

혹승소출지조 혹계소속지성 혹종소거지지 역비궁상각징우소관섭

此則事不稽古義理乖僻者也

차칙 사불계고의이괴벽자야

황제가 천모를 대할 때 오성의 말이 있었고, 또 황제 때에는 희·강 등 몇 개의 성에 불과했다가 후대에 하사한 족벌이 많았다.

관·채·성·곽·노·위·모·담·고·옹·조·등·필·원·풍·순 씨는 모두 희성이고, 공·은·화·향·소·호·황보 씨는 모두 자성이다.

여러 나라를 헤아려 보면 모든 나라의 준례가 다 그러하다. 이런 성씨의 배속을 알지 못하고 또 춘추를 상고하면 진, 위 및 진 씨가 모두 수성이고 제, 정, 송 은 모두 화성이다.

혹 조상을 이어주고 혹 소속된 별에 관계되고 혹 살고 있는 지역을 좇으니 궁, 상, 각, 치, 우의 관섭을 받지 아니한다.

이것은 옛것의 바른 이치를 연구하지 않은 괴상망측한 것이다.

然則五音 終不可用乎 曰所謂五音者 本山之五音也 非五姓之本音也
연칙오음 종불가용호 왈소위오음자 본산지오음야 비오성지본음야
世有養子贅婿 冒姓承襲 尚何考據 況南北之音 淸濁呼吸異宜
세유양자췌서 모성승습 상하고거 황남북지음 청탁호흡이의
將何以推携證乎
장하이추휴증호

그렇다면 오음은 결국 사용할 수 없는가? 이르기를, 이른바 오음은 본래 산의 오음이지, 오성의 본음이 아니다.

세상에 양자나 데릴사위가 성을 무릅쓰고 이어받는 일이 있으니, 어찌 밝힐 것이며, 하물며 남북의 소리가 청탁과 호흡이 다른데, 장차 어떻게 미루어 증명할 것인가?

此 可與智者論 難與俗人言也
차 가여지자논 난여속인언야
故 三十八將之位 三停四孟之說 用山之五音 以考岡阜山嶺之鈌陷而已
고 삼십팔장지위 삼정사맹지설 용산지오음 이고강부산령지결함이이

이런 것은 지혜 있는 자와 논의할 것이지, 속인과 말하기는 어렵다.

그러므로 38장의 자리와 삼정사맹의 설은 산의 오음을 사용해서 산줄기와 산언덕과 산마루의 결함을 상고할 따름이다.

裁山放水 自有天星之卦
재산방수 자유천성지괘
俗巫 安知出
속무 안지출
此 彼郭璞靑囊經中所秘 門人 竊取 未及讀 而爲火所焚
차 피곽박청낭경중소비 문인 절취 미급독 이위화소분

近世 乃取曾楊一丘延翰八卦 增以俚辭 號靑囊 復有數種俚書 號黃囊
근세 내취증양일구연한팔괘 증이리사 호청낭 복유수종리서 호황낭
不知從何得此書也
불지종하득차서야

산을 헤아리고 물을 보내는 데는 천성의 괘가 있다.

세속 무당이 어찌 이런 것을 알아내었겠는가?

이것은 곽박의 청낭경에 숨어 있던 것인데, 문인이 훔쳤다가 미처 읽어보기도 전에 불에 타버린 것이다.

근세에 증양일 구연한의 팔괘를 취해서 속된 말을 붙여서 청낭이라 부르고, 또 몇 가지 속된 책을 황낭이라고 부르니, 어디에서 이 책을 얻었는지는 알지 못한다.

時師執泥一偏之論 其說 商音 大利丙壬丁癸 小利乙辛 宮羽
시사집니일편지론 기설 상음 대리병임정계 소리을신 궁우
大利庚甲辛乙
대리경갑신을
小利丁癸 角 大利壬癸丁 小利乙辛 徵 大利甲乙辛 小利丁癸
소리정계 각 대리임계정소리을신 징 대리갑을신 소리정계
艮巽坤乾
간손곤건
五音不同也
오음 부동야

세상의 지사들은 하나의 치우친 논리를 고집하는데, 그 설에 의하면 상음은 대리가 병·임·정·계이고 소리가 을·신이고, 궁과 우는 대리가 경·갑·신·을이고 소리가 정·계이고, 각은 대리가 임·

계·정이고 소리가 을·신이고, 치는 대리가 갑·을·신이고 소리가
정·계이고, 간·손·곤·건은 오음이 같지 않다.

四孟[165] 不可下墳 爲衝命祿也
사맹   불가하분 위충명록야
如徵音 巳丙長男 忌離山四路 角 忌乾兌 皆鬼山
여징음 사병장남 기이산사로 각 기건태 개귀산
徵 忌坎山四路 取震坎離巽 羽 忌坎宮與巽也
징 기감산사로 취진감이손 우 기감궁여손야

사맹은 묘를 쓰는 데 불가하다. 명록을 충하기 때문이다.

가령 치음은 사·병이 장남인데 이산사로를 꺼리고, 각은 건·태
를 꺼리니 다 귀산이고,

치는 감산사로를 꺼리고 진·감·이·손을 취한다. 우는 감궁과
손을 꺼린다.

所用 必低弱之山 潢潦之水者 山有形勢 則吉凶易效 地或平衍
소용 필저약지산 황료지수자 산유형세 즉길흉역효 지혹평연
則禍福差遲
즉화복차지
周紀之間咎殃未作 不惟逃責於一時 彼且自此信而不悔 縱遇佳處
주기지간구앙미작 불유도책어일시 피차자차신이불회 종우가처
往往捨要會而致乖方
왕왕사요회이치괴방

---

165) 四孟(사맹): 사주에서 12지지의 인사신해(寅巳申亥)를 가리킨다. 맹이란 음력에 의한 계절의
    초기의 월을 말하는 것이다. 즉, 맹춘(孟春)은 인(寅)월, 맹하(孟夏)는 사(巳)월, 맹추(孟秋)는
    신(申)월, 맹동(孟冬)은 해(亥)월이다.

쓰는 곳이 항상 낮고 약한산과 낮은 웅덩이 물인 이유는, 산은 형세가 있으니 길흉을 쉽게 알 수 있고, 땅은 평평하고 넓어서 화복이 조금 더딘데, 12년 사이에 재앙이 없으면 일시에 책임이 없어질 뿐 아니라, 이때부터 믿고 후회하지 않아서, 비록 좋은 곳을 만나더라도 종종 중요한 기회를 놓치고 잘못된 방향에 이르게 된다.

俗師 穿鑿166) 以 第三卦爲黃囊卦 第四卦爲紫囊卦 第五爲青囊卦
속사 천착   이 제삼괘위황낭괘 제사괘위자낭괘 제오위청낭괘
第六爲囊中卦
제육위낭중괘
第七爲連山卦 第八爲本宮卦
제칠위연산괘 제팔위본궁괘

속사들이 천착하는 것은 다음과 같다. 세 번째 괘는 황낭 괘가 되고, 네 번째 괘는 자낭 괘가 되고, 다섯 번째 괘는 청낭 괘가 되고, 여섯 번째 괘는 낭중 괘가 되고, 일곱 번째 괘는 연산 괘가 되고, 여덟 번째 괘가 본궁 괘가 된다고 하는 것이다.

有以十二年十二月 裝卦者 子年 用離 午年 用坎之類 是也
유이십이년십이월 장괘자 자년 용이 오년 용감지류 시야
有以龍斷之者 若一凶水 二凶土 三吉金 四吉木 五凶火之類 是也
유이용단지자 약일흉수 이흉토 삼길금 사길목 오흉화지류 시야
又有以碎金五路裝卦者 若武曲破貪狼文廉巨 陽逆陰順之類 是也
우유이쇄금오로장괘자 약무곡파람랑문염거 양역음순지류 시야

---

166) 穿鑿(천착): 어떤 원인이나 내용 따위를 따지고 파고들어 알려고 하거나 연구함. 억지로 이치에 닿지 아니한 말을 함.

12년과 12월로 괘를 꾸미는 경우가 있는데, 자년에는 이를 쓰고 오년에는 감을 쓰는 류가 그것이고,

용으로 판단하는 경우가 있는데, 첫째 흉은 수이고, 두 번째 흉은 토이고, 삼길은 금이고, 사길은 목이고, 오흉은 화로 보는 류가 그것이다.

또는 쇄금(금싸라기 같은 글귀) 오로로써 괘를 꾸미는 경우도 있으니 무곡 파군 탐랑 문곡 염정 거문으로 양은 역행하고 음은 순행한다는 류가 이것이다.

雖有天星 而不如要處 殊無義理 然 亦不可不知也
수유천성 이불여요처 수무의리 연 역불가불지야
今所用八山之音 及葬之年月日時 與其方道는 亦用五行之有氣 爲吉
금소용팔산지음 급장지년월일시 여기방도는 역용오행지유기 위길
大抵有氣之山 宜高 無氣之山 宜低 如此則順
대저유기지산 의고 무기지산 의저 여차즉순
生我之山 欲秀而不破① 我克之山 宜入而來朝
생아지산 욕수이불파   아극지산 의입이래조
① 本壽也// 본래 장수한다.

비록 천성이 있지만 요처만 못하니, 전혀 의리가 없다. 하지만 몰라서도 안 된다.

지금 사용하는 팔산의 음과 장사 지내는 연월일시는 그 방도와 더불어 오행에 있는 기를 사용하여야 길하다.

대개 기가 있는 산은 마땅히 높아야 하고 기가 없는 산은 마땅히 낮아야 하니 이와 같으면 순리인 것이다.

나를 생해주는 산은 수려하고 파괴되지 않아야 하고 내가 극하는

산은 마땅히 다가와 조공해야 한다.

更當參以天星爲主 其術 以坎寅申戌甲辰辛巽屬羽音
갱당참이천성위주 기술 이감인신술갑진신손속우음
以乙丙離壬屬徵音
이을병이임속치음
以艮震巳屬角音 以癸坤庚丑未屬宮音 以兌亥丁乾屬商音
이간진사속각음 이계곤경축미속궁음 이태해정건속상음
此八卦所屬 固有理矣
차는팔괘소속 고유이의

다시금 마땅히 천성을 위주로 하여 참작할 것이니 그 법술은 감,
인, 신, 술, 갑, 진, 신, 손은 우음에 속하고 을, 병, 이, 임은 치음에
속하고 간, 진, 사는 각음에 속하고 계, 곤, 경, 축, 미는 궁음에 속하
고 태, 해, 정, 건은 상음에 속하니, 이 팔괘에 속한 것이고 진실로
이치가 있는 것이다.

五行篇 第二十三
오행편 제이십삼

山夐八方 故 有八卦五行之配 今之所用不同 然 術家 不可不知
산전팔방 고 유팔괘오행지배 금지소용부동 연 술가 불가부지
五行者 乾兌爲金 坤艮爲土 巽震爲木 離爲火 坎爲水
오행자 건태위금 곤간위토 손진위목 이위화 감위수
八卦者 生氣也 天醫也 絶體也 遊魂也 五鬼也 福德也 絶命也
팔괘자 생기야 천의야 절체야 유혼야 오귀야 복덕야 절명야
本宮也①
본궁야

以貪輔爲木 巨祿爲土 文爲水 廉弼爲火 武破爲金 此 配星之法也
이탐보위목 거록위토 문위수 염필위화 무파위금 차 배성지법야
以子寅辰甲巽戌辛申 屬水 乙丙離壬 屬火 艮震巳 屬木
이자인진갑손술신신 속수 을병이임 속화 간진사 속목
癸坤庚丑未 屬土 兌亥丁乾 屬金 此 配山家五音三停六建之法也
계곤경축미 속토 태해정건 속금 차 배산가오음삼정육건지법야
① 五行이 當如此配// 五行이 이와 같이 배합된다.

산은 팔방으로 정하여 팔괘와 오행의 배속이 있는데, 지금 쓰는 것은 서로 다르다. 하지만 술가는 모르면 안 된다.

오행이란 건태가 금이고, 곤간이 토이고, 손진이 목이고, 이는 화, 감은 수가 된다.

팔괘란 생기, 천의, 절체, 유혼, 오귀, 복덕, 절명, 本宮이다.

탐랑 좌보는 목이요, 거문 녹존은 토요, 문곡은 수요, 염정 우필은 화요, 무곡 파군은 금이니, 이는 별을 짝짓는 법이다.

자, 인, 진, 갑, 손, 술, 신, 신은 수에 속하고, 을, 병, 이, 임은 화에 속하고, 간, 진, 사는 목에 속하고, 계, 곤, 경, 축, 미는 토에 속하고, 태, 해, 정, 건은 금에 속하니, 이것은 山家의 오음과 삼정과 육건을 짝짓는 법이다.

凡五行之旺山 及父母之山 高者 人長壽②
범오행지왕산 급부모지산 고자 인장수
生我者 爲父母 剋我者 爲官鬼③ 我生者 爲子孫 我克者 爲妻財
생아자 위부모 극아자 위관귀 아생자 위자손 아극자 위처재
② 天醫亦然// 천의도 이와 같다.
③ 陰克陽 陽克陰 爲官 以支干 推之 陰克陰 陽克陽爲鬼// 음이 양을 극하고, 양이 음을 극하는 것이 官인데, 干支로 推算해서 음이 음을 극하고 양이 양을 극하는 것이 鬼이다.

무릇 오행의 왕방산과 부모산이 높은 곳은 사람이 장수한다.

나를 생해주는 자는 부모이고, 나를 이기는 자는 관귀이고, 내가 생해주는 자는 자손이고, 내가 이기는 자는 처와 재물이 된다.

凡朝山 忌五凶 山高者灾
범조산 기오흉 산고자재
三吉之位 亦貴乎秀拔 凡水 亦然
삼길지위 역귀호수발 범수 역연
丙艮齊秀者 出官 巽山水並秀者 文藝
병간제수자 출관 손산수병수자 문예
艮水入巨門者 多財多智
간수입거문자 다재다지
貪狼水入武曲者 鉅萬
탐랑수입무곡자 거만
文曲水入貪狼者 慕學之女
문곡수입탐랑자 모학지여

무릇 조산은 다섯 가지 흉한 것을 꺼린다. 산이 높으면 재앙이 있다.

삼길의 자리는 그 수려하게 빼어남을 귀하게 여기니 물도 또한 그러하다.

병·간이 똑같이 수려하면 벼슬이 나오고, 손 산과 물이 같이 수려하면 문예가 나온다.

간방수가 거문방으로 들어가면 재물 많고 지혜 있으며,

탐랑수가 무곡방으로 들어가면 거만금을 얻고,

문곡수가 탐랑 방으로 들어가면 글 잘하는 딸을 둔다.

貪狼水入文曲者　男子離鄕
탐랑수입문곡자　남자이향
祿存山水者　主絶
녹존산수자　주절
破軍山水者　主産亡
파군산수자　주산망
廉貞山水者　雖秀　主男死而絶
염정산수자　수수　주남사이절
貪狼臨貪狼者　主聰明
탐랑임탐랑자　주총명
巨門臨巨門者　主藝能
거문임거문자　주예능

탐랑수가 문곡방으로 들어가면 남자가 고향을 떠나고,

녹존방 산과 수는 절손하고,

파군방 산과 수는 출산하다 사망하고,

염정방 산과 수는 비록 수려하나 남자가 죽어 절손되고,

탐랑이 탐랑에 임하면 주로 총명하고,

거문이 거문에 임하면 주로 예능의 재주가 있다.

艮水入離者④　養子遊蕩
간수입이자　양자유탕
離水入艮者⑤　生子爲軍
이수입간자　생자위군
兌水入坎者⑥　人旺
태수입감자　인왕
坎水入兌者⑦　心疾
감수입태자　심질

離水入坎者⑧ 屠殺之子

이수입감자   도살지자

坎水入離者 爲醫術

감수입이자 위의술

離水入兌者⑨ 伎能臻品 醫爲國師 碁爲國手

이수입태자   기능진품 의위국사 기위국수

④ 兌山, ⑤ 乾山, ⑥ 艮山, ⑦ 離山, ⑧ 乾山, ⑨ 離山

간수가 이에 들면 양자가 방탕하고,

이수가 간에 들면 자손이 군인 되고,

태수가 감에 들면 사람이 흥왕하고,

감수가 태에 들면 심장 질환 있고,

이수가 감에 들면 도살하는 자손 두고,

감수가 이에 들면 의사가 되고,

이수가 태에 들면 기능이 진품이라 의원으로 국사가 되고 바둑으
로 국수가 된다.

艮水入兌者⑩ 人旺家盛

간수입태자   인왕가성

兌水入艮者 主錢穀豐

태수입간자 주전곡풍

坎水入艮者⑪ 僧尼

감수입간자   승니

巽水入坎者⑫ 童子善誦⑬

손수입감자   동자선송

坎水入巽者⑭ 紫衣僧道

감수입손자   자의승도

兌水入乾者⑮ 漸貧

태수입건자   점빈

乾水入兌者⑯ 頭陀

건수입태자　두타

已上 論八山之去水 餘以類推

이상 논팔산지거수 여이유추

⑩ 艮山, ⑪ 坎山, ⑫ 坎山, ⑬ 不成僧, ⑭ 兌山, ⑮ 兌山, ⑯ 震山

간수가 태에 들면 자손과 집안이 왕성하고,

태수가 간에 들면 돈과 곡식이 풍부하다.

감수가 간에 들어가면 승니가 나오고,

손수가 감에 들어가면 어린아이가 글을 잘 읽고,

감수가 손에 들어가면 붉은 옷 입은 승니가 나오고,

태수가 건에 들어가면 점점 가난해지고,

건수가 태에 들어가면 머리를 다친다.

이상은 팔산의 가는 물을 논한 것이니, 나머지는 유추할 수 있다.

坎山重峯 陽絶男 陰有女 只有坎山者 損女 巽山者 損男

감산중봉 양절남 음유여 지유감산자 손여 손산자 손남

陽山陽來者 多男 陰山陰來者 多女少男

양산양래자 다남 음산음래자 다녀소남

陰陽 不等五逆 離峯三重 女乖 四重 尤甚

음양 불등오역 이봉삼중 여괴 사중 우심

離陽高 男逸 陰高 女淫⑰

이양고 남일 음고 여음

震高者 一代有官 而終凶 巽山重重 有橫財⑱

진고자 일대유관 이종흉 손산중중 유횡재

艮巽高者 有文武 巽兌齊高 家豪 艮巽齊高 亦然

간손고자 유문무 손태제고 가호 간손제고 역연

艮震高 爲交互終敗 坎山獨高 遭毒藥 兌獨低 孤寡

간진고 위교호종패 감산독고 조독약 태독저 고과

⑰ 謂他形不佳者// 다른 형은 좋지 못함을 말한다.

⑱ 巽主得橫材 陰有女得// 손은 횡재를 얻음을 主 하는데, 몰래 여자를 얻는다.

감산이 봉우리가 겹치면 양에는 남자가 끊기고 음에는 여자가 있다. 단지 감산만 있는 자는 여자를 잃고, 손산만 있으면 남자가 준다.

양산이 양에서 오면 남자가 많고, 음산이 음에서 오면 여자가 많고 남자가 적다.

음양에 오역이 같지 아니하니 이 산봉우리가 세 겹이면 여자가 배반하고 네 겹이면 더욱 심하다.

이에 양이 높으면 남자가 달아나고 음이 높으면 여자가 음란하다.

진이 높은 자는 한때는 벼슬하지만 끝내는 흉하고, 손 산이 중중하면 횡재한다.

간·손이 높은 자는 문과 무가 있고 손·태가 가지런히 높으면 집안이 부호하다.

간과 손이 같이 높아도 그러하다.

간과 진이 높으면 서로 교차하나 마침내 패하고, 감산이 홀로 높으면 독약을 먹게 되고 태가 홀로 낮으면 외롭고 과부 된다.

五鬼遊魂 雙上者 多邪人 遇毒藥 絶命 入艮 死而揩生 巨門獨起
오귀유혼 쌍상자 다사인 우독약 절명 입간 사이개생 거문독기
主人長壽⑲
주인장수

⑲ 右論間對相接// 위에서는 간대상접을 논하였다.

오귀방과 유혼방에 쌍봉이면 사특한 사람이 많고, 독약을 먹고 절

명할 것이요, 간에 들면 죽었다가 살아나고, 거문이 홀로 일어나면 사람이 장수한다.

　乾山 轉入離 名曰絶命 主子孫衰微 逃死獄訟 又患目
　건산 전입이 명왈절명 주자손쇠미 도사옥송 우환목
　乾山 轉入坤 名曰絶體 主父母殘疾 家無繼嗣 老母悍獨
　건산 전입곤 명왈절체 주부모잔질 가무계사 노모경독
　乾山 入坎 名曰遊魂 主子孫爲盜賊滅絶
　건산 입감 명왈유혼 주자손위도적멸절

　건산이 이로 들어가면 이를 절명이라 하는데 주로 자손이 쇠미하여 도망가서 죽고 옥살이하고 또 안질이 있다.
　건산이 곤에 들어가면 이를 절체라 하는데 부모가 잔병을 앓고 집에 후사가 없고 노모가 외로워서 의지할 곳이 없다.
　건산이 감에 들어가면 이를 유혼이라 하는데 자손이 도적질하고 멸망한다.

　坎山入離 名曰絶體 旁無支引 巍巍欲墜 主子孫微富 亦不久
　감산입이 명왈절체 방무지인 외외욕추 주자손미부 역불구
　坎山入坤 名曰絶命 主子孫刑戮 坎山入兌 名曰五鬼
　감산입곤 명왈절명 주자손형륙 감산입태 명왈오귀
　主中子災害刑戮刀兵 兌强疥癬
　주중자재해형륙도병 흥강개선
　坎山入乾 名曰遊魂 主多獄訟 及客死於路 坎山入震 名曰福德
　감산입건 명왈유혼 주다옥송 급객사어로 감산입진 명왈복덕
　主子孫榮顯
　주자손영현

감산이 이에 들면 이를 절체라 하는데 옆에 가지가 없고 우뚝 솟아서 떨어지려고 하면 자손이 조금 잘 살다가 오래가지 못한다.

감산이 곤에 들면 이를 절명이라 하는데 자손이 형벌로 죽고, 감산이 태에 들면 이를 오귀라 하는데 주로 중자에게 해가 미쳐서 형벌 받고 다치고 흉한 피부병 있다.

감산이 건에 들면 이를 유혼이라 하는데 감옥살이와 송사가 있고 도로에서 客死하고, 감산이 진에 들면 이를 복덕이라 하는데 자손이 영달한다.

艮山入兌 名曰絶體 主女瘟病 及産死刀兵
간산입태 명왈절체 주여온병 급산사도병
艮山入離 名曰五鬼 主灾鬼魅
간산입이 명왈오귀 주재귀매
艮山入震 名曰遊魂 主子孫自縊 及刀兵亡
간산입진 명왈유혼 주자손자액 급도병망
艮山入巽 名曰絶命 主風癱聾啞 子孫夭傷
간산입손 명왈절명 주풍치롱아 자손요상
已上 論來山 入山 以類推之
이상 논래산 입산 이류추지

간산이 태에 들면 이를 절체라 하는데 주로 여자가 염병과 산액과 쇠붙이에 다치고,

간산이 이에 들면 이를 오귀라 하는데 주로 귀신에게 홀리는 병이 있고,

간산이 진에 들면 이를 유혼이라 하는데 주로 자손이 스스로 목을 매 자살을 하거나 쇠붙이에 상하여 죽는다.

간산이 손에 들면 이를 절명이라 하는데 풍병, 치매, 벙어리가 되고 자손이 요절한다.

이상은 오는 산을 말한 것이니, 들어가는 산은 미루어 알 수 있다.

子高 卯酉低 壬子下 兩畔無支引 名龍舌 主瘖瘂無後
자고 묘유저 임자하 양반무지인 명룡설 주음아무후
午高 酉低 壬子無山名曰六窮 亦名罪地
오고 유저 임자무산명왈육궁 역명죄지

자방은 높고 묘유방이 낮으며, 임자 아래 양편에 가지가 없으면 용의 혀라 하니 주로 벙어리가 되어 후사가 없다.

오방이 높고 유방이 낮으며 임자 방에 산이 없으면 이를 육궁이라 하며 또한 죄지라고 한다.

酉高 寅艮低 卯酉無應 主老母寡 女子凌夫淫慾
유고 인간저 묘유무응 주노모과 녀자릉부음욕
艮山高 無支引而峻⑳ 酉不應 孤兒及子殺婦幷水死者
간산고 무지인이준   유불응 고아급자살부정수사자
⑳峻은 當作䢤// 峻은 䢤으로 고쳐야 한다.

유방이 높고 인·간방이 낮고 묘·유방의 응함이 없으면 주로 노모가 과부되고, 여자는 남편을 능멸하고 음탕하다.

간산이 높고 가지가 없이 험하고 유방이 응하지 아니하면 고아가 되고, 아들이 며느리 죽이고, 우물에 빠져 죽는다.

震離二山水 向乾 逆子孫爲盜賊 震艮二山 丙水 入甲 主穢行及遠死
진이이산수 향건 역자손위도적 진간이산 병수 입갑 주예행급원사
寅地有溝 主長男子流寓 若甲步直指 作三代不已
인지유구 주장남자류우 약갑보직지 작삼대불이

진과 이 두 산과 물이 건을 향하면 역적 자손이 도적되고, 진과 간 두 산에 병방수가 갑방으로 들어오면 추한 행동을 하고 멀리 떠나서 사망한다.

인방에 도랑이 있으면 주로 장남이 떠돌아다니고, 만일 갑방으로 곧게 나가면 삼 대 동안 그치지 않는다.

乾震二山 甲水 遠塚 主病作 襁褓不育 或爲供使
건진이산 갑수 요총 주병작 강보불육 혹위공사
離山水 流亥卯未 主帷薄不修
이산수 류해묘미 주유부불수

건과 진 두 산에 갑방수가 무덤을 에워싸면 주로 병이 발생하여 강보(아기)를 기르지 못하고 혹은 공사가 된다.

이산의 물이 해·묘·미로 흐르면 주로 장부를 다스리지 못한다.

凡五音 有大墓小墓 有大墓而無小墓者 有六十壽父
범오음 유대묘소묘 유대묘이무소묘자 유육십수부
無六十壽母 無繼主之男 有送終之女
무육십수모 무계주지남 유송종지여

무릇 오음에 대묘와 소묘가 있다. 대묘는 있고 소묘가 없으면 육십 살 먹은 아버지는 있고,

육십 살 먹은 어머니 없으며, 대를 이을 남자는 없고, 장사 지내줄
여자는 있다.

已上山水 須參以天星 斷之吉凶爲準也
이상산수 수삼이천성 단지길흉위준야
星卦所臨 曾丘不傳之妙 玆爲山水之本
성괘소임 증구불전지묘 자위산수지본
今復錄吉凶之例於此 以待智者之用也
금복록길흉지례어차 이대지자지용야

이상 산과 물은 모름지기 천성을 참작하여 길흉을 판단하는 기준
으로 삼는다.

성괘의 임하는 바는 증공, 구공이 전하지 않는 妙法이니, 이것이
산수의 근본이다.

여기에 길흉의 예를 기록하니, 지혜로운 자가 쓰기를 기대한다.

覆墳篇 第二十四
복분편 제이십사

覆墳之術 先視四神擁從 水秀山長 則以吉言之
복분지술 선시사신옹종 수수산장 칙이길언지
然 猶見下穴處折水如何也
연 유견하혈처절수여하야
若山形矗惡 則以形說其凶 水涉凶路 則以水說其凶 裁穴不吉
약산형추악 칙이형설기흉 수섭흉로 칙이수설기흉 재혈불길
則以穴定其凶
칙이혈정기흉
觀斯三者然後 推其星之所屬 以論其災福
관사삼자연후 추기성지소속 이론기재복

무덤을 상고하는 법은 먼저 사신사를 살펴서 감싸 안아주고 따르며, 물이 수려하고 산이 장대하게 멀리서 왔으면 길하다고 말한다.

그러나 마땅히 혈 자리에서 물길이 어떠한가를 보아야 한다.

만약 산의 형태가 추악하면 형상으로 흉을 말하고, 물의 흐름이 흉하면 물을 가지고 흉을 말하며, 재혈을 잘못하면 혈을 가지고 흉하다고 하니,

이상 세 가지를 살펴본 연후에 그 천성의 소속된 것을 미루어 재앙과 복을 논할 수 있다.

若有形之山 則驗其所在之方 或以步數
약유형지산 칙험기소재지방 혹이보수
或以方隅 合太歲之所臨 衝至於水 則視其步之長短 計其年數
혹이방우 합태세지소임 충지어수 즉시기보지장단 계기년수
而灾祥 可見矣
이재상 가견의
凡山 雖以來山爲本 而落到五七丈之數 則視其所來之勢 步步折之
범산 수이래산위본 이락도오칠장지수 즉시기소래지세 보보절지
不可只視其穴也
불가지시기혈야

만일 형태가 있는 산은 그 소재 방향을 살펴서 혹은 보수로 따지고, 혹은 방향으로 따져서 태세가 임한 것이 물과 충돌하면 그 보수의 장단으로 그 햇수를 계산하여 재앙과 길상을 볼 수 있다.

무릇 산은 뻗어오는 산으로 근본을 삼지만, 5~7장의 수로 떨어지면 그 뻗어 나온 세를 보아서 한 걸음 한 걸음 꺾을 것이지 혈만 보면 안 된다.

步水之法 則先折落勢① 後折本山 何則
보수지법 칙선절락세   후절본산 하칙
八路之山長 若干折水 與之相齊 計若干年
팔로지산장 약간절수 여지상제 계약간년
如此則本當受之矣 此 折水不傳之妙 與俗師所用異也
여차칙본당수지의 차 절수불전지묘 여속사소용이야
只如震山 乙坤辰坎落頭下五丈 辰穴水流乾三十丈
지여진산 을곤진감락두하오장 진혈수류건삼십장
而有離水入明堂 則三穴皆吉 三山之水皆凶
이유이수입명당즉삼혈개길 삼산지수 개흉
惟辰穴離水入 先吉十五年 後皆深禍也
유진혈이수입 선길십오년 후개심화야
① 一作八路// 어디에는 팔로로 되어 있다.

물을 재는 법은 먼저 낙세를 판단하고 뒤에 본산을 판단하는데,
어떻게 하는 것인가?

팔로 산이 장대하면 약간 절수하여 서로 같게 하고 약간의 연을
계산한다.

이와 같이 하면 본래대로 당연히 받아주리니 이것 절수하는 비법
이다. 속사들이 사용하는 것과 다른 것이다.

가령 묘산에 을, 곤, 진이고 감 낙두 아래 오장에 진 혈의 물이 건
방 삼십 장으로 흐르고,

이수가 명당으로 들어오면 세 혈은 다 좋고, 세 산의 물은 다 흉
하다.

오직 진 혈에 이수가 들어오면 먼저 십오 년간 길하고 뒤에는 환
란 있다.

震最後言之 尤無終也

진최후언지 우무종야

又震卯山 乙辰落頭 七丈坐 乙辰 離水 三十丈坐 二穴並不吉

우진묘산 을진락두 칠장좌 을진 리수 삼십장좌 이혈병불길

離水 雖吉十五年間 然 亦不免禍 則震受離水之禍 未免也

이수 수길십오년간 연 역불면화 즉진수이수지화 미면야

若吉地 猶有衣食 惡地則爲深禍

약길지 유유의식 악지즉위심화

更有震山乙辰落頭 四丈坐乙辰 離水三十丈 則五十年吉

갱유진산을진락두 사장좌을진 리수삼십장 칙오십년길

惟乙穴水爲凶 其水如平 則離水不能 爲乙山之害

유을혈수위흉 기수여평 즉리수불능 위을산지해

如水峻 不免 過十五年則震受其福矣

여수준 불면 과십오년즉진수기복의

진을 최후에 말한 것은 더욱 마침이 없음이라.

또한, 묘산에 을진 낙두하여 칠장 좌에 을진으로 앉고, 이 수 삼십 장에 앉으면 두 혈은 함께 불길하다.

이 수는 비록 십오 년간 길하지만 화를 면하지 못하는 것은 묘가 이 수의 재앙을 면하지 못함이다.

만약 길지라면 그래도 의식은 있지만 악지는 깊은 화가 있다.

다시 묘산에 을진 낙두가 있으니 사장에 을진 좌를 하고 이수가 삼십 장이면 오십년간 길하지만, 오직 을혈과 물은 흉하고, 그 물이 평평하면 이수가 을 산의 해를 받지 않는다.

만일 물이 험하면 면하지 못하니, 15년이 지나면 묘가 그 복을 받는다.

又震乙辰落頭五丈者 離水入明堂 乾水出三十丈 穴雖吉 衣食十年外
우진을진락두오장자 리수입명당 건수출삼십장 혈수길 의식십년외
離水力盡
리수력진
至乾水 受殃災
지건수 수앙재
又乾山坐辛戌 乙辰水 穴須得辛坐 低乙水三十丈 力盡 辰發災
우건산좌신술 을진수 혈수득신좌 저을수삼십장 력진 진발재
人散亡矣
인산망의
又 坎山雙墳 坤水 左墳 全得艮山 右墳 得二丈艮山 左墳 坐艮 凶水
우 감산쌍분 곤수 좌분 전득간산우분 득이장간산 좌분 좌간 흉수
又是坤 右墳 初得艮山二丈 並灾二十年 坎山坤水 受福矣②
우시곤 우분 초득간산이장 병재이십년 감산곤수 수복의
坎山坐癸 申水入明堂 乙辰申 水槽有泥③
감산좌계 신수입명당 을진신 수곽유니
③ 以上水 並爲例 其詳 當有以准之耳// 이상의 물은 모두 예를 든 것이니,
상세한 것은 예를 기준으로 삼아야 한다.

또한, 묘을진 낙두가 오장이고, 이수가 명당에 들어오고, 건수가
삼십 장을 나가면 혈은 비록 길하고 의식이 있은 후 십 년 되면 이
수의 힘이 다하고, 건수에 이르러 재앙을 받는다.

또 건 산에 신·술·좌를 하고 을·진 수면 혈이 신좌를 얻어야
하는데, 낮은 을 수의 삼십 장에 지지의 힘이 다하여 재앙이 생기고
사람이 흩어지고 망한다.

또한, 감산에 쌍분을 하고 곤방수면 좌측 무덤은 온전히 간산을
얻고, 우측 무덤은 이장이 간산이다. 좌측 무덤은 간좌를 하니 흉한
물은 또한 곤이고, 우측 무덤은 처음에 간산 이장을 얻어서 아울러
이십 년 재앙이고, 감산에 곤수는 복을 받는다.

감산에 계좌를 하고 신수가 명당에 들어오고 을·진·신수면 관에 물이 있다.

凡地吉穴吉 水凶 先斷有衣食而災不免
범지길혈길 수흉 선단유의식이재불면
地凶穴凶 水吉 暫吉終凶 而地不佳 穴與水吉 累累不絕而已
지흉혈흉 수길 잠길종흉 이지불가 혈여수길 루루불절이이

무릇 땅도 좋고 혈도 좋고 물이 흉하면, 먼저 의식이 있으나 재앙을 면하지 못한다.

땅도 흉하고 혈도 흉한데 물이 길하면 잠시 길하나 끝내 흉하다. 땅이 좋지 않으면 혈과 물이 좋더라도 오래오래 절손되지 않을 뿐이다.

若夫男之位 徐懷玉筭 論三子之位
약부남지위 서회옥산 론삼자지위
角音 以寅卯辰 爲三子 徵 以巳午未 宮羽 以亥子丑 商 以申酉戌
각음 이인묘진 위삼자 징 이사오미 궁우 이해자축 상 이신유술
然以山家五音 斷之 甚準 以左臂主男 右臂爲女 參以九星斷之
연이산가오음 단지 심준 이좌비주남 우비위여 삼이구성단지
則無毫釐之繆矣
즉무호리지무의

대개 남자 자리는 계산을 해서 세 아들 자리를 논한다.

각 음은 인, 묘, 진으로 셋의 아들을 삼고, 치는 사, 오, 미로 하고, 궁과 우는 해, 자, 축으로 하고, 상은 신, 유, 술로 한다.

그러나 산가의 오음으로 판단하면 기준이 되니, 왼편 팔로 남자를 삼고 오른편 팔로 여자를 삼으며, 구성을 참고해서 판단하면 털끝만

큼의 틀림이 없다.

今世 又以水左流出者 從左臂脚裏內 第一爲長男之位 當前爲中男位
금세 우이수좌류출자 종좌비각이내 제일위장남지위 당전위중남위
右臂爲三男位
우비위삼남위
右臂腰間爲四男位 尾爲五男位 左臂內爲六男位 左臂尾爲七男位
우비요간위사남위 미위오남위 좌비내위육남위 좌비미위칠남위
流水右出者 反此而言
유수우출자 반차이언
其穴不顧長男位也 則先損長
기혈불고장남위야 즉선손장
又有亥卯未爲中房 巳酉丑爲小房 申子辰爲四房 寅午戌爲長房
우유해묘미위중방 사유축위소방 신자진위사방 인오술위장방
又有乙辛丁癸爲中房婦 甲庚丙壬爲長房婦 乾坤艮巽爲小房婦
우유을신정계위중방부 갑경병임위장방부 건곤간손위소방부
又有五音 數至十二位 數說紛紜 皆不可考
우유오음 수지십이위 수설분운 개불가고
當審天星 決其灾祥 則陰陽之能事 盡在是矣
당심천성 결기재상 즉음양지능사 진재시의

　요즘 세상에 또한 물이 좌측으로 흘러나가면 좌측의 팔과 다리의
안쪽이 첫째 장남, 앞면이 중남, 우측 팔은 삼남, 우측 팔과 다리 사
이가 사남, 꼬리가 오남, 좌측 팔 안이 육남, 좌측 팔 끝이 칠남 자리
가 된다.

　흐르는 물이 우편으로 흘러나가면 이와는 반대이다.

　그 혈이 장남의 위치를 돌아보지 아니하면 먼저 장남이 해를 입는다.

　또한, 해묘미가 중방, 사유축이 소방, 신자진이 사방, 인오술이 장

방이 된다.

또는 을·신·정·계가 중방 부인이고, 갑·경·병·임이 장방 부인이고, 건·곤·간·손이 소방 부인이 된다.

또한, 오음이 있고 숫자로 열두 자리가 있어서 수에 대한 설이 분분하지만 모두 상고할 수 없다.

마땅히 천성을 살펴서 그 재앙과 길상을 결정한즉슨 음양의 능사가 모두 여기에 있는 것이다.

地理全書 洞林照膽 卷下終

역자후기

풍수지리는 인간이 살아가는데 필연적으로 부딪치게 되는 자연환경에서 재화를 물리치고 행복한 삶을 살기 위한 방안으로 도읍지나 마을 또는 주거지 및 사후 묏자리 등의 선정과 축조에서 가장 큰 영향을 미친 인문 사회적 가치관이다. 즉 풍수지리는 우리 선인들이 가졌던 전통적 자연관이자 토지관으로서 환경을 계획하고 설계하는데 형식과 실체적 논리구조를 가지고 있으며 실제 환경의 창조행위에서 가장 기본적인 준거의 틀이 되어왔다.

풍수지리에 대한 역사는 오래되었고 많은 연구도 있었왔다. 그러나 주요 논리인 발음에 대한 실증적 연구 결과나 형식 논리를 적용하여 그 결과물과의 일치성은 미흡했고, 논리나 이론에 대해서도 매우 다양하게 존재하고 있어서 주된 정설을 찾기도 어렵다. 이러한 맥락에서 조선시대 음양과 지리학 과거시험 과목에 대한 연구는 많은 의미가 있을 것으로 판단된다.

따라서 조선시대 음양과 지리학의 과거제도 및 시험과목의 구성을 알아보고, 기 발굴된 과목과 실전된 것으로 여겨졌던 『착맥부』와 『동림조담』을 발굴하여 비교 검토하고자 하였다.

먼저 풍수지리가 이론으로 정립되기 이전의 기반사상에 대해서 살펴보면 한국에서는 대표적으로 단군(檀君)이 신시(神市)를 건설하게 된 과정이나, 세계에서 유래를 찾기 어려울 만큼 많은 유적이 남아있는 고인돌 문화를 들 수 있으며, 이러한 유적은 중국의 풍수사 이전의 사례들이다.

중국의 경우는 『주례』의 직책에서 나타난 풍수지리 사상이다. 『주례』에 나타난 관직 중에서 지관사도, 대사도, 소종백, 총인, 토방씨 등이다. 이러한 직책을 갖고 있었던 사람들이 점성술에 의해서 신중하게 묏자리를 선정한 것은 풍수지리 논리의 발달에 많은 영향을 주었다고 판단된다. 도읍지·묏자리·가택 등의 택지사상은 『서경』에서 점성술에 의한 택지선정의 신중함, 『관자』에서의 도읍을 설립하는 경우의 배산임수 사상, 『여씨춘추』에서의 집의 크기와 높이에 따른 재화의 판단 등은 전형적인 풍수지리적 사고였음을 알 수 있다. 땅과 물과 바람에 대해서는 『예기』에서의 사후 혼백의 하늘과 땅으로의 귀환 논리, 『국어』에서의 땅의 기운에 대한 인식, 『박물지』에서의 돌은 뼈가 되며, 냇물은 맥이 되고, 초목은 털, 흙은 살이 된다는 인식, 『관자』에서의 흙의 성질, 성분 및 색상 등에 따라 사람들의 아름다움과 추악함, 현명함과 못남, 어리석음과 뛰어남, 그리고 건강, 수명까지 생각하는 등은 흙에 대한 풍수적 사고라 할 수 있다. 물에 대해서는 『관자』에서 물이란 땅의 혈기로 사람에게 혈맥이 흐르는 것과 같이 보았으며, 물은 만물의 본원으로 모든 생명의 원질이며 아름답고 추한 것, 현명하고 못난 것, 어리석고 뛰어난 것이 나온다는 사고 역시 풍수지리에서 물을 판단하는 사고와 다를 바가 없다. 바람에 대해서는 『회남자』에서 바람의 악영향에 대해 기록하고 있고, 『황제내경소문』에서는 팔풍은 사기를 일으킨다고 하였다. 바람은 풍수지리에서 가장 꺼리는 요소로 바람이 갈무리되지 않고 사방에서 바람이 몰아치는 지역은 사람이 꺼리는 지역이다. 이와 같은 사고는 모든 고전 풍수서 뿐 아니라 현재까지도 정설로 되어있다. 산천과 자연환경에 대한 감응사상에 대해서는 풍수지리의 핵심사상인 '동기감응사상'이라 하는데, 이러한 감응사상이 산천과 자연환경에서 일찍부터 인식하고 있었음을 『주례』, 『회남자』, 『박물지』, 『춘추번로』, 『황석공소서』등에 잘 나타나 있다. 상례와 사후안위에서는 한국에서와 같은 산신과 조상숭배의 사상이 발달한 점이다. 이러한 기반사상들이 『주역』과 천문·역법, 음양오행사상의 발달과 더불어 풍수지리 논리가 탄생하게 되는데 많은 이바지를 하게 됐다고 판단된다.

풍수지리 논리에서 천문에 의해서는 풍수지리를 판단하는 외형 즉 세(勢)와 형(形)이 이루어진 논리를 밝히는 근원과 이들의 길흉을 판단하는 근거로, 『주역』은 풍수지리의 구성요소인 용·혈·사·수의 생성과 이들의 길흉을 해석하고 판단하는 근원을 제공하고 있으며, 음양오행설 역시 풍수지리를 통한 길흉화복을 세부적으로 판단하는 근원을 제시하고 있음을 알 수 있다.

조선시대의 음양과 과거시험 과목 역시 이러한 근원을 바탕으로 탄생하였음도 알 수 있었다. 조선시대 음양과 과거시험 과목으로 선정된 풍수서는 내용도 중요했겠지만, 단순히 내용만을 참고했다고 보기는 어렵다. 왜냐하면, 선정된 과목을 시대 순으로 보면 한대의 『청오경』에서 송 대까지의 지리서를 선정했기 때문이다. 즉 이들 과목은 중국의 풍수사에서 시대별로 정평 있는 지리서라는 점이다. 『청오경』은 한 시대, 『금낭경』과 『착맥부』는 동진시대, 『감룡경』과 『의룡경』은 당시대, 『동림조담』은 오대 시대, 『호순신』『명산론, 『지리문정』은 송시대의 작품이다. 풍수지리의 초기경전이 나온 한나라에서 송나라까지 시대별로 한, 두 종류씩 선택하였음을 알 수 있다. 이들 중 『청오경』『금낭경』『감룡경』과 『의룡경』은 『사고전서』에도 남아 있는 풍수서로서 그 가치를 가늠해 볼 수 있다. 『호순신』의 경우는 무엇보다도 조선창업시기 한양을 수도로 확정하는 결정적 역할을 하게 된 풍수서이다.

또한, 『조선왕조실록』인용기록을 보면 『청오경』9회, 『호순신』 20회, 『착맥부』9회, 『동림조담』9회로 나타나 당시의 다른 지리서보다 많은 인용이 있었음을 볼 때 『착맥부』와 『동림조담』에 대한 위상도 판단해 볼 수 있었다. 그리고 이들 중 『동림조담』과 『호순신』은 이기론을 중심으로 써진 풍수서이고 나머지는 모두가 형세판단을 위주로 써진 책들이다. 단 『지리문정』은 실전되어 확인할 수 없었다.

다음은 조선시대 음양과 지리학의 과거시험 과목으로 기 발굴되었던 『청오경』『금낭경』『지리신법』『명산론』『감룡경』『의룡경』에 대해 핵심적 풍수지리 논리를 살펴보면, 『청오경』은 현재까지도 풍수지리를 연구하고자 하는 사람이라면 이를 필수로 공부하는 등 풍수지리분야에 미친 영향은 자못 크다고 할 수 있다. 『청오경』의 핵심은 길기 감응사상이라고 할 수 있다. 즉 음양이기(陰陽二氣)의 부합에 의해 망인뿐만 아니라 살아있는 후손의 길흉화복이 있음을 장사를 통해서 설명하고 있다. 이는 풍수지리 사상의 근본으로 지금까지 신뢰 되고 있다. 그리고 좌향과 택일의 중요성도 설명하고 있다.

『금낭경』에서도 장자(葬者)는 생기를 타야 함을 강조하고 있다. 이 생기는 오기(五氣) 즉 오행(五行)의 기로 보고 있다. 『청오경』에서는 이 기를 음양(陰陽)의 기로 보았으나 『금낭경』에서는 오행(五行)의 기로 분석하고 있는 점에 차이가 있다. 그리고 '풍수(風水)'라는 용어와 사신사의 용어인 청용·백호·주작·현무에 대한 정의를 처음으로 하였으며, 혈을 맺는 용맥의 분석시 사용하는 승금·상수·인목·혈토라는 용어도 처음 나타난다. 그리고 풍수지리의 논리 중 물을 얻음이 가장 좋고, 다음으로 장풍(藏風)을 강조하고 있으며, 유해가 기를 타기 위해서는 광중의 천심(淺深) 또한 중요함을 설명하고 있다. 또한 생기를 알기 위해서는 형세(形勢)를 잘 살펴야 한다고 하고 있어 현재의 형세위주의 풍수지리를 발달하게 하는 근원을 제시하고 있다. 이러한 요소들은 현재까지도 풍수지리를 살피는 핵심적 요소인 것이다.

『지리신법』은 조선의 건국에서 한양으로의 천도에 결정적인 영향을 미쳤다. 『지리신법』상권의 핵심적 내용은 음양오행, 포태법 및 구성론을 바탕으로 하는 풍수지리 논리를 전개하고 있다. 저자는 특히 구성론을 강조하여 제4장 수론에서 제11장 녹존론까지 구성에 대해 각론적으로 자세히 다룬다. 이 책이 이기론 풍수지리 원리임을 분명히 하는 제목들이다. 하권은 상권이 주로 이기론을 다룬 것에 반해 하권은 형세론적 요소를 많이 언급하고 있다. 『지리신법』이 갖고 있는 하나의 탁월한 점은 풍수지리의 체계를 시간과 공간이론의 통합된 틀 속에서 인간의 삶의 터와 죽음의 터를 선정하고 그 가운데 자연과 조화로운 삶을 꾀하고자 한 것으로, 그 당시 관점에서는 '과학적이고 합리적인 사고'를 견지하고 있다는 점이다. 특이한 점은 지금까지도 주류를 이루는 정오행(正五行)을 사용하지 않고 홍범오행(洪範五行: 종묘오행, 대오행)을 사용하고 있는 점이다. 이 부분은 좀 더 연구가 필요하다고 본다.

『명산론』은 철저하게 형세론의 입장에서 쓰였다는 것이다. 제1편「태역」은 이기론적 요소가 있으나 원론적 이야기이고, 제2편에서 제13편까지는 모두 땅을 여러 가지로 범주화하고 그에 따른 길흉화복을 이야기하고 있다. 『명산론』의 본문은 상과 물의 형상을 중시하여 그것들을 간단명료하게 도식화하고 범주화하면서 이에 따른 길흉화복을 말하고 있다는 점에서 체계적이라 할 수 있다.

『감룡경』에서는 현재 형세론을 취하는 시중 술사들의 땅을 보는 방법과 용어들이 대부분 『감룡경』과 『의룡경』에 나온 것들이기 때문에 한반도 풍수사에 그가 끼친 영향은 아주 중요하다. 무엇보다도 『감룡경』은 천문사상을 근거로 하고 있다는 점이 가장 큰 특징이다. 조선시대 음양과 과거시험 과목이 대부분 음택 풍수를 위주로 서술된 반면 이 책은 도읍지나 큰 도시의 입지선정을 염두에 둔 풍수서이다. 중국 전체의 지형지세 및 중국 도읍지들에 대한 풍수적 특장 (特長)을 설명하면서, 동시에 각 지역에서 그러한 인물이 나올 수밖에 없었음을 풍수적 관점에서 설명하고 있다. 그리고 구성에 의한 산의 분석과 길흉화복을 성명하고 있으며, 현재까지 사용하는 혈의 명칭이 나타나 있다는 것이다. 즉 구성이 만드는 혈의 모습으로 탐랑이 만드는 유듀혈, 거문이 만드는 와혈(窩穴), 무곡이 만드는 채·겸혈(釵·鉗穴), 녹존이 만드는 소치혈(梳齒穴), 염정이 만드는 여벽두혈(犁鐴頭穴), 문곡이 만드는 장심혈(掌心穴), 파군이 만드는 창살혈, 좌보가 만드는 연소혈(燕巢穴)과 괘등혈(掛燈穴) 등으로 현재도 중시하는 풍수지리 논리이다.

『의룡경』의「상편」에서는 큰 도읍지, 주·군·현 및 향촌을 만드는 간룡(幹龍)과 지룡(枝龍)의 이치에 대해 중국 전역을 예를 들어 설명하고 있다. 「중편」에서는 간룡과 지룡이 혈을 맺는 것에 대해서 고대 중국 임금들이 도읍지를 정한 구체적 사례를 통해 이야기하고 있다. 「하편」에서는 앞의 「상편」과 「중편」이 용에 관해서 이야기한

반면 「하편」은 혈의 종류와 재혈(裁穴)에 대해 설명하고 있다. 그리고 「의룡십문」편을 두어 풍수지리에서 의문이 있는 10가지에 대한 답변을 하였다. 그리고 「형혈속성상」에서는 형국의 근원에 대해 천문사상에서 비롯되었음을 설명하고 있다.

그리고 이번에 발굴된 『착맥부』와 『동림조담』을 중심으로 조선시대 풍수지리의 이론적 구성과 풍수적 판단 논리 및 형세론과 이기론에 대해 살펴보았다.

『착맥부』의 연구를 통해서는 무엇보다도 『청오경』『금낭경』에서 그 중요성만 강조하였지 구체적 적용 방법을 알 수 없었던 택일법에 대해서, 구궁을 활용한 '자백법'으로 택일을 했다는 것을 알 수 있었다. 또한 『착맥부』를 통해서 풍수지리의 효 사상을 바탕으로 한 동기감응 결과로 발음이 있음을 저자 자신의 체험담으로 기록하고 있다는 점이다. 이 외에도 동시대 작품인 『금낭경』과 이보다 앞선 『청오경』과 비교하여 보면 다음과 같은 『착맥부』의 특장을 발견할 수 있었다.

첫째 『주역』의 원리를 바탕으로 한 우주의 일반원리와 음양의 기에 의한 만물의 생성과 소멸을 설명하고 있는 점은 『청오경』아니 『금낭경』과 같다고 할 수 있다.

둘째 '풍수'라는 단어가 『금낭경』에서 처음 유래하였다고 하는 데는 이견이 없는데 『착맥부』에서는 '풍수'라는 용어를 사용하지 않고 '지리(地理)'라는 용어를 사용하고 있는 점이 특이하다.

셋째 천인감응과 인간평등사상을 설명하고 있다. 즉 사람은 하늘로부터 타고난 성정이 있으며 부귀빈천에 우열이 없다는 평등사상과, 부귀빈천의 근본을 생기의 근원인 땅에서 찾고 있어 땅을 중히 하였다.

넷째 길지의 형세와 혈의 명칭이 나타나고 있으며 혈의 위치를 정확하게 찾는 방안을 제시하고 있다. 『청오경』이나 『금낭경』이 일반적 원리를 설명하고 있다면 『착맥부』에서는 즉 물형에 의해 정확하게 각론적으로 세분하여 점혈법(占穴法)을 설명하고 있는 것이다. 또한 "산곡에서 어찌 혈이 깊겠으며, 평지에 묻을 때는 어찌 얕은 흙이 적절하겠는가?" 라고 하여 『금낭경』과는 반대의 입장에서 혈심에 대해 설명하고 있다.

다섯째 외수구의 중요성을 설명하고 있다. 일반적으로 『청오경』이나 『금낭경』에서는 단순히 수구에 대해서 설명하고 있으나 『착맥부』에서는 '외수구'의 중요성도 설명하고 있어서 풍수지리의 논리에서 진척된 사고라고 볼 수 있다.

그리고 『동림조담』은 오대의 강남 범월봉(范越鳳)이 편찬한 풍수지리에 관한 책으로 원명은 『지리전서 동림조담(地理全書 洞林照瞻)』이다. 이 책은 총 24편으로 구성되어 있으며 일명 『동림별결(洞林別訣)』이라고도 한다. 『동림조담』의 내용 구성은 이기론 분야에 해당되는 부분으로 상권에서는 「구궁편」, 「변괘편」, 「천성편」, 「납갑편」과 하권에서는 「재혈편」, 「개지편」, 「오음편」, 「오행편」, 「복분편」으로 분류할 수 있으며, 형세론 분야에 해당되는 부분으로 상권에서는 「심세편」, 「용호편」, 「혈맥편」, 「명당편」, 「사신편」, 「주객편」이고, 하권에서는 「근안편」, 「원조편」, 「수구편」, 「풍입편」, 「응용편」, 「절수편」, 「악석편」, 「흉기편」, 「도로편」으로 구성되어 있다.

『동림조담』를 통해서는 그간 한국에서 풍수지리 논리를 판단하는데 형세적 판단에 중점을 두고 이기적 판단은 무시하는 경향이 짙었

는바 이는 잘못된 관점이라는 것을 확인할 수 있었는데 이는 현재까지 밝혀진 조선시대 음양과 과거시험 과목의 문헌이 대부분 형세판단에 치우친 풍수서였기 때문으로 판단된다. 『동림조담』을 통해서 조선시대의 풍수지리의 판단 방법은 형세는 물론이고 이기론도 동시에 중요 시 하였음을 알 수 있었다. 『동림조담』은 형세 판단에서도 그 길흉화복은 이기를 적용하여 판단하고 있으며, 이는 다른 시험과목에서 볼 수 없는 종합적 판단 방법을 제시하고 있다는 점이 주목된다. 즉 풍수지리의 길흉판단에서는 형세적 판단과 이기적 판단이 서로 보완관계에서 전체적으로 통합적 관점에서 살펴보아야 한다는 점이다.

『동림조담』의 각 편별로 주요 부분을 분석해 본 결과 대부분이 다른 과거시험 과목 문헌에서는 볼 수 없는 내용들이다. 우선 『동림조담』의 「구궁편」에서는 구궁법이 하늘을 다스리고 땅을 증험하는 요점이라고 『주역』의 『건착도』를 인용하여 설명하고 있다. 『건착도』의 구궁설은 팔괘방위설(八卦方位設)의 한 형식이다. 주로 음양 2기의 운행과 팔괘와의 관계를 설명하는 설이다. 이러한 구궁법은 『주역』의 후천수인 낙서(洛書)에 연월일시의 수를 적용하고 구성과 팔문(八門)을 붙여 길흉을 점치는데 사용되며, 풍수지리에서는 회두극좌(回頭剋坐), 택일 및 양택풍수 원리인 동·서사택법에 맞는 본명궁을 찾는 데 활용된다. 또한, 음택에서 망인을 안장할 때 장혈(葬穴)의 깊고 얕음을 볼 때는 구성을 붙여서 구궁도를 활용하여 참고한다.

「변괘편」에서는 괘의 변화에 따라 변화된 괘에 생기복덕, 구성 및 납갑을 적용하여 풍수지리의 논리에 적용하고 있다. 여기서 중요한 것은 천괘와 지괘로 구분하고 있는 점과 생기 복덕과 구궁에 납갑을 적용하고 있다는 점은 깊은 연구가 필요하다고 생각된다. 그러나 여기서 설명하고 있는 내용 중 생기복덕법은 혼인, 이사 등 모든 택일에서 기초가 되었고, 동·서사택법인 양택 풍수에서는 안방과 부엌과 대문을 기준으로 길흉을 판단하는 데 활용되며, 천성 구성의 길흉은 주산과 혈의 결지 모습과 길흉을 판단하고, 또한 물의 길흉판단에도 사용된다. 납갑의 활용은 나경에서 24방위에 대해 음양을 구분하는 기준으로 용맥과 좌향의 순청을 판단하는 좌향론에서 널리 사용되고 있다.

「천성편 」에서는 각각의 구성에 대해 성정과 길흉화복과 발응시기를 설명하고 있다. 또한, 구성에 대해 물과 사격도 연관을 지어서 길흉을 설명하고 있다.

「납갑편」에서는 위백양(魏伯陽)의 월체납갑(月體納甲)을 설명하고 있다. 이 납갑에 의한 '정음정양이론'은 풍수지리원리에서 많이 활용되고 있다. 즉 정음정양에 의해 24산을 음양으로 나누어 용의 순청, 용과 향과의 순청을 밝히는 데 활용하고 있다. 이외도 납갑에 의한 정음정양의 이론은 풍수지리에서 길한 방위를 나타내는 삼길육수(三吉六秀)를 찾는 데 활용되고, 구성과 배합하여 길흉을 판단한다.

「주객편」에서는 산천을 살피는 경우 형세를 우선함을 설명하고 있다. 이는 곧 주산과 안산, 혈을 맺는 용과 물의 조화 또는 형국에서의 상대적인 사격 등 서로 대비되는 것끼리의 균형 있는 조화를 말하는데, 가장 귀하다는 형세로 36개를 설명하고 있다. 「주객편」은 다른 과거시험 과목에서 보다 객관적으로 주와 객을 예시하고 있는 점이 특이하다.

「근안편」에서는 안산의 중요성에 대해 설명하고 있다. 다름 시험

과목에서 볼 수 없는 내용으로 안산의 형태를 상세하게 세부적으로 설명하고 있는 부분이다.

「재혈편」에서는 혈을 잡는 법에서 산의 위치 따른 길흉을 설명하고, 형세적 판단에서는 음래양수 또는 양래음수의 원칙에 따르고 있다. 또한, 혈 자리의 깊이와 얕은 것은 혈중 구성과 자백법으로 설명하고 있다는 점이다.

「개지편」에서는 광중을 열었을 때 혈에서 나오는 흙의 길흉에 대해서 설명하고 있다. 가장 좋은 흙은 오색을 겸비한 흙을 말한다. 산을 깎고 자리를 팔 때는 '회룡법'이 있다 하였는데 오늘날의 '자백법'을 활용하였음을 알 수 있다.

「흉기편」에서는 묏자리나 집은 형세가 비록 좋더라도 10가지 흉이 있음을 설명하고 있다. 십흉은 천패(天敗), 천살(天殺), 육궁(六窮), 팔풍(八風), 구약(九弱), 수사(受死), 천옥(天獄), 천구(天狗), 천도(天都), 천조(天竈)로 모두 흉한 곳으로 묏자리나 집터로는 좋은 땅이 아니다.

「도로편」은 다른 고전 풍수서나 풍수 과거시험 과목에서 보기 어려운 이론이다. 오늘날 양택 풍수에서는 도로를 물과 같이 중시하고 음택 풍수에서는 크게 고려한 사항은 아니다. 음택 풍수에서는 혈장 주변의 사신사와 물의 흐름에 대해서 많은 이론이 있지만, 도로에 대해서는 『동림조담』에서 중요 시 하고 있음이 특이하다.

「오음편」에서는 오늘날에도 풍수지리를 판단하는데 준용하고 있는 오음이론을 적용하여 무슨 산은 무슨 성의 사람이 들어가야 한다는 등과 같은 논리가 있으나 여기서는 이를 강하게 부정하고 있고 오음의 사용은 산의 오음이라는 것이다. 즉 홍범오행을 오음에 적용하여 설명하고 있다.

「오행편」에서는 산가의 오행이라 하여 팔괘에 정오행의 배합하였고, 천성에 오행을 배합하였으며, 홍범오행을 사용하고 있다. 길흉의 판단에서 오행의 왕방산을 중시하고 있으며 오행의 상생과 상극으로 길흉을 설명하고 있다. 또한, 물을 판단하는 데는 천성으로 사격 방위에 생기 복덕의 이론 즉 산의 방위를 팔괘(八卦)에 배정하여 상·중·하 세 효(爻)의 변화로 길흉의 판단을 설명하고 있다. 즉 산과 물은 천성을 참작하여 길흉을 판단하는 기준을 삼고 있다.

「복분편」은 무덤의 길흉을 판단하는 법이다. 여기서는 먼저 사신사를 살펴서 감싸 안아주고 따르며, 물이 수려하고 산이 장대하게 멀리서 왔는가를 판단한다. 만약 산의 형태가 추악하면 형상으로 흉을 말하고, 물의 흐름이 흉하면 물을 가지고 흉을 말하며, 재혈을 잘못하면 혈을 가지고 흉하다고 하여 세 가지를 살펴본 연후에 그 천성의 소속된 것을 미루어 재앙과 복을 논할 수 있다고 하였다.

이상에서와 같이 조선시대의 음양과 지리학의 과거시험 과목과 풍수지리 논리는 형세판단과 아울러 이기적 요소 또한 중요시하였음을 알 수 있다. 특히 현재에도 이기적 요소로 중요 시 하는 부분으로는 『착맥부』에서 밝히고 있는 구궁 자백택일법과 『동림조담』의 구궁편, 납갑에 의한 정음정양의 이론, 천성에 의한 구성의 길흉, 변괘에 의한 양택 풍수지리의 배치와 길흉판단, 오행의 상생상극과 태세와의 길흉판단, 천광의 깊이를 구궁과 자백에 의한 법이 있으며, 이 는 지금도 풍수지리의 판단 논리로 중요하게 적용되고 있으며 당시 조선시대의 풍수지리에 대한 논리의 깊이를 이해할 수 있었다.

참고자료

1. 風水地理 經典과 單行本

『宅經』

『靑烏經』

『錦囊經』

『捉脉賦』

『洞林照膽』

『地理新法』

『撼龍經』

『疑龍經』

『明山論』

『發微論』

『靑囊序』

『天玉經』

『靑囊奧語』

『赤霆經』

『雪心賦』

『靈城精義』

『催官篇』

『葬法倒杖』

김두규 지음,『風水學 辭典』, 비봉출판사, 2005.

김두규 역해,『地理新法』, 장락, 2001.

김두규 역주,『撼龍經·疑龍經』, 비봉출판사, 2009.

김두규 역해,『明山論』, 비봉출판사, 2002.

최창조 지음,『韓國의 風水思想』, 민음사, 1991.

최창조 지음,『한국의 자생풍수(1), (2)』, 민음사, 1997.

최창조 역주,『靑烏經·錦囊經』, 민음사, 2009.

장성규 김혜정 지음,『完譯 風水經典』, 문예원, 2010.

김동규 지음,『地理羅經透解』, 명문당, 1985.

김동규 지음,『人子順知』, 명문당.

김동규 지음,『擇日은 東洋哲學의 꽃이다』, 동학사, 2010.

李奇穆 지음, 『六經精解』, 溫古堂, 1996.

李奇穆 지음, 『風水地理 理氣法』, 溫古堂, 1992.

金明濟 지음, 『戊己解』, 명문당, 1994.

金榮昭 지음, 『陰宅要訣全書』, 명문당, 1979.

신광주 지음, 『正統 風水地理學 原典』, 명당출판사, 2004.

박시익 지음, 『한국의 풍수지리와 건축』, 일빛, 1999.

村山智順 著, 『韓國의 風水』, 明文堂, 1990

申坪 지음, 『고전 풍수학 설심부』, 관음출판사, 1997.

申坪 지음, 『新 羅經研究』, 동학사, 1996.

申新 지음, 『地理五訣』, 동학사, 1993.

東谷 지음, 『地理學 全書』, 동양서적, 1979.

葉九升 著, 『地理六經註』, 華成書局, 2007.

葉九升 著, 『地理大成理氣四訣』, 대정서국, 2000.

葉九升 著, 『羅經撥霧集』, 華成書局, 1973.

葉九升 著, 『地理大成山法全書(上), (下)』, 武陵出版社, 2001.

張九儀 著, 『地理琢玉斧』, 竹林書局, 1999.

張九儀 著, 『地理鉛彈子』, 大山書店, 1994

劉伯溫 著, 『地理四彈子』, 大山書店, 2001.

沈 鎬 著, 『地學』, 武陵出版社, 2000.

吳步江 註解, 『靑囊,天玉,寶照經 譯解』, 武陵出版社, 2010.

梁湘潤 著, 『堪輿辭典』, 대원서국, 2010.

김종철 역, 『入地眼 全書』, 善成堂, 2003.

淸陳雯 著, 『三才發秘 上, 下』, 집문서국. 2004.

張子微 지음, 『玉髓眞經 上, 下』, 森夏出版사, 2002.

邱于展 著, 『易經 三原羅經透解』, 무륙출판유한공사, 1998.

이문호, 『공학박사가 말하는 풍수과학 이야기』, 청양, 2001.

김혜정 지음, 『중국 고전의 풍수지리 사상』, 한국학술정보, 2008.

이태호 지음, 『새로 쓰는 풍수지리학』, 아침, 1999.

최명우 지음, 『현공풍수』, 답게, 2005.

대한역법연구소, 『天機大要』, 남산당, 1977.

2. 『周易』, 陰陽五行關聯 單行本

鄭炳碩 지음, 『周易(上)·(下)』, 을유문화사, 2010.

鄭炳碩 옮김, 『周易哲學의 理解』, 문예출판사, 1995.

정병석 옮김, 『중국 고대사상사론』, 한길사, 2005.
김석진 지음, 『周易傳義大典 譯解(上),(下)』, 대유학당, 2011.
이현선 옮김, 『정명도와 정이천의 철학』, 심산출판사, 2011.
金日坤 金政男 지음, 『주역의 이해 上·下』, 한국학술정보, 2009.
김윤식 유한철 지음, 『하도·낙서·천부삼인』, 한국학술정보(주), 2012.
심경호 옮김, 『주역 철학사』, 상지사, 1994.
임채우 옮김, 『주역 왕필주』, 길, 2006.
남종진 옮김, 『명언과 역사로 보는 주역이야기』, 다산미디어, 2008.
李宣哲 지음, 『朱子語類考文解義 上, 下』, 민족문화문고, 2001.
김진근 옮김, 『완역 역학계몽』, 청계, 2008.
송방송 지음, 『律呂新書』, 민속원, 2005.
최형주 옮김, 『주역 참동계』, 자유문고, 2007.
김태식 지음, 『태현경』, 자유문고, 2006.
김홍경 옮김 『음양 오행설의 연구』, 신지서원, 1993.
김수길 윤상철 지음, 『五行大義 上, 下』, 대유학당, 2008.
정해임 지음, 『율려와 주역』, 소강, 2007.
송인창 외 옮김, 『오행 그 신비를 벗다』, 국학자료원, 2008.

3. 天文關聯 單行本

김수길 외 지음, 『天文類抄』, 대유학당, 1998.
김일권 지음, 『동양천문사상 하늘의 역사』, 예문서원, 2007.
김일권 지음, 『동양천문사상 인간의 역사』, 예문서원, 2007.
김일권 지음, 『고구려 별자리와 신화』, 사계절, 2008.
공주대 정신과학연구소, 『정신과학 천문편』, 열매출판사, 2005.
김동석 지음, 『고전 천문역법 정해』, 한국할술정보(주), 2009.
김혜정 지음, 『풍수지리학의 천문사상』, 한국학술정보(주), 2008.
강진원 지음, 『易으로 보는 동양천문 이야기』, 정신세계사, 2006.
전관수 옮김, 『동서양의 고전 천문학』, 연세대학교출판부, 2010.
최승언 지음, 『천문학의 이해』, 서울대학교 출판부, 2008.
소평주일 외 지음, 『천문학 사전, 天文の事典 천문 사전』, 평범사, 1987.
한동석 지음, 『우주변화의 원리』, 대원출판사, 2001.

4. 中國古典關聯 單行本

신승하 외 지음, 『呂氏春秋』, 고려원, 1996.

정범진 옮김, 『史記表書』, 까치, 1996.

정희국 옮김, 『春秋 (上), (下)』, 한국교육출판공사, 1984.

차상한 옮김, 『大學 中庸』, 한국협동출판공사, 1984.

우현민 옮김, 『論語』, 한국협동출판공사, 1984.

채의순 옮김, 『孟子』, 한국협동출판공사, 1984.

윤영춘 옮김, 『詩經』, 한국협동출판공사, 1984.

이상옥 옮김, 『書經』, 한국협동출판공사, 1984.

지재희 외 지음, 『周禮』, 자유문고, 2002.

최형주 지음, 『이아주소』, 자유문고, 2001.

지재희 외 지음, 『儀禮』, 자유문고, 2004.

지재희 지음, 『禮記 상, 중, 하』, 자유문고, 2000.

林東錫 옮김, 『國語 1, 2, 3』, 동서문화사, 2009.

林東錫 옮김, 『三略』, 동서문화사, 2009.

林東錫 옮김, 『박물지』, 고즈원, 2004.

林東錫 옮김, 『列子』, 동서문화사. 2009.

林東錫 옮김, 『삼자경』, 동서문화사. 2009.

林東錫 옮김, 『西京雜記』, 동문선, 1998.

林東錫 옮김, 『도연명집 1, 2』, 동서문화사, 2010.

林東錫 옮김, 『육도』, 동서문화사, 2009.

林東錫 옮김, 『삼략』, 동서문화사, 2009.

林東錫 옮김, 『낙양 가람기』, 동서문화사. 2009.

南基顯 역해, 『춘추좌전 상, 중, 하』, 자유문고, 2003.

南基顯 역해, 『춘추곡량전』, 자유문고, 2005.

남기현 역해, 『춘추번로』, 자유문고, 2005.

김학주 지음, 『老子』, 명문당, 2002.

신창호 옮김, 『管子』, 소나무, 2006.

안길환 옮김, 『淮南子 上, 中, 下』, 명문당, 2001.

석원태 옮김, 『신역 抱朴子 내편』, 서림문화사, 1995.

김학주 옮김, 『孝經』, 명문당, 2006.

편집부 지음, 『黃石公素書』, 동남풍, 2004.

이주행 옮김, 『論衡』, 소나무, 1996.

김학주 옮김, 『莊子』, 연암서가, 2010.

朴良淑 지음,『대대례』, 자유문고, 1996.
최형주 지음,『황제 내경소문 상, 중, 하』, 자유문고, 2004.
김갑수 옮김,『천인 관계론』, 신지서원, 1993.
정한균 지음,『동중서 천학』, 법인문화사, 2003.
이성규 옮김,『古代 中國人의 生死觀』, 지식산업사, 1989.
양동숙 지음,『甲骨文解讀』, 서예문인화, 2005.
정병석 옮김,『중국고대사상사론』, 한길사, 2005
박봉주 옮김,『중국 고대의 신들』, (주)영림카디널, 2004.
이청규 지음,『요하문명의 확산과 중국 동북지역의 청동기 문화』, 동북아역사
　　　　재단, 2010.

5. 韓國關聯 單行本

李丙燾 著,『高麗時代의 研究』, 을유문화사, 1948.
김원중 옮김,『삼국유사』, 민음사, 2007.
이병도 옮김,『삼국사기』, 을유문화사, 1996.
이성무 저,『韓國의 科擧制度』, 集文堂, 2000.
이영문 지음,『고인돌 이야기』, 다지리, 2001.
윤무병 외 지음,『한국 史大系上占 』, 삼진사.
윤선도 지음, 이형태 외 옮김,『국역 고산유고』, 소명출판, 2004.
김용선 지음,『고려 금석문 연구 - 돌에 새겨진 사회사』, 일조각, 2004.
김종서 외 지음, 민족문화추진회 옮김,『신편 高麗史 節要 상, 중, 하』, 신서원,
　　　　2004.
세종대왕기년사업회 편집부 지음,『국역 서운관지』, 세종대황기념사업회, 1999.
이동철 지음,『21세기의 동양철학』, 을유문화사, 2005.
안경전 지음,『단군세기』, 상생출판, 2009.
이일봉 지음,『한단고기』, 정신세계사, 2010.
한국민속사전 편찬위원회 지음,『한국민속대사전 1, 2』, 민족문화사, 1994.
이홍직 지음,『國史 大事典』, 민중서관, 1999.
임종욱 지음,『중국역대 인명사전』, 이화문화사, 2010.

6. 論文關聯

박시익,「風水地理說 發生背景에 關한 分析研究」, 고려대학교, 박사학위, 1987.
장성규,「≪朝鮮王朝實錄≫의 風水地理文獻 研究」, 공주대학교, 박사학위, 2010.

이수동, 「조선시대 陰陽科에 관한 연구」, 원광대학교, 박사학위, 2013
권영휴, 「韓國 傳統住居環境의 風水的 解析및 立地評價모델 開發」, 고려대학교, 박사학위, 2002.
민병삼, 「朱子의 風水地理 生命思想 硏究」, 성균관대학교, 박사학위, 2009.
신영대, 「≪周易≫의 應用易學 硏究」, 부산대학교, 박사학위, 2012.
박정해, 「朝鮮 儒敎建築의 風水的 特徵에 關한 硏究」, 한양대학교, 박사학위, 2012.
박판수, 「風水思想과 孝의 결합에 관한 고찰」, 영남대학교, 박사학위, 2005.
김혜정, 「中國 風水地理學의 天文觀 硏究」, 공주대학교, 박사학위, 2008.
황승현, 「『周易』의 生命思想 硏究」, 성균관대학교, 박사학위, 2009.
김형운, 「『周易』의 天文曆法 思想 硏究」, 원광대학교, 박사학위, 2003.
임병학, 「易學의 河圖洛書原理에 關한 硏究」, 충남대학교, 박사학위, 2005.
김혜정, 「朴瑄壽『說文解字翼徵』의 干支論 연구」, 영남대학교, 박사학위, 2010.
윤태현, 「京房 易의 硏究」, 동국대학교, 박사학위, 2000.
김일권, 「古代 中國과 韓國의 天文思想 硏究」, 서울대학교, 박사학위, 1999.
손민정, 『12律名의 생성배경에 관한 연구』, 서울대학교, 박사학위, 2004.
박성우, 「陰陽의 象徵性에 관한 硏究」, 원광대학교, 박사학위, 2004.

7. 情報檢索

http://www.daum.net/
http://www.naver.com/
http://www.riss.kr/
한국고전 D.B. http://db.itkc.or.kr/
조선왕조실록 http://sillok.history.go.kr/
국가전자도서관 http://www.dlibrary.go.kr/
국립중앙도서관 http://www.nl.go.kr/

인산 양형석(仁山 梁炯錫) ──────────

  한학자, 풍수지리연구가

완당 홍성서(完堂 洪性瑞) ──────────

  충남 부여에서 태어나 충남대학교를 졸업하고, 영남대학교 대학원을 졸업하며 문학박사
  학위를 취득하였다. 현재 국민건강보험공단에 재직 중이며 풍수지리를 다년간 연구하였다.
  주요 논문으로는 「풍수지리에서의 동기감응에 관한 연구」와 「조선시대 음양과 지리학 과
  시과목 문헌연구」가 있다.

착맥부 · 동림조담 역해
捉脉賦 · 洞林照膽 譯解

초 판 인 쇄 ┃ 2013년 12월 2일
초 판 발 행 ┃ 2013년 12월 2일

역 해 자 ┃ 양형석 · 홍성서
펴 낸 이 ┃ 채종준
펴 낸 곳 ┃ 한국학술정보㈜
주   소 ┃ 경기도 파주시 문발동 파주출판문화정보산업단지 513-5
전   화 ┃ 031) 908-3181(대표)
팩   스 ┃ 031) 908-3189
홈 페 이 지 ┃ http://ebook.kstudy.com
E - m a i l ┃ 출판사업부 publish@kstudy.com
등   록 ┃ 제일산-115호(2000. 6. 19)

ISBN   978-89-268-5352-8 93150